教師のわざを
科学する

姫野完治
生田孝至 編著

一莖書房

はじめに

　社会が急速に変化する中、未来を拓く子どもの教育に携わる教師の資質能力の向上が喫緊の課題となっている。これまでも教員養成や現職研修のあり方が検討されてきたが、教員育成指標とそれに基づく教員研修計画を策定する新しい仕組みが提言されたことに伴い、教員養成・採用・研修の一体的な改革が進みつつある。目指すべきスタンダードを設け、カリキュラムを体系化することにより、一定の質を保証することの重要性は理解できるが、教師の学びが、パッケージ化された研修を受講し、単位を修得することに矮小化されてしまうといった懸念もある。その背景を考えていくと、教師のわざやわざを伝える術が科学として立証されていないことに起着する。今こそ、教師のわざとは何か、それをいかに伝えられるのかについて、科学的に解明していくことが求められる。

　本書『教師のわざを科学する』は、このような課題意識のもと、学校教育を担う教師のわざを、多角的な視点からアプローチすることを主眼として、17名のわざと知恵を集めて執筆した挑戦的な書籍である。本書に先立って著した『未来を拓く教師のわざ』に続き、日本の伝統芸能の世界での内包的意味を大切にしたいとの思いから、「教育技術」という用語を使わず、「教師のわざ」とした。内容は、1章と2章で「教師のわざ」の概念や授業研究との関連を整理した上で、ことばと語り（第3章）、ふるまい（4章）、みえ（第5章）、授業づくり（第6章）、わざの伝承（7章）という5側面からアプローチした。第8章では、教師や熟達者のわざ研究の先駆者である生田孝至、西之園晴夫、生田久美子の3氏が、「教師のわざを科学すること」を論じた。

　子どもの学びを拓く教師のわざが、これからも受け継がれていくこと、また、教師のわざ研究がさらに発展していくことを心より願う。

2019年2月

編者　姫野完治
生田孝至

目次

はじめに 1

第1章　教師のわざとは……5
第1節　教師のわざはいかに捉えられてきたか　5
第2節　わざを対象化する視点　9
第3節　教師の「わざ」を科学するために　14

第2章　教師のわざと授業研究……16
第1節　教師のわざと役割　16
第2節　教師のわざを磨く授業研究　21

第3章　教師の「ことば」と「語り」を科学する……25
第1節　教師のわざと「ことば」「語り」　25
第2節　教師の「ことば」と「語り」に関する研究　27
第3節　教室談話から見える教師のわざ　38
第4節　コミュニケーション分析と「ことば」　47
第5節　教師が語るということ　57

第4章　教師の「ふるまい」を科学する……67
第1節　教師のわざと「ふるまい」　67
第2節　教師の「ふるまい」に関する研究　69
第3節　教室内の行動と教師のわざ　77
第4節　黒板前の動きから見える教師のわざ　88

第5章　教師の「みえ」を科学する……98
第1節　教師のわざと「みえ」　98
第2節　教師の「みえ」に関する研究　100

第3節　授業中の授業者の視線と立ち位置　109
　　　第4節　教師の「みえ」はいかに育つか　119
　　　第5節　授業観察者の「みえ」を授業改善に生かす　129

第6章　「授業づくり」を科学する　141
　　　第1節　教師のわざと「授業づくり」　141
　　　第2節　「授業づくり」のわざに関する研究　144
　　　第3節　国語科の授業づくりと教師のわざ　154
　　　　　　　——一人の国語科教師の歩みを事例に——　154
　　　第4節　教材の開発と教師のわざ　165

第7章　「わざの伝承」を科学する　177
　　　第1節　教師の「わざの伝承」　177
　　　第2節　「わざの伝承」に関する研究　179
　　　第3節　熟達教師の「みえ」を伝える教員養成の取り組み　188
　　　第4節　授業研究におけるVRの活用　198
　　　第5節　斎藤喜博の求めたわざが受け継がれるとき　207

第8章　教師のわざを科学するということ　218
　　　第1節　教師のわざと型　218
　　　第2節　わざの科学を解釈する　228
　　　第3節　「教える」専門家の「わざ」とは何か　245
　　　　　　　——傾向性(disposition)からNegative Capabilityへ——

　　引用・参考文献
　　索引
　　おわりに

第1章　教師のわざとは

第1節　教師のわざはいかに捉えられてきたか

1．はじめに

　社会の急速な変化に柔軟に対応し、確かな学力を子どもたちに育むためには、教師の資質能力の向上が不可欠である。では、教師に求められる資質能力とは何か。教科指導のみならず、学級経営や生徒指導など広範囲にわたる教育を担う教師には、教科や子どもの発達、教育全般に関する知識、教養、そして同僚や保護者とのコミュニケーション力など、教育専門職としての高度で専門的な素養が求められる。とりわけ、教師の仕事の中核である授業についての深い理解が、教師の専門性としての鍵を握る。だからこそ、大学における教職課程や現職研修を整備・充実させ、教師の資質能力の向上に力を注いでいる。とは言うものの、教師を育む制度や環境を整え、講義や研修を加算すれば、教師の資質能力が劇的に向上するかと言うと、そう簡単ではない。筆者自身の経験を振り返ってみよう。

　小学校教師を志望して教員養成大学に進学した私は、教育原理や教育制度学、教育心理学、教育の方法及び技術、教科教育法等あらゆる科目を履修し、3年次に教育実習を迎えた。小学校1年1組、38人の子どもたちとの5週間が始まった。子どもたちのことを深く理解したいと考え、多くの子どもと関わり、一人ひとりの子どもの特徴をノートにまとめた。実習2週目に入り、担任教師から「指導案は書かなくてもいいから、好きなように授業をしてごらん」と言ってもらい、初めて国語の授業を行った。授業で使えそうな写真が手元にあったこともあり、それをどのように使うかを考えて授業の準備をした。授業が始まると、滝のように流れる汗。他の人の授業を見ている時は、「こうした方が」や「私だったら」と思っていたが、いざ自分が教壇に立つと、

頭の中が真っ白になった。授業の中盤に、一人の女の子が近寄ってきて、「トイレに行っていいですか」と言う。それを契機に、クラスの半分くらいの子どもたちがトイレに駆け込むことになった。

その後、数多くの授業を行う機会を得て、教壇に立つ緊張感は多少和らいだ。そして迎えた研究授業。綿密に学習指導案を検討した。専門教科である算数、単元「かたちあそび」の2時間目。子どもがペアで使える教材や板書カードを作成し、準備万端で臨んだ。しかしながら、想定していた発言が子どもから出てこず、無理やりまとめへ誘導する授業になってしまった。授業後の検討会で、担任教師から「私たちもいっぱい失敗した経験が今に生きている。いい経験をしたね。」と言われたことが今でも頭に残っている。

このエピソードは、私自身の苦い思い出であるだけではなく、本書の主眼である「教師のわざを科学する」上で重要な視点を含んでいる。それは、教師の「専門性」や「わざ」とは何か、「学問を学ぶこと」「経験を積むこと」「教材を研究すること」「子どもを理解すること」は、どのように関係するのかという教育研究の根源的な問いである。

本章では、これまでの教師教育の動向や研究成果を整理するとともに、教師以外のわざを概観することを通して、教師のわざを科学するための方途を考えていきたい。

2. 教師のわざへのアプローチ
(1) 教師教育制度から見た教師のわざ

力のある教師を求めることは、いつの時代も変わらない。しかしながら、教師に求めることが時代や人によって異なるため、何をもって力があると捉えるかは、長く不問であった。本来であれば、目標となる教師像をはっきりとさせることにより、養成や研修の制度を確立することができる。しかし、教師に求められる資質や能力を問い始めると、アカデミズムとプロフェッショナリズムの比重のかけ方が問題になり、先の見えない袋小路へと迷い込むことになる。そのため、これまでの教師教育では、教師に求められる資質能力を教育職員免許法にゆだね、免許法に沿う形で養成・研修を行ってきた。

近年の教師教育制度は、二つの方向に進みつつある。一つめは、実践的

指導力の重視である。教職科目「教育の方法及び技術」が創設されたのが、1988年の教育職員免許法の改正であることからも垣間見えるが、かつては、実践性を重視することにより、師範学校の再現になってしまうことを避けてきた。それが、学問的・専門的な知識だけではなく、教育現場で生かすことのできる実践的指導力の向上が重視されるようになり、教育実習のみならず、学校ボランティアやインターンとして学校現場に赴くことが奨励されている。現職教師を対象とした研修においても、ワークショップ型の授業研究や同僚間で構成するメンターチームなど、日常的な教育実践の文脈を基盤とすることが重視されてきている。

　二つめは、スタンダード化である。1990年代以降に、教師の資質能力等をスタンダード化する取り組みが諸外国で進展し、それが日本にも波及し始めている。これまでの「教師像」や「教師の資質能力」が、教員養成スタンダードや教員育成指標等の新しい用語に置き換えられ、職能基準になりつつある。2018年度からは指標を定めることが義務づけられ、全ての都道府県および政令指定都市が指標作成に取り組んでいる。先導的役割を担った横浜市では、児童生徒指導（2項目）、インクルーシブ教育（2項目）、授業力（6項目）、マネジメント力（4項目）、連携・協働力（2項目）からなる教職専門性と、教職の素養（5項目）の6領域、計21項目を、教師に求める資質・能力として規定し、教職経験のステージごとに指標を定めている。こうした職能基準をふまえて研修を体系的に整備することを目指していることもあり、教師のわざを、表面的に測定でき、かつ教育可能な知識や技術に限定して捉える傾向が強い。

(2) 授業論から見た教師のわざ

　教師のわざは、目指す授業像と切り離して考えることはできない。国定教科書によって規定された知識や価値観を、教師から子どもへ一方的に伝達する授業と、汎用的能力を育むことを目指し、互いに多様な考えを出し合い、ねりあう中で学びを深めていく授業では、異なる教師のわざが求められる。先述した教育職員免許法の改正により、教職科目「教育の方法及び技術」が新設された際、理念的・観念的な側面が強かったそれまでの教職課程を転換するための教科書が出版された。教育技術研究会が編集した『教育の方法と

技術』である。その第1章「教育の方法と技術の意味」において、中野(1993)は、よい授業をつくるために考えるべきことを、①授業の目標の明確化、②授業成果の評価の準備、③学習者の特性の理解、④授業内容の選択と系統化、⑤授業形態の吟味、⑥教育メディアの選択、⑦授業の実施、⑧授業の評価の8つにまとめている。「教育技術研究会」の名に表れているように、教師のわざを技術として明示化し、教員養成段階で育むことを目指している。

(3) 教師発達研究から見た教師のわざ

　教育の現代化が目指された1950年代中盤以降、教師の名人芸としてのわざや法則を解明し、力量向上に生かすことを目指し、授業の技術やスキルを対象とした研究が進められた。しかし、熟達教師のスキルが解明されたとしても、授業中に教師がとった行動の背景が明らかになったわけではなく、教師の状況認知や判断はブラックボックスのままであった。1970年代以降、認知科学や発達心理学の領域で熟達化に関する研究が進み、授業を行う教師の背後にある思考のメカニズムに焦点があてられた。そこでは、「教師はなにを知るべきか」ではなく、「教師は何を知っているのか」という実践の文脈に根ざした研究として展開された。熟達教師は初任教師と比べて、教師と学習者の活動を相互の関連で捉えていること、子どもの立場に立って考えること、即興的に思考していること等が明らかにされている（佐藤ほか1999）。また、ポラニー（Polanyi 1966）が、語ることのできる分節化された明示的な知識を支える、語れない知識－暗黙知－があることを指摘しているように、熟達者を熟達者たらしめているのは、明示知ではなく暗黙的な知とわざであることが明らかになっている（生田2012）。

(4) 教師のわざを対象化するために

　西之園（1999）がモデル化した、教育実践者の知の構造（図1-1-1）をふまえると、教師の専門性は、理論的・体系的な知識（形式知）ばかりではなく、

図1-1-1　教育実践知とその形式（西之園 1999）

教室の文脈に即した経験や勘を基盤とした知識（暗黙知）によるところが大きい。だからこそ、教えることの体験を蓄積し、対象化することによって初めて、教えることの体験が経験化され、教師としての成長につながると言われる（浅田 1998）。そこで重要なのが、実践経験を対象化する「省察」である。日本における授業研究や教師教育研究は、ここ20年近くの間、ショーン（Schön,D.）によって示された「省察」を鍵概念と位置づけて研究を積み重ねてきた。「省察」が鍵概念の一つであることに変わりはないが、それが技術的熟達者としての教師の成長、わざの熟達にどのように寄与するのかといったことがなおざりになってきたきらいがある。深い省察を促すためにも、教師のわざを真に対象化することが求められる。　　　〈姫野完治〉

第2節　わざを対象化する視点

あらゆる世界において、その道を極めた人がいる。演劇や音楽、工芸技術などの重要無形文化財保持者として人間国宝に認定された人のみならず、素人には真似のできない知識やスキルをもっている人は、どのような世界にも存在し、そのような人は熟達者と言われる。教師にも熟達者がおり、子どもの個性を生かしながら、ともに学び合う環境を構成する授業を参観すると、そういった授業を支える教師固有のわざに感嘆する。教師のわざを対象化する上で、教師以外のわざやその熟達に焦点をあててみる。

1．熟達者の特徴と熟達化

熟達者とは、①特定の領域においてのみ優れている、②経験や訓練に基づく「構造化された知識」をもつ、③問題を深く理解し、正確に素早く問題を解決する、④優れた自己モニタリングスキルをもつ、といった特徴を有すると言われる（松尾 2006）。では、そのような熟達者は、熟達まで至らない人とどのような違いがあり、またどのように熟達化するのだろう。

大浦（1996）は、多様な熟達者の特徴や熟達を促す要因を解明するための研究を三つの側面から整理している（表1-2-1）。それによると、熟達者は少ない資源（知識や技能）で早く正確な作業を行うことができ、外的世界と内

表 1-2-1 熟達者の特徴（大浦 1996 をもとに筆者が作成）

下位技能の習熟	【チャンク化】効率的に記憶するため、問題解決のための手続きをチャンク（ひとまとまり）にし、パターン化して記憶している。
	【自動化】技能が自動化されており、課題に対してそのつど確認・判断しなくとも、他の作業と並行して取り組むことができる。
適切な問題解決のための知識の獲得	【適切なマッピング】外的世界と内的世界を対応づけ（マッピング）、鍵となる表れを状況の中で見い出し判断することができる。
	【新たなマッピングの形成】外的世界と内的世界の相互作用から、発想がひらめき（マッピング）、試行錯誤によって具現化される。
適切な評価基準の獲得	【遂行の評価基準の獲得】定型化した評価基準だけではなく、洗練された微妙さを評価する基準も併せもち、安定した評価ができる。
	【自己状態の評価基準の獲得】状況の変化に柔軟に対応するため、自己の状態を絶えずモニターし、自分の状態を適応的に調整する。

的世界を適切に対応づける（マッピング）ことに秀でており、そのような自己の状態が妥当かどうかを認知し、調整することができる点に特徴がある。

しかしながら、それが全ての熟達者に共通するわけではない。波多野ほか（1983）は、「熟達者」を「手際のよい熟達者（routine expert）」と「適応的熟達者（adaptive expert）」の二種類に分けて捉え、熟達者の特徴や熟達を促す要因が異なると指摘する。「手際のよい熟達者」は、同一の手続きを繰り返し何度も遂行することによって習熟するもので、技能の速さ・正確さ・自動性などにおいて優れている。一方「適応的熟達者」は、ある手続きを遂行しながら概念的知識を構成し、それを吟味することによってより深く理解するもので、様々な条件や制約の変化に柔軟かつ効果的に対処しうる点に特徴がある。つまり、分野や課題によって熟達を規定する要因は異なり、それぞれの特性に合わせた熟達者像に即して検討する必要がある。

次に、熟達化の過程を考えていく。どのような熟達者であっても、生まれつき知識やスキルをもっているわけではなく、経験を積み重ね、何らかの形で知識やスキルを学ぶことによって熟達していく。分野等を超えて熟達化の過程を一般化することは難しいが、ドレイファス（Dreyfus 1983）やドレイファス・ドレイファス（Dreyfus and Dreyfus 1986）を基盤として作成した松尾（2006）と野村（2009）の熟達化モデルを踏まえて、表 1-2-2 に整理する。この熟達モデルからわかることを二点にまとめる。一つめは、熟達の初

表 1-2-2　熟達の 5 段階モデル（松尾 2006 と野村 2009 をもとに作成）

			認知的能力			
			個別要素の把握	顕著な特徴の把握	全体状況の把握	意思決定
最低10年　熟達の段階	初心者	マニュアルを厳守するため、その行為には柔軟性が欠ける。	状況を無視	なし	分析的	合理的
	中級者	獲得した知識をより広い文脈にまで拡大し、状況に依存しながら行為しうる。	状況的	なし	分析的	合理的
	一人前	全体を段階づけ、計画、目的を自覚し、今何をすべきかを的確に判断し、行為してゆく。	状況的	意識的選択	分析的	合理的
	上級者	直面した課題特性を、過去の類似の経験の中に見い出し、主観的に判断してゆく。	状況的	経験に基づく	全体的	合理的
	熟達者	知識、技能があたかも身体の一部のごとく働き、直観的、自動的に判断し、かつ行為しうる。	状況的	経験に基づく	全体的	直観的

期段階は、状況を分析的に分解してマニュアル的に理解する傾向があり、それが経験を積むにつれて、過去の経験と現状の理解を基盤として状況的に判断する行動へと変容する点である。熟達化の過程は、具体から抽象へという教科書的な学びのプロセスではなく、むしろ抽象から具体へという段階をとる点に特徴がある。二つめは、およそ 10 年以上を経験し、熟達者の段階に入ると、過去の具体的経験をもとに直観的かつ全体的に意思決定を行うため、時にことばでの説明が難しいという点である。これらの段階性をドレイファスら（Dreyfus et al 1987）は「一人前段階の行動は合理的、上級者は過渡的、熟達者は没合理的」とまとめる。これは、日本における武道や伝統芸能の分野で古くから言い伝えられてきた「守破離」とも通ずるものである。

　こうした熟達化は、経験を積むことにより達成されるが、人材育成の効率化や研修の体系化が進む昨今は、様々な形で熟達を促す仕組みが構築されてきており、それは熟達化の基盤となる「学習」の捉え方と深く関わる。すなわち、行動主義的学習理論、認知主義的学習理論、状況的学習論のうちどの

理論に依拠するかによって、熟達を支援する方法も異なってくる。

2. 技術と技能

　日本には、古くから様々な職人が存在している。大工、鍛冶、陶芸、寿司、和菓子、花火など、熟練したわざをもつ職人が、日本のものづくりをけん引してきた。近年は職人の高齢化が進み、また安価な輸入品や定型品に押されつつあるが、職人の優れたわざに依存する部分も多く、そうしたわざをいかに受け継いでいくかが課題になっている。

　こうしたわざについては、「技術」と「技能」に分けて議論されてきた。

　一般的に、「技術」は人間が自然に働きかけて改善、加工する「方法や手段」を指し、「技能」はわざを行使する人間の「能力」を指すことばとして用いられ、技術と技能の概念を包含することばとして「わざ」が用いられている。しかし、かつて技術論論争が繰り広げられたように、「技術」と「技能」の関係について明瞭な共通理解がなされているとは言い難い（生田 2011）。

　そのため、「わざ」の捉え方と同様に、「わざの伝承」についても二つの立場がある。一つめは、「わざ」を流通可能な「技術」に置き換えて伝える方法である。客観的な視点から「わざ」を記述し、知識や情報として可視化、カリキュラム化する点に特徴がある。二つめは、親方―弟子関係として生活をともにしながら、人間を通して「技能」を伝承する方法である。明確な意図をもって伝えることは難しく、親方がやってみせる行為から、わざを受け継ぐ点に特徴がある。技術と技能の伝承方法の違いを整理して、表1-2-3に示す。

3. 暗黙知とことば

　私たちの多くは自転車に乗ることができる。しかし、自転車の乗り方を語ろうとすると、意外なほど難しい。自転車のハンドルを両手で握り、ブレーキをかける。自転車を足でまたぎ、サドルに腰かける。片方の足をペダルにおく。踏み出す瞬間に、ブレーキを離し、もう片方の足もペダルに乗せ、あとはバランスを保ちながら右足と左足を交互に……。体がどのように動いているかを特に意識しなくても、自転車に乗ることができるが、ことばにする

表1-2-3　技術と技能の伝承方法

技能を伝承する仕組み	技術を伝承する仕組み
1. 親方－弟子という一対一の伝承方式	1. 教員集団による多対多の伝承方式
2. 伝承のためのカリキュラムが存在しない	2. 訓練のためのカリキュラムが整備されている
3. 職人志向への強い動機付けが前提	3. 学校選択の結果としての職人志向
4. 目標となる親方が存在	4. 学生と教員との関係が存在
5. 親方との私生活を共にする密接な関係の中で職人気質を獲得	5. 学校における講座および現場で職業倫理を獲得
6. わざの型（独自なわざ）の修得を目指す	6. 技能レベルの取得

日本とドイツの技能伝承方法を比較した林部ほか（2007）をもとに筆者が作成した

のは至難のわざである。「暗黙知」を概念化したポラニー（Polanyi 1966）が、「我々は語ることができるより多くのことを知ることができる」と述べるように、形式的に理解していること以上に、状況に合わせて課題を解決する暗黙的な知識を私たちは少なからずもっている。

　スポーツや音楽、芸術、ものづくりなどの熟達者による卓越したわざは、マニュアルや仕様書のような形式的な知ではなく、直観的・主観的な洞察、勘やコツといった暗黙的なものであることが多い。このような身体の感覚や生活の実態に根差した身体知として体得されている知は、自らをメタ認知し、ことばで表現することで、新たな身体知の学びや力量向上につながると言われる（諏訪 2016）。

　暗黙知の表出化については、わざの伝承においても重要と言われている。生田ほか（2011）は、伝統芸能やスポーツ、看護等の領域において、ことばにできない知を伝えるための「伝えられないことを伝えようとすること」、「語りえぬことを語ること」に着目し、「身体感覚の共有」を促す媒介物として「わざ言語」を位置づける。「わざ言語」とは、科学言語のようにある事柄を正確に記述、説明することを目的とするのではなく、相手に関連ある感覚や、行動を生じさせたり、現に行われている活動の中身を改善したりするときに用いられる言語であり、卓越者のAchievement（達成状態）についての感覚を学習者自らが探っていくように誘う役割を担っている。例えば、日本舞踊において「天から舞い降りる雪を受けるように」、声楽において「目玉の

ウラから声を出しなさい」といった特殊な比喩表現が使用される。

〈姫野完治〉

第3節　教師の「わざ」を科学するために

　熟達教師のわざや知恵は、経験と勘に支えられた名人芸と言われ、暗黙的で伝承が難しいとされてきた。だからこそ、教師同士の教え合いや学び合いによって、徒弟的に学ぶ環境をつくることで知を伝えようとしてきた。とはいえ、教師の年齢構成のアンバランス化や学校規模の縮小化によって、知を伝え・受け継ぐ環境が変化し、また多忙化や働き方改革によって教師同士で授業や教育について語る機会が減少する中、熟達教師のわざを対象化し、可能な限り明示化するとともに、新しい情報技術などを活用することによって効果的に伝える術を創造することが求められている。

　教師のわざとは何か。これまでの教師研究や、教師以外を対象とした研究を概観しても、その捉え方は一様ではない。技術、技能、知識（形式知、暗黙知、実践地、明示知、日常知、身体知）、スキル、テクニック、ノウハウ、勘、コツ、知恵など、多様に表現されてきた。そのような中で、本書はどのような立場をとるのか。西之園（1999）は、「これまでの教育方法では、教育思想や様々な規範が優先し、研究専従者が理論を展開して、教師がそれを実践するという構図であった。しかし、現在のように教育問題が複雑になると、このような図式では学習指導での問題に対応することができない。」と指摘し、実践知を形式化するための枠組みを示している（図1-3-1）。本書『教師のわざを科学する』においても、表面に現れる教師のわざを第三者的に対象化することに留まらず、教師自身の授業の背後にある素朴理論や思いに迫り、授業改善や教師の成長・発達に寄与するために、教師のわざを科学したい。

〈姫野完治〉

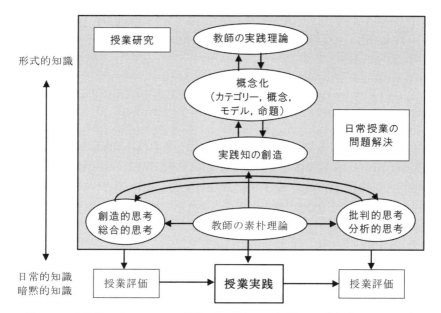

図1-3-1 経験的アプローチによる授業研究の枠組みと実践知の形式化（西之園 1999）

第2章　教師のわざと授業研究

　教師のわざは、授業デザイン（授業設計）、授業実践（授業実施）、授業評価・改善、学級経営に関する「教育技術」と、それらの教育技術を背後から支える「授業についての知識」、さらに「授業についての信念（教育観、子ども観、授業観、指導観、教材観）」などで構成されている。なお、教育技術（わざ）は、「一般化（共通化）に志向したもの」と「個性化（特殊化）の色彩が強いもの」の両方の側面をもっている。

第1節　教師のわざと役割

1．デザイナーとしての教師のわざ

　どのような授業が実践されるかは、「教師が授業をどのようにデザインするか」にかかっている。言うまでもなく、教師はプロである。プロであれば、「子どもたちばかりでなく、その授業を見学している人や教師自身もワクワクする授業」をデザインしなければならない。
　では、授業をどのようにデザインしたらよいのだろうか。
　吉崎（2008）は、「授業に対する思い」「授業の発想」「授業の構成」「授業で用いる教材の開発」「日常生活での問題意識」の5つの構成要素からなる「授業デザインの考え方」を、全国の優れた実践事例をふまえて提案している。
　「授業に対する思い」とは、教師が実現したいと思っている授業のイメージであり、授業での子どもの姿である。例えば、「子どもが学習に必要感や有用性を感じる授業」「子どもたちのいろいろなアイデアや意見が生かされながら、思考力や判断力が培われる授業」などである。そこには、授業デザインという教育技術（わざ）を支える教師の信念がある。
　「授業の発想」とは、「授業に対する思い」を具体化させるために、「人、もの、時間、空間などを授業にどのように使うのかを創造的に考えること」である。

例えば、「どのような学外の方（専門家、地域の方、保護者など）を教室に招き、授業の中で話をしてもらえば、子どもの学習意欲は高まるだろうか」「どのような実物やデジタル・コンテンツを活用すれば、子どもの理解は促進されるだろうか」などである。そこには、授業デザインという教育技術（わざ）を支える教師の知識やアイデアがある。

「授業の構成」とは、「授業に対する思い」や「授業の発想」をベースにして、「具体的な授業の流れ（展開）を思い描くこと」である。この「授業の構成」が、単元案や授業案を設計する際の基本枠組みとなる。その意味では、「授業の構成」は、授業デザインの教育技術（わざ）そのものである。

「授業で用いる教材の開発」は、「授業に対する思い」を実現するために、授業にふさわしい教材を選択したり、あるいは新たに教材を開発することである。その際、教材選択・開発の理由を明確にすることが大切である。

「日常生活での問題意識」は、教師が日頃の子どもの様子から気づいたことや、世の中の出来事について考えたことである。もちろん、教師が日常生活の中で行っている趣味や諸活動に関連する問題意識もある。そして、これらは、「授業に対する思い」「授業の発想」「授業の構成」「授業で用いる教材の開発」といった「授業デザインの構成要素」を背後から支えている。

2. アクターとしての教師のわざ

教師の意思決定が授業の成否を決定するといっても過言ではない。そして、教師の意思決定が問題となるのは、授業計画（予想していた子どもの反応）と授業実態（実際の子どもの反応）との間にズレが見られる授業場面である。

ところで、このような授業場面において、教師はどのような対応をとるのだろうか。もちろん、教師の力量によって違いがある。しかし、一般的には、A教師からD教師のような4つのタイプに分けることができる。

A教師は、このようなズレに気づかない。その原因は、授業における子どもの学習状態を正確に読みとる力量と関係がある。A教師の場合には、この力量が不足していたことになる。なお、この力量については、「評価者としての教師のわざ」のところで詳述する。

B教師は、ズレに気づいているのだが、どのような対応をとったらよいの

かがわからない。その原因は，このような困難な授業場面に対応するための手立て（対応策）を案出する力量と関係がある。B教師は、この力量が不足していたことになる。

　C教師は、ズレに気づき、対応できる力量があるにも関わらず、計画変更して対応すべきかどうかの意思決定ができない。一方、D教師は、適切な意思決定に基づいて、臨機応変な対応をとることができている。それは、授業の各場面（特に、授業展開上のポイント場面）において、子どもの学習状態を評価しながら、当初の授業計画をそのまま展開すべきなのか、それとも変更すべきなのかを適切に意思決定できる力量と関係がある。C教師とD教師では、この力量に決定的な違いがある。

　このように、アクターとしての教師の意思決定は、(1) 子どもの反応（キュー）の観察から学習状態を読む、(2) 授業計画（予想していた子どもの反応）と授業実態（実際の子どもの反応）との比較を行う、(3) 授業計画と授業実態とのズレの原因が何であるのかを判断する、(4) 代替策（手だて）を考える、(5) 満足する代替策（手だて）を選択する、といった5つのプロセスを経て行われる（図2-1-1参照）。しかも、これらのプロセスは一瞬のうちに行われているのである。まさに、アクターとしての教師の意思決定は、優れて高度な教育技術（わざ）に基づいて行われていることが想像できる。

3. 評価者としての教師のわざ

　デザイナーとしての教師も、アクターとしての教師も、ともに評価者としての教育技術（わざ）を必要としている。

　デザイナーとしての教師は、目標と教材と子どもとの関係を頭のなかに描きながら、教授行動（課題提示、発問、説明、指示など）を計画している。つまり、教材内容を踏まえた教授行動に対する子どもの反応をいろいろと予想しながら、授業の流れをデザインしている。

　例えば、「主要な発問に対して、子どもはどのような考えをするだろうか」「重要な用語や概念をどのように説明したら、子どもは理解できるだろうか」「子どもがつまずきやすい学習内容や学習場面はどこだろうか」といったことを、単元案や授業案を作成する際に考えておく必要がある。それは、まさ

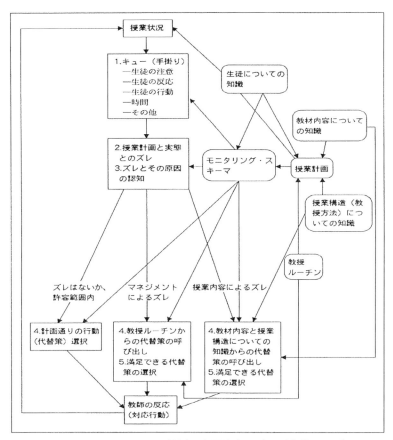

図 2-1-1　授業における教師の意思決定モデル（吉崎 1988）

に「授業設計段階での子どもの学習状態の予想」という評価技術（わざ）である。

　アクターとしての教師は、発問に対する子どもの手の挙がり方や応答内容、あるいは子どもの表情から、授業における子どもの学習状態を読み取る必要がある。

　しかし、授業における子どもの学習状態（理解、思考、関心、意欲など）を正確に捉えることはとても難しい。というのも、対象とする子どもが多いうえに、子どもそれぞれに個人差があるからである。そこで、教師は、授業

における子どもの学習状態を把握する方法を自分なりに創意工夫して身につけなければならない。例えば、ある熟達教師は、その授業における何人かのポイントとなる子どもをあらかじめ想定しておいて、あの子がわかっていればこの子もわかっているだろうというように、何人かの子どもの理解状態を手がかりとして学級全体の理解状態を把握している。それは、まさに評価技術（わざ）である。

4. 運営・経営者としての教師のわざ

教師には、授業を運営するとともに、学級の人間関係を良好なものに保ちながら、学級を経営する教育技術（わざ）が求められる。

その教育技術の一つが、授業ルーチンを導入・維持する技術である。なお、授業ルーチンとは、授業がもっている複雑さをある程度まで軽減し、授業に秩序と安定をもたらすところの、教師と子どもによって共有化され定型化された一連の授業行動である。

香川ほか（1990）は、小学校1年生を担任した中堅教師（1名）と若手教師（2名）が、どの時期に、どのような機能をもった授業ルーチンを、どのような授業場面で導入していくのかを検討した。その結果、次のようなことが明らかになった。

① 3名の教師とも4月に多くの授業ルーチンを導入していた。表2-1-1に見られるように、4・5・6月に導入された総数は、A教諭（中堅教師）が27個、B教諭（若手教師）が26個、C教諭（若手教師）が25個と3名の教師ともほとんど変わらない。しかし、4月の時期と5・6月の時期を比べてみると、どの教師も4月に多くのルーチンを導入していることがわかる。これは、1年間のスタートの時期である4月に授業を成立させる基本路線

表2-1-1　導入された授業ルーチンの個数についての4月と5・6月の比較（香川ほか1990）

	4月	5・6月	計
A教諭	18（67%）	9（33%）	27
B教諭	15（58%）	11（42%）	26
C教諭	16（64%）	9（36%）	25
計	49（63%）	29（37%）	78

をしっかりさせておく必要があるためと思われる。
② 4月に導入された授業ルーチンは、「学習の準備・整理・後始末に関するルーチン」や「話し方や聞き方に関するルーチン」が9割以上を占めていた。これらの多くは、学級での集団学習を進めていくのに必要なルーチンである。
③ 5・6月には3名の教師に共通するルーチンが大幅に減り、逆にそれぞれの教師独自のルーチンが増えていた。この時期になると、授業観や学級観が反映された教師独自のルーチンが導入されることによって、その教師なりの授業や学級をつくろうとしていることがうかがえる。
④ 夏休み以降になると、よく維持されているルーチン（例えば、学習の準備・整理・後始末に関するルーチン）とあまり維持されていないルーチン（例えば、話し方や聞き方に関するルーチンや人間関係に関するルーチン）が見られた。小学校1年生にとって、基礎的なルーチンはよく維持されやすいが、比較的高度なルーチンは長期の夏休みが過ぎた9月には維持されにくいことがわかる。

　これらの結果からわかることは、授業ルーチンに関する教育技術には、1年間のスタートの時期である4月に授業を成立させる基本路線をしっかりさせるための「一般的（共通的）な教育技術」と、5月以降にそれぞれの教師の授業観や学級観が反映された「個性的な教育技術」があるということである。そして、これらの相対立ルーチンが適切な時期にそれぞれ導入されることによって、授業がスムーズに運営されるとともに、その学級なりの特徴が見られるようになる。そこに、運営・経営者としての教師のわざがある。

〈吉崎静夫〉

第2節　教師のわざを磨く授業研究

1. 一人称としての授業研究で磨く教師のわざ

　一人称としての授業研究とは、教師が自らの授業実践を対象に、その授業を改善するために研究することである。
　ところで、教師は、授業中に、何を見て、何を感じ、どのようなことを考

えているのだろうか。さらに、どのような判断や意思決定をしているのだろうか。このような教師の内面過程に、授業当事者の視点から迫るのが一人称としての授業研究である。そのためには、教師（授業者）の視線の方向から教室風景（主として、児童生徒）を映し出すビデオカメラ（例えば、教師の頭部に装着するウェアラブルカメラ）を用いて授業を録画して、教師が授業後に自らの内面過程を振り返ることが有効である。このことが、教師の教育技術（わざ）を磨くことにつながる。

　姫野（2016）は、授業者の視線から撮影・記録した映像をもとに、授業中の教師の視線傾向や意図を継時的に振り返る授業リフレクションを試行し、その成果と課題を明らかにしている。例えば、授業者のＩ教諭（教職経験９年、小学校１年担当）は、日常生活において気がかりな子どもに多くの視線を向ける傾向があった。また、この教師は、自らの視線で撮影・記録したビデオ映像を見ながら、自らの行動について次のような興味深いコメントをした。

　「いま（自分の行動について）説明をしたでしょう。こういう意図でとか。そういうのは、普段は全然意識していないので、ほとんど無意識でしていることの説明をしたので、なんか発見ですね。自分はこんな風に考えてそうやっているのかって。例えば、近くの人（児童）を全然見ていなかったとか、面白いですね。」

　このコメントには、次の二つのことが含まれている。
　一つは、日頃は無意識的に行っている教授行動（手だて）について、自らの視線で撮影・記録したビデオ映像を手がかりとすることによって、自らの教授意図をリフレクションできていることである。そして、そのことが教師にとっては新たな発見につながっている。
　もう一つは、普段見過ごしている自らのクセに気づいたことである。そして、そのことが教師にとっては面白いことだったのである。新たな教育技術（わざ）の向上につながることが期待できる。

2. 二人称としての授業研究で磨く教師のわざ

　二人称としての授業研究は、教師が同僚教師(あるいは学外教師)と協働で、同僚教師(あるいは学外教師)が実践する授業を改善するために研究することである。具体的には、協働で授業を設計したり、授業後に授業者と授業について対話をし、授業改善のための手立てを探ることである。つまり、当該教師が同僚教師の授業プランに積極的にコメントしたり、協働で授業プランを作成することを意味している。さらに、授業後に同僚教師と授業について対話し、協働で授業改善プランを作成することを意味する。それは、まさにわが国の学校風土の中で形作られた「同僚性」が基盤になっているのだといえる。

　例えば、録画された授業のポイント場面でVTRをいったん停止させて、「もしあなたがこの授業者であったら、次にどのような教授行動（手だて）をとるつもりですか」というように、視聴者（同僚教師あるいは学外の教師）に教授行動の意思決定を求める方法がある。授業者が、「その場面をどのように認知していたのか」「その時、計画を変更する必要を感じていたのかどうか」「どのような代替策（手だて）を考えていたのか」「どのような理由で、その代替策を選択したのか」などについて説明する。次に、他の教師が、「他にどのような代替策が考えられるか」「自分が授業者だったら、どのような代替策をとるつもりか」といったことをコメントする。それから、参加者全員で、「この場面でとりうる可能性のある代替策」と「この場面でもっともよいと思われる代替策」について話し合う。

　この授業研究の方法は、「VTR中断法」とよばれている（吉崎1997）。そして、これらの一連の授業研究をとおして、授業者ばかりでなく同僚教師も「教材内容に関連した教授方法についての知識（Pedagogical Content Knowledge, PCK）」を豊かなものにすることができる。そのことが、二人称として参加している教師の教育技術（わざ）を磨くことになる。

3. 三人称としての授業研究で磨く教師のわざ

　三人称としての授業研究は、授業者の了解をえて、ひたすら第三者の立場から授業実践を観察・考察して、その授業実践に関わる要因や要因間の関係を記述することである。

教師が自らの教育技術（わざ）を向上させたいならば、優れた教師の授業実践から教育技術（わざ）のポイントを学ぶことが肝要である。
　例えば、わが国の国語教育界に多大な功績を残した大村（1973）は、名著『教えるということ』の中で、書かせる工夫の例をあげている。
　「まず、子どもに聞かせる話を考えます。内容を適当なところ3ヵ所ぐらいで切っておいて、子どもには三つのわくをとった紙を配っておきます。『これからお話ししますからお話を途中で切ったら、その時に心に浮かんでいることを書きなさい。どういうふうにでもよいから。練習ですから、上手下手はなし。私が話をやめた時に、心に浮かんでいることを2・3分で文字にする。そういうふうに今日はしましょう。』と言って話し始める。どんな話を、どんなところで切って話すか、そこが先生の腕前です。必ず思うことがあるという話でないと教材になりません。また、書くことがあふれ出てくるような、うまいところで切らなければだめです。必ず何か思うようなところで切るのです。」
　この「書かせるための教育技術」は、水越（1987）が提唱している「第一レベルの教育技術（一般化できる教育技術）」から見れば、①子どもに聞かせる話を考える（または、聞かせる話を探してくる）、②話の内容を適当な3ヵ所ぐらいで切っておく、③話を読みながら、あらかじめ切っておいた箇所で話を中断させる、④中断した箇所で心に浮かんだことを自由に2・3分間で書かせる、ということになる。
　確かに、これらの手順は、他の教師に伝達可能なものである。しかし、題材の選び方、話し方、切り方ということは、作文指導に関する教師の力量に依存していることも事実である。したがって、この教育技術は、大村はまという優れた教育実践家の個性化の側面ももっているのである。まさに、水越が言う「一般化と個性化という、教育技術のデュアルな関係」がそこにはある。
　したがって、先達教師から学ぼうとする時は、これらの4つの指導手順が「教材の選び方（教材観、教材研究）」「話し方（指導技術）」「切り方（教材研究、子ども研究）」によって支えられていることを理解することが肝要である。そのことが、教師の教育技術（わざ）を磨くことになる。

〈吉崎静夫〉

第3章　教師の「ことば」と「語り」を科学する

第1節　教師のわざと「ことば」「語り」

　教師は、ことばを用いて子どもを引き付け、考えを引き出し、動くよう指示し、集団としての学びを深め、感動を与える。まさに「ことばの達人」である。授業では、とりわけ教師のことばが重要な鍵となる。授業は、教師と子どもの相互作用で成り立っており、いかに綿密に準備したとしても、それが子どもに届かなければ、豊かな学びを作り出すことはできない。坂元（1972）が授業のコミュニケーションモデルとして示しているように（図3-1-1）、子どもの意欲を高め、授業に引き込み、深い学びに誘うためには、発問や説明の内容を吟味するとともに、いかにコミュニケーションとして実現するかが重要である。子どもの発言に「うんうん」「ふーん」と相槌をうつ、「へー」と驚く、「うーん」と考える。擬音語や擬態語などのオノマトペを使って思いを表現する。「言葉」ではなく「ことば」としたのは、教師の「ことば」には、漢語では伝わりにくい日本語本来の感覚的な意味が含まれていると考えたからである。教師のことばは、話しことばだけではない。子どもたちの思考の過程を黒板にまとめ、ノートやワークシートにコメントするなど、書きことばを用いる場合も多い。このように、教師と子どものコミュニケーシ

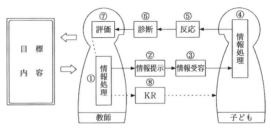

図3-1-1　授業の三方向コミュニケーションモデル（坂元 1971）

ョンの多くはことばを媒介として展開される。

　これらは主に「授業時のことば」であるが、教師のわざを科学する上では、「授業に対することば」も重要となる。日本の学校現場には、古くから教師同士が協働で授業や子どもについて語り、研究する文化がある。このような校内研修の文化に諸外国からの注目が集まり、現在は Lesson Study と呼ばれて世界各国で実践されるようになった。秋田（2012）は、諸外国の学校や教師文化との比較をもとに、日本の教育現場で授業研究が受け継がれてきた背景を整理し、「その要因の一つとして、授業を語ることばや概念、語りの様式が成立し、教師の思考や授業の見方、言語化を支えてきたことがある」と指摘する。実践者自身の語りや物語は、医学や看護学、臨床心理学、そして教育学などにおける新たな実践的方法として、また研究法として注目され、ナラティヴ・アプローチと呼ばれている。

　ナラティヴ（narrative）は、「語り」または「物語」と訳される。「語る」という行為そのものを意味する場合と、「語られたことば」を意味する場合の二つを包含しており、日本語にする際に両方の意味を損なわないよう、「ナラティヴ」というカタカナ表記が用いられている。類似する用語として、「ディスコース（対話・言説）」や「ストーリー（物語）」がある。ディスコースは、特定の共同体の中で妥当と認められる言説や対話を指しており、個人というよりもむしろ社会的な実践として捉えられる。一方、ナラティヴは、自分の経験や出来事、思いを自ら語ること、および語られた物語等の意味をもつ。このようなナラティヴが関係づけられ、筋立てられたものがストーリーである。野口（2009）の分類によると（表3-1-1）、自らが自らの生活史や自伝を語るといったこともあれば、他者が語ることを聞く、あるいは物語を読んだり聞いたりすることも含まれる。　　　　　　　　　　　　〈姫野完治〉

表 3-1-1　語り手・主題・聞き手によるナラティヴの分類（野口 2009）

	語り手	主題	聞き手	主語の人称	例
A	自分	自分	他人	一人称	自伝、セラピー、宗教的告白
B	自分	他人	他人	二人称・三人称	相手へのコメント、噂話
C	他人	自分	自分	二人称・三人称	セラピー、リフレクティング・チーム
D	他人	他人	自分	三人称	歴史、小説、ドラマ、ニュース、噂話

第2節 教師の「ことば」と「語り」に関する研究

1. 教師の「ことば」と「語り」を対象化する枠組み

　授業は、多くの要素が複雑に絡み合って構成されている。授業における教師のわざを対象化するにあたって、その全ての要素を対象とすることは困難である。そこで、授業を構成するうちの特定の要素に焦点化して研究が推進されてきた。波多野（1963）が、「授業の本質はコミュニケーションである」と述べるように、教師から子どもへの教え込み型の授業であっても、子ども同士の学び合いを重視する授業であっても、その中心は「ことば」でのコミュニケーションである。教師の力量向上や授業改善、そして授業についての学問的研究を進める上でも、「ことば」はその中心であることから、「ことば」や「語り」に着目した多様な研究が進められてきている。

　「ことば」や「語り」を対象化するアプローチは、大きく三つに区分される。本節では、以下の三つのアプローチに区分して、教師の「ことば」と「語り」に関する研究を概観していく。

①行動科学的アプローチ

　　教育の科学化を目指した1950年代後半以降、授業の定量的・客観的な分析が進んだ。教師と子どものコミュニケーション過程や教授スキルの解明に取り組んでいる。

②認知科学的アプローチ

　　教授行動の背景にある意思決定や知識、信念を解明すべく、1980年代以降に認知的側面に着目した研究が進んだ。教師自身の思考のプロセスに焦点をあてるところに特徴がある。

③ナラティヴ・アプローチ

　　1990年代以降に発展し、授業実践における子どもや教師の思い、実践を取り巻く社会的・文化的な文脈にアプローチすべく、授業や子どもの学びを語ることばや物語に着目している。

2. 行動科学的アプローチによる研究

　授業は、教師と子どものコミュニケーションによって成り立っている。そこでのコミュニケーションは、ことば、身ぶり、手ぶり、視線などによってなされるが、中でもことばの果たす役割は大きい。教育の科学化を目指した1950年代後半以降、アメリカを中心として、教師と子どものことばの遷移過程に注目し、授業の雰囲気やパターンを行動科学的アプローチによって解明しようとした研究が推進された。授業における教師と子どもの発話の内容や流れを分析する枠組み（カテゴリー）を設け、それに合わせて類型化・数値化することにより、授業の特徴を量的に明らかにすることを目指している。開発されたカテゴリーは100以上あるが、代表的な方法にはフランダース（Flanders）、ベラック（Bellack）、リブル（Ribble）によるものがある。

　フランダース（1986）が開発したFIAS（Flanders Instructional Analysis System）は、以下のような手続きで分析を行う。
①教師と子どもの発話を全て文字に起こして逐語記録を作成する。
②話者の交代、または3秒以上の発話の場合は3秒ごとに区切りを入れる。
③各発話を表3-2-1のカテゴリーにあてはめて番号を付す。
④発話の遷移過程から、前後二つのカテゴリーの関係を抜き出し、マトリクス表（表3-2-2）に集計する。

　このような分析により、時系列で流れる授業を、表3-2-2のような10行×10列で構成される1枚の表にまとめることが可能になる。FIASを初めと

表3-2-1　フランダースが開発した相互作用分析のカテゴリー

教師の発言	間接的影響	(1) 感情を受け入れること (2) ほめたり，勇気づけること (3) アイディアを受け入れたり，利用すること (4) 発問すること
	直接的影響	(5) 講義すること (6) 指示すること (7) 批判したり，正当化すること
生徒の発言		(8) 生徒の発言：応答 (9) 生徒の発言：自発性
		(10) 沈黙あるいは混乱

表3-2-2　カテゴリー分析で用いるマトリクスと解釈枠組み

前\後	1	2	3	4	5	6	7	8	9	10	計
1											
2		B							E1		
3											
4				A							
5										F	
6						C					
7											
8		D1			D2			E2			
9											
10											
計											

A：コンテント・クロス領域　B：間接的影響領域　C：直接的影響領域
D1・D2：教師反応領域　　E1・E2：生徒反応領域　F：沈黙・混乱領域

するカテゴリー分析の手法を用いて、授業中の教師と子どものコミュニケーションを数値化したことにより、授業同士を比較することが可能になった。加藤（1977）が、FIASのカテゴリーを用いて10の授業を分析し、カテゴリー分布を比較しているように（表3-2-3）、校種や教科、学年の異同に関わらず、教師の発言が多い授業・少ない授業、沈黙・混乱が多い授業、子どもの自発的な対話が多い授業等、授業の特徴を相対的に把握することができるようになった。また、表3-2-2に記すように、A～Fの領域ごとの標準的な比率を設定しておくことによって、特定の基準のもとで授業の特徴を分析・解釈することを可能にした。

　上述のカテゴリー分析を通して、実施された授業の特徴が可視化されたものの、それによって授業の「よさ」や熟達教師のわざが解明されたわけではなく、また、日々の授業改善へとつながるものではなかった。このような課題意識のもと、既成のカテゴリーではなく、授業に合わせて授業者自身がカテゴリーを設け、そのカテゴリーによって授業を分析し、授業改善へつなげようとする研究が推進された（西之園ほか 1981, 1982）。また、量的アプローチと質的アプローチを組み合わせ、よりいっそう調査対象の授業に即して

表 3-2-3　クラス別のカテゴリー分布（加藤 1977 の一部）

カテゴリー	クラス	1		2		3		4	
		頻度	%	頻度	%	頻度	%	頻度	%
(1) 感情を受け入れること		3	0.3	0	0	0	0	13	1.4
(2) ほめたり、勇気づけること		19	2.2	42	5.9	40	6.5	50	5.5
(3) アイディアを受け入れたり、利用すること		28	3.2	34	4.7	46	7.5	59	6.5
(4) 発問すること		48	5.5	68	9.5	67	10.9	81	8.9
(5) 講義すること		273	31.4	104	14.6	145	23.7	246	27.2
(6) 指示すること		98	11.3	48	6.2	68	11.1	21	2.3
(7) 批判したり、正当化すること		3	0.3	22	3.0	16	2.6	14	1.5
(8) 生徒の発言：応答		14	1.6	34	4.7	64	10.5	20	2.2
(9) 生徒の発言：自発性		153	17.6	69	9.7	5	0.8	239	26.4
(10) 沈黙あるいは混乱		230	26.5	292	40.9	160	26.2	161	17.8
		869	100	713	100	611	100	904	100

分析しようとする研究方法も開発された（柴田 1999）。近年は、総体的に授業の特徴を分析するのではなく、教科書中心や話し合い中心といった授業スタイルとの関係で、教師と子どものコミュニケーションの特徴を捉えようとする研究へと進展してきている。岸（2015）は、多様なスタイルで行われた 54 の授業を、FIAS を参考にして設けた 12 のカテゴリーで分析し、教師による発話傾向によって授業運営・維持に用いる発話等が異なることを明らかにしている。

一方、発せられた「ことば」の内容や相互作用以外に焦点をあてた研究も進められている。教師と子どもの発話間の沈黙に着目し、教師の発問から子どもの応答までの待ち時間を図 3-2-1 のように可視化した研究や（野嶋 1992）、教師の発話に付随するイントネーションやリズムといったパラ言語を解明しようとする研究（有賀 2008）等も蓄積されつつある。

3. 認知科学的アプローチによる研究

1970 年代後半以降、知覚や理解、思考など、人の高次の認知機能を研究対象とした認知科学が台頭し、それまでの行動科学的アプローチによる授業研究では焦点が当たらなかった、教師と子どもや子ども同士の相互作用の質

図3-2-1　授業のコミュニケーション・グラフ（野嶋 1992）

に注目が集まった。そして、「相互作用の中で何が原因となって子どもに認知的変化が生じるのか」、また「対話の内容や方向性は話題の展開とともにどのように変化していくのか」といった相互作用のダイナミズムが直面する問題に答えようとする研究が進められた（高垣 2005）。教師の「ことば」を認知科学的アプローチによって対象化しようとする研究を、三つに分けて概観していく。

(1) 授業談話の構造とパターン

　授業において展開される相互作用の中で、特徴的なのが教師による「発問」である。日常生活において何かを尋ねる「質問」と、授業における「発問」は、どのように違うのか。こういった授業特有の談話構造に注目したのが、メーハン（Mehan 1979）である。日常生活では、例えば「いま何時ですか」という質問に「8時です」と応答があれば、あとに来るのは「ありがとう」であろう。しかしながら、学校では「そうだね」や「他の考え方はあるかな」等、応答を評価する場合が多い。Mehan (1979) は、授業が「開始：I (Initiation)」「応答：R (Replay)」「評価：E (Evaluation)」からなる I-R-E 構造で成立していること、それは導入・展開・まとめの各場面によって発話の連鎖パターンが異なることを指摘している（表3-2-4）。

　授業中の談話構造については、上述したような授業全般に関わるものだけではなく、学習の質を高める機能との関わりから研究が進められている。その一つに、子どもの発言に対して教師が言い換えたり、黒板に書くことによって確認したりする「リヴォイシング（revoicing）」に注目した研究がある。子どもの応答へのフィードバックについては、評価（Evaluation）や KR

表 3-2-4　教室談話の構造（Mehan 1979）

事象	授業					
段階	導入		展開		まとめ	
タイプ	指示的	情報的	話題群 誘発的	話題群 誘発的	情報的	指示的
組織	I-R-E	I-R-(E0)	I-R-E I-R-E	I-R-E I-R-E	I-R-(E0)	I-R-E
参加形態	教師―生徒 ―教師	教師―生徒 ―教師	教師―生徒 ―教師	教師―生徒 ―教師	教師―生徒 ―教師	教師―生徒 ―教師

※（E_0）は省略されることもある

(Knowledge of Result) の側面で捉えがちであったが、教師が子どもの発言を反復したり言い換えたり（リヴォイシング）することによって、子どもが話し合いの流れを捉え、また授業内容を授業の文脈に沿って統合的に理解すること等に寄与していることが指摘されている（一柳 2009）。また、協同学習を効果的に行うための要因や教師のわざに着目した研究もある。そこでは、異なる意見の相互作用を含むトランザクション対話に焦点をあて、理科授業における協同的探求を促進する上で、教師によるアナロジーや可視化といった介入が重要であることを見い出している（高垣ほか 2004）。

(2) 教室談話の基盤となる授業ルーチンとグラウンド・ルール

　教室における教師と子どものコミュニケーションは、一時間の授業を分析しただけでは理解できない要素を多分に含んでいる。授業が行われる学級は、長い時間をかけて形成されるものであり、時期によってもその様相は異なる。教師が教壇に立つと、日直が号令をかける。グループ学習が始まったら、指示がなくても司会と記録をおく。何気なく行われているこのような基盤があるからこそ、授業は円滑に展開される。香川ほか（1990）は、授業を成立させる基盤となるスクリプト化された行動パターン（授業ルーチン）に着目し、一般的なルーチンの9割以上が4月に導入され、5・6月以降は各教師独自のルーチンが導入されることなどを解明している。「授業と学級経営は車の両輪である」と言われるように、教師は授業を通して学級経営を行う。そのため授業では、教科内容のみならず、学級集団や学習集団としての考え方や態度を育むことも重要となる。浅田ほか（1991）は、授業場面における経営

表 3-2-5　経営行動の分類とその機能（浅田ほか 1991）

	経営行動	具体例	主な機能
暗示的なインストラクション	教材を挿入する。	児童にとって新奇な実物や視聴覚教材を用いる。	設計段階で意図され、授業への構えを形成する授業への意欲を喚起する。導入段階で用いることにより、教師が前に立てば教師に注意を向けるルールを形成する（4月段階）
	児童の活動形態を変える。	一斉形態をグループ活動や個人作業を行わせる。	問題行動に対処する、授業への参加促進を促す。設計段階で意図され、問題意識を持ち、自分でやっていけるという行動目標の達成。
	指名の順序を変える。	児童の能力や特性を考慮し、教師がもつ指名順序のパターンを変える。	問題行動（授業からの逸脱行動）の予防。授業の渋滞要因（認知的要因）を取り除く。
	発問系列を変える。	指導案の発問の順序を変える。易しい発問から難しい発問の順序を変える。発問をスモールステップに分けて行う。	授業への参加促進、意欲の喚起。授業の渋滞要因（認知的要因）を取り除く。授業への参加あるいは学習への意欲の維持。
	指名-応答ルールを変える。	挙手して発言するルールを変えて、挙手していない児童に発言させる。	自分の意見を表明するという学級集団目標の達成、及び正しいことば使いができるという行動目標の達成。
	コミュニケーションの形態を変える。	教師対一人の児童と教師対学級全体との二つの形態を使い分ける。	学級全体に関する問題と個人的な問題とで使い分ける。共通理解による授業への参加促進と個人の問題であり、かつ学級全体の問題（行動目標の達成）は1対他の形態を用いる。
	応答方法を変える。(KR)	児童の発言に対して、個々に応じた評価を行う。	個々の児童の行動目標達成。
明示的	注意・指示	返事、話し方、姿勢を注意する。	個々の児童の行動目標（けじめのある生活・態度、正しいことば使い）の達成、及び学級集団の形成。

行動と、その機能を整理し（表3-2-5）、暗示的なインストラクションによって経営行動が導入されていることを示している。

　このようなルーチンやルールが教師と子どもで共有される、さらに具体

な過程に注目した研究もある。松尾ほか（2007）は、子どもが主体的に考え、教室全体での意見交流を通じて収束的および拡散的な学びが生起する授業を実現するためのグラウンド・ルールとして、「①お互いの考えとの向き合い方」「②他者との関わり方」「③活動主体としての責任」の3側面から捉えている。そして、授業中の話し合いの中に表れたルールを教師が取り上げ、意味づけることによって、教師からの一方的な提示では具体的な意味や重要性を気づかせることの難しい①のルールを共有する過程を実証的に解明している。

(3) 子どもへのことばかけと子どもの受け止め

　授業は、教師と子どものコミュニケーションによって成立するが、教師のことばかけは、教室全体に向けられるものだけではなく、授業に参加する一人ひとりの子どもの状況や文脈に合わせて行われる。また、教室全体に向けられた教師の発話を全ての子どもが同じように捉えるわけでもない。このような個別具体のコミュニケーションにおいて、教師がどのように子どもにことばをかけ、子どもはどのように受け止めたのかという研究が行われている。

　加藤ほか（2017）は、教師への聞き取り調査から、学習意欲が低下している小学生に対する教師のことばかけの特徴をモデル化している。教師が受けもった子どもへのことばかけを調査し、子どもの属性（上位学年もしくは下位学年）に応じたことばかけの過程モデルを開発している（図3-2-2）。一方、吉川ほか（2007）は、大学生を対象として、小中高生の時に教師から言われた「やる気をなくしたことば」と「やる気が出たことば」を調査している（表3-2-6）。そして、同じカテゴリーに属する教師のことばかけであっても、学習者の受け取り方は一様ではなく、学習意欲を高めるためには適切なタイミングと方法が重要であること等を明らかにしている。

　認知科学的アプローチによる研究が蓄積されてきているものの、秋田（2002）が「どのような談話が学習をいかに深めるのかという談話と学習の関連を実証的に分析した研究はまだ多くない」と述べるように、教育実践に即したさらなる研究の蓄積が求められている。教室談話は、教室全体で進行される場合もあるが、席の近い子ども同士で話をしたり、グループで討議を行ったりと多層的である。そのような多様な「声（Voice）」が交錯する場をいかに作り上げているのかといった教師のわざに迫る研究が期待される。

【下位学年の子どもに対する「ことばかけ」の過程モデル】

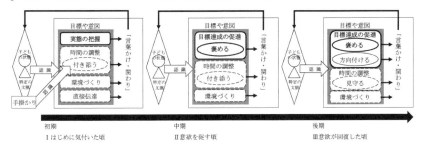

【上位学年の子どもに対する「ことばかけ」の過程のモデル】

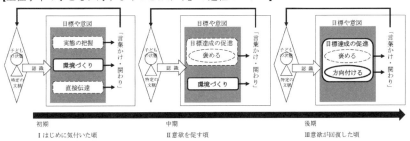

図 3-2-2　教師の「ことばかけ」の過程モデル（加藤ほか 2017 を一部修正）

4．ナラティヴ・アプローチによる研究

　日本の教師は、実践に根差した経験的な知恵を大切にし、子どもの「つまずき」や「わかり」を「みとる」という教師独特のことばを用いてその知恵を表現してきた。学校現場における教師同士の語りは、カテゴリー分析によって授業の特徴を抽出するようなものとは異なる。Aさんの発言の後にBさんが……といった授業中の目に見えるコミュニケーションだけではなく、Aさんが発言している時に、自分の考えを言い出せないでいるCさんの表情に言及したりする。また、指導案とは異なる対応をした授業者自身の思考や葛藤について議論する。こういった教師同士の対話は、校内授業研究会などの公的な研修の場に留まらない。授業で使用する資料を印刷している時、教室へ向かう道すがらなどの短い時間の中で、学びのみとり方や子どもとの関わり方を語り合う。そのようなインフォーマルな対話の中で、教育観や子

表3-2-6　教師のことばかけの影響（吉川ほか 2007 をもとに筆者が作成）

カテゴリー	やる気をなくしたことば		やる気が出たことば	
	件数	割合	件数	割合
1. 要求・制止	9	16.7%	0	0.0%
2. 事実の指摘	0	0.0%	6	8.1%
3. 予想・判断	11	20.4%	9	14.9%
4. 問題の難易の表明	3	5.6%	0	0.0%
5. 賞罰の予告	0	0.0%	1	1.4%
6. 人物評価	6	11.1%	19	25.7%
7. 受容・非受容	3	5.6%	0	0.0%
8. 質問	8	14.8%	0	0.0%
9. 感情表明	2	3.7%	2	2.7%
10. 助言	4	7.4%	15	20.3%
11. 追い込み	0	0.0%	4	5.4%
12. 比較	2	3.7%	1	1.4%
13. はげまし	1	1.9%	13	17.6%
14. その他	5	9.3%	2	2.7%
合計	54	100%	74	100%

ども観が伝承される場合も少なくない。

　「ナラティヴ（語り、物語）」という視点から現象に接近する一つの方法としてナラティヴ・アプローチがある（野口 2005）。医学や看護学、臨床心理学、そして教育学などにおける新たな実践的方法として、また研究法として注目されている。ナラティヴ・アプローチは新しい潮流であるが、語りや物語に着目した研究は、もともと様々な領域で多文化的、多発生的、多声的に独自の発展をしてきている。それらが近年になって学問横断的なナラティヴ・アプローチという大きな流れとなったと捉えられる。

　ナラティヴ・アプローチは、これまでの科学的アプローチと何がどのように異なるのか。やまだ（2006）がまとめた対比を簡略的に示すと、表 3-2-7 のようになる。近代科学は、問題の原因を特定し、それを解決する普遍的な方策を見い出すことを主眼としてきた。そのため、可能な限り現象を細分化し、個々の問題と対策を検討してきた。一方、ナラティヴ・アプローチは、個々

表 3-2-7 近代科学とナラティヴ研究の基礎概念（やまだ 2006 をもとに作成）

自然・社会・人文科学に共通する近代科学の基礎概念	自然・社会・人文科学に共通し、ナラティヴ研究が基にする 21 世紀の基礎概念	類似概念 関係概念
1) 個物、個人 Atom=Individual	1) 網目系 Network System, Context	多様性、多声性
2) 空間と時間 Space and Time	2) 場所 Topos	状況、環境
3) 独立 Independence	3) 対話 Dialogue	関与、語り、活動
4) 永続性 Permanence	4) プロセス Process	変化、契機、推移
5) （独立の）実在 Entity	5) 有機体 Organism	文化、表象、物語
6) 理論 Theory	6) 理論と実践の対話 Dialogue with Theory and Practice	アクションリサーチ

を独立に扱うのではなく、総体的な関係性や変化を重視する点に特徴がある。

　ナラティヴ・アプローチには大きく二つの特徴がある。一つは、データを収集するための新しい研究の手法であるという点である。これまでの調査研究のように、聞き手の質問に対して応答するだけではなく、聞き手と語り手の対話によって、現象を網目のようにつなげ、また一度つくられた理論を永続的なものと捉えるのではなく、理論と実践の対話を重視する。

　二つは、「語る」ということ自体が、語り手と聞き手の自己物語の変容に影響すると考える点である。対話をする場、つながる場を重視し、語りを通して変容していくことを前提とする。すなわち、個々の語りがなぜそのように語られたのか、今後どのように変化していくのかを問うのである。

〈姫野完治〉

第3節　教室談話から見える教師のわざ

1．教室談話から教師のわざを描き出す諸条件
（1）教室談話の記録と研究の方向性

　教室談話を対象とした研究は、教室で交わされることばのやりとり（ディスコース）が表象する教室での事象を描き出そうとする。分析に用いる方法として定性的アプローチ（質的研究）や定量的アプローチがあるが、より緻密に分析を行おうとすると発せられたことばを文字にすることが多い。発話を中心に文字化してその発話者や内容展開を分析する。発話の全データを網羅しながら、精緻な分析を行ったり、比較的多いデータ数の発話を分析対象にコーディングを行い、教室談話の構造や学習過程を描き出すものもあれば、教室談話のありようを検討するために少数の事例を取り上げて、教室談話の特徴やあり方を描き出す研究が行われる（大谷 1997）。

　ビデオカメラなどの音声・映像記録の普及により、以前に比べれば安易に、また、比較的安価で入手しやすくなったことで、音声や映像の記録からより正確な発話が文字で再現できるようになってきた。発話者の特定はより正確になり、発話された時刻や順番、重複などもまたより正確に記録として残るようになった。発言の抑揚やその音量の差異といったより詳細な違いを映像と音声の記録を再生することによって、確認することができるようになったことは、教室談話の分析にとっては極めて大きな進歩になり、理解深化や概念形成、思考過程のような認知に関わる漸次的な過程を実践場面の発話から捉えようとする教授学習過程研究に大きく寄与している（河野 2012）。

（2）教室談話に含まれる文字化しづらいディスコースの存在

　緻密な記録の文字化が可能になり、記録された音声をもれなく記号化ができるようになったことで、教室談話を対象とした研究が陥る弊害もある。一つめは音声として記録できていない音や文字通り機械的に録音されたことで音が混在してしまい、その場に居れば聴取可能だが、機材では再生ができない発話の存在がある。二つめに、機器の性能に依存した記録の「万能感」によるものである。確かに記録機器は的確に機材をセットできれば人の記憶力

や容量を超える情報を記録し、繰り返し再生できる。

　教室談話からある事象を明らかにしようとする研究では、より緻密で多くの情報を得ることで定量的アプローチを採用する分析へと展開したり、解釈の根拠を増やすことで分析結果や解釈の妥当性を高めようとしたりする。しかし、多くの教室談話と呼ばれる教室のやりとりには、音声からの文字化が困難であったり、音として認識されない多くのやりとりが存在している。教師のわざのように、人との相互作用の中で生起する行為に対する意味の解釈や吟味が必要な研究対象には、後述する音声・映像記録を補う人間の観察により得られた情報や理解が必要である。記録機器の性能に過剰に信頼・依存してしまうことで観察時のその場でしか得られない情報に対して働く感性が鈍ることもあることにも留意したい。

　実際の教室談話を対象とした研究では、音声・映像記録に加えて、観察者が授業での直接的な観察を行うことで得た記録（一次フィールドノーツ）を基にして、より実際に近い授業の様相を描き出すようなアプローチが取られる。非音声言語と呼ばれる身ぶりや手ぶり、表情、談話参加者が書いたり、読み取ったりする対象としてのインスクリプション（河野 2010）や、その場その場で観察者が感じ取った教室の雰囲気や空気感などがある。このフィールドノーツの記述は、観察者の主観的視点に基づいた記録が含まれることも多い。

　さらに音声であっても記録機器が十分に拾いきれないと感じられるようなつぶやきやざわめき、ため息といったことばとして成立していなくてもその場では確かに「声」として共有されうるディスコースを記述できることにフィールドノーツの優位性がある。こうしたつぶやきや、時にため息や無口になったり悩んだりするようなことばづまりまでをも含めて文字化を試みるのは、教室で観察した当時の様子を、可能な限りにおいて再現できるような記述に努め、個人の主観を他者が共有できるほどに場面の状況を記述することを試みるためである（河野 2012）。

　こうしたフィールドノーツによって補われる教室談話の研究では、さらに多くの発話者とその発話の相互作用が生じる協同を通して形成される教室固有の文化や暗黙的ルールなどを含むマイクロカルチャー（清水ほか 2001、

松尾ほか 2008）といった発話だけでは十分に説明できない事象を記述するための極めて重要な情報となり、検討が進められる。研究手法で言えば、発話の定量的なアプローチに加えて、フィールドノーツの情報を加えた事例記述を中心とする定性的なアプローチが採用される。

次節では、実際の教室談話を事例に、発話とそれに加えた解釈から教師のわざを描き出すことを試みる。そのわざの描写と解釈を行う記述を検討し、教室談話から教師のわざを捉えるという研究のあり方について考察を行う。

2. 教室談話：事例とわざの解釈から

本項では、教室談話の質的記述を通して、その場面を描き出し、解釈的に分析することで見えてくる教師のわざを、談話事例を示し検討する。先に指摘したように、教室談話から描き出す教師のわざには、明瞭に発言された内容を解釈するのに必要な多くの背景的情報が必要となる。ある教師の発話を解釈する際に記述される背景的情報と教師のわざそのものも考察する。

特にここで取り上げる事例は、教室の発話が文字通りの意味とは少し違った意味を表象する発話を取り上げる。一つめは、算数の授業過程で見られた教室の発問から始まる一連のやりとりである。問題解決型授業における課題提示というよりも、対話を通して理解を深める学習活動の中で、教師が児童に対して行った発問に相当する。二つめは、授業時間中の発話を取り上げるが、学習に関する発話ではなく、授業開始時に集団生活の中で起きた出来事に関わる児童との対話、学級とのやりとり場面であり、教師の意図的な発話場面をに着目して検討する。

（1）事例1：思考を深める対話と発問

本事例の場面は、小学校算数5年生で学習する（当時）小数乗除法で、文章題で示された問題を解くときに用いた演算を、文章題で描き出された具体的な場面に即し、さらに、数直線図を用いて説明することを求めた授業でのやりとりを取り上げる（参照；河野 2005、2010）。

小数が乗数となる乗法では二つの数直線図が示され、その演算過程には二つの考え方があることが教科書に示されている。「1mが80円のリボンを2.7m買う」という場面を想定した文章題であり、2.7m分の代金を10分割す

るという方法と 0.1m 分の代金を算出し、その 27 倍の代金を算出して求めるという方法で、実際の生活場面では想定も実行もしない操作を含んでいる。そのため、数式を用いて演算ルールに基づく形式的な演算過程とその結果については説明できる子どもたちも、文章題の具体的な場面と対照させるとなると説明が難しくなる課題である。数直線図の表象をたよりに場面を操作的に扱うことが必要であり、そこに数学的に思考をする場面があり、学習の価値がある。

　授業過程では、全体での話し合いを行う「練り上げ」に先立って、少人数グループでそれぞれの考え方を説明し合うことを常とするこの教室では、教師が課題を示すと子どもたちがいつものグループでつぶやくような声で素朴な発言から自然に話し合いを始める。この日の授業では、グループになってもそのつぶやきすらも多く出てこず、話し合いが行き詰まる。この想定された様子と子どもたちのつぶやきややりとりを見てまわったあと、教師は教室の前方へと向かい、黒板の前に立つ。教師の移動とともに前を向くグループもあれば、それぞれに手元のワークシートを見て考えている子たちもいる。耳を傾ける子どもたちに届く声の音量で、演算過程（$80 \times 2.7 = (80 \div 10 \times (2.7 \times 10 = 8 \times 27)$）の意味を前方の括弧内から問い始める。グループでの話し合いに行き詰まって教師からの支援を要したある男児（以下ではFくん）は、教師が教室で耳を傾ける児童全体に発した問いにとつとつと答え始めた。

1. 教師：この $80 \div 10$ は何？「8」って何？
2. Fくん：ねだん。
3. 教師：（Fくんのつぶやきに反応して）何の値段？
4. Fくん：……お金のねだん……（註：「……」は沈黙、筆者による表現）
5. 教師：（にっこりと笑って）それを考えてごらん。

　教師は子どもたちの学習進度や理解程度を考慮し、また予想をしながら教室の机間指導をしていた。その後のやりとりを、文字化された発話どおりに読み取れば、演算過程について質問し、それにFくんが答えて、不十分な回答に再度質問をしている場面となる。しかし、このやりとりの前には教師

が個々のグループの進捗と自身の予想を確かめるための机間指導があり、教師が黒板の前に立ち何かを話すのを待つ様子の子どもたちがこの教室にいる。話し合いを続けているグループのやりとりを邪魔しないように、耳を傾けている子どもたちに合わせるかのようにことばを発する教師の支援がある。

　Fくんが挙手するのではなく、つぶやくような発声に教師はすかさず応答している。Fくんが答えた程度（「ねだん」）にしか理解できていないことは予め想定できており、それでは十分ではないことを自覚化させるために、改めて「何の値段？」と聞き返している。この問いに対して答えられることが、数直線図を参照しながら行う数学的な場面操作ができているかどうかの分かれ目となっている。苦し紛れに「お金（という意味の）ねだん」としか答えることができないFくんに教師は予想通りといった様子で穏やかな笑顔を見せ、穏やかな口調で「それを考えてごらん」と促すのである。このやりとりを見ていた子どもたちは、Fくんが教師の促しに応じるように考え始めるのと並行して、やはりグループでの話し合いや熟考に戻って行くのである。

　Fくんとのやりとりは展開されているこの場面では、Fくんへの形成的な評価がなされ、思考を深める箇所の所在に関する具体的なフィードバックが含まれ、思考を深めていくことへの支援が含まれている。これは教室談話におけるIRF（F:フィードバック）構造をもった談話であるが、極めて短いことばのやりとりの中には教師が児童の理解をどのように捉えているのか、また、どのように支援するのかといったことへのわざが重なって行われていることがわかる。この後Fくんは、80÷10という演算過程に何が起きているのかを自分の理解程度を振り返りながら、同じグループでの話し合いを通じて、「おかねの値段」以上に具体化した説明を試み、また、他者の説明や疑問に耳を傾けながら思考と理解をすすめていくのである。

　本事例の教師が発問し、それに対する応答をしていく過程は極めて典型的な教師—生徒間の教室談話だが、思考を深め、対話的に学習を展開しようとするこの教師は、発問を通して思考を深める要点を明確にし、児童のそれまでの理解を深め、発展させるように促すという発問と評価を展開している。こうした関わり方は教室での協同的な学習文化の形成や算数という教科学習に対する信念、児童の言語を介した思考の表出に着目した授業展開といった

そのわざを発揮する土壌の上に成立する。

(2) 事例2：ことばと相反する意思の疎通

　ある小学校での6月頃、1時間目の授業開始時のことである。この教室では筆者を含め、2名の研究者が授業参観に来校しており、授業が始まる前から教室の後方にいた。そのうち1名は海外から来日している日本の算数教育の研究者であった。来訪者が多いこの学校では、教師もこの教室の5学年の児童も授業の参観者が教室にいることには慣れていたが、海外からの来訪者は珍しく、多くの児童は授業開始時に教師がいつものように行う参観者紹介を今かいまかと待っていた。

　その中で、一人の男子児童（以下、Yくん）が机を抱えるようにして伏している。周りの子どもたちの中にはなんとなく状況を知っている子もいれば、全く気づかず来訪者の方に気が向いており、席が遠いと小柄なYくんの様子は確かに見えない。周りがはしゃぎ、来訪者にも気づいたYくんは増々うなだれていく。

　原因は当日朝の活動の際に、下学年の児童がした悪気のないいたずらとそれにまつわるやりとりで嫌な思いをしたことにある。Yくんは、下学年相手には強く言えない思いと消化しきれない悲しさと怒りを抱えていた。半ばこの経緯を知っている教師は参観者がいることで算数の授業を始めなければという焦りもあったが、この児童の事態を配慮して、授業を強引に進めるよりも彼の心情を理解し、授業に参加できる姿勢をYくんと教室空間につくるほうへと関わり方の舵をきる。そこで彼に起きたことを彼から聞き出しながら、こんな状況にある彼の思いに対する周りに理解を求めようとする場面である。

　　Yくん：（教師が前に立っても机に伏したままでいる）
　　教師：おーい、どうしたんだ、いつもとちがうぞ。ちゃんとしろよ〜
　　Yくん：ううう……。

　こうした発言からは、机に伏した児童の態度を指導・叱咤しているように思われる。しかし、男性教師の大きな手はYくんの小さな肩から背中にか

けて包み込むように暖かく添えられ、Yくんの小さく呻く声が聞こえるように耳をYくんの顔に近づけている。その語尾は叱りつけるというには穏やかで少しおどけたような抑揚である。わずかに声をあげるYくんの説明を聞き取る様子を見せているが、Yくんはうなだれ、うなるような音しかださず、ほとんど説明していない。

　それにも関わらず、教師はYくんに起きた朝の一連の出来事を学級全体に向けて解説するかのように話し始めた。高学年になり責任ある仕事を任されるようになり、高学年としての自覚をもったYくんの昨今の仕事ぶりや変化をクラスに話している。こうしたやりとりから、Yくんへの叱咤のような声がけは、手を添えることで理解を示し、本気で事情もわからずに叱っているわけではないということを伝えつつ、教室規範上、甘えさせているわけではないという表現も加えて、他の児童や参観者に状況を説明しているのである。Yくんを肯定的に評価し、それへの共感や理解といった意思表示が含まれている。Yくんに起きた事柄を他の児童に向けて話す中に多くの意図が含まれているのである。

　この学校の教育課程の特色として、高学年になると全員が学年を越えたグループを作り、そこでリーダー的役割を任され、異学年交流を行う学校行事がある。こうした活動を通して、リーダーとしての責任や下学年への思いやりといったことを実践することが迫られる。Yくんはその中で成長の途上にある。Yくんのみならず、同様の思いや経験をもつ他の児童からは共感的な声を引き出し、Yくんの思いへの理解とYくん自身がそこで抱える辛さの消化を助けている。学校生活の中で追う責任や忍耐を感じながら、成長しながらも少しずつ余裕がなくなっていく中で起きた「事件」は、成長の過程であり、この学校ではよくあることだと理解している教師による、Yくんを労い共感を示しつつ、授業の開始に向けて児童たちの姿勢を学習へと向けるというわざが捉えられる。このあと、Yくんは徐々に体を起こしていき、少し悲しい顔を残しながらも、算数の授業へと入っていく。教師はその様子を時折横目で見ながら、過剰に関わらずに授業を展開していくのである。

3. 教室談話から教師のわざを描き出す

　近年、音声記録の認識や解析が可能な技術発展による分析や音声の再生のみで、つまり文字化をしないで、その発話内容をコーディングしたり、分析したりするアプローチが可能になってきた。大量の発話データを分析する際には適した手法である。先述したように、音声・映像の記録と再生を可能にする機器の普及によって、教室談話の研究はより緻密にできるようになったものの、それでも描き出しえない部分がある。それを補うのは観察者が感じ取った文字化が困難な事象や知り得た教室の情報に関する記録としてのフィールドノーツである。そのため、教師のわざを描き出そうとするときに、教室談話の研究における一般的な手続きのように、音声を機械的に文字化したり、動作を一律の符号化によって表現したりしようとすると重要な情報が捨象されかねないリスクを伴う。

　教室談話から、教師のわざを抽出し、その解明を試みる際には、発話者の特徴や教室での人間関係、教室文化が背景にあるため、それを踏まえた解釈的分析があることに留意したい。そうした解釈的分析には、発話の機械的な文字化によって捨象されてしまう情報や、そもそもビデオ記録からでは文字化・記述できない事象（学校や教室の文化・学習の文脈、背景、人間関係など）の存在が重要な事実となる。これが教師のわざが長らく注目されながらも、その構造化やテクストでの伝承を困難にしているとも考えられる。

　ビデオカメラからの精緻な文字化による研究で、こうしたリスクが生じる要因をあげてみれば、これまでに述べたことも含めて以下の4点が指摘できる。
①ことばの抑揚や強弱、言い回しの妙が文字に表しづらく、それらが場に依存する。
②発話以外に相互作用や意思の疎通を介在する表現がある。
③談話参加者間の関係性が解釈に影響を与える。
④教室固有の学習の文化・文脈がある。

　無音の会話や微細な表情や身体的動きが介在する意思の疎通があり、その様相を観察できても、音声としては文字として表せない。身体的動きに関しては解釈が多かれ少なかれ含まれて記述されることになる。加えて、音声で捉えられる言語と身体的な、もしくは環境的な状況は並行しており、同時に

生じていることから談話の記述は容易ではない。しかし、教師だけでなく発話者は意図的に、または無意識にこうした無音の表現や身体的表現を含みこむことでコミュニケーションをとっている。

　また、相互の関係性や学習、教室の文化や文脈が発話者間でやりとりされることばに固有の意味をもたせたり、省略が多く文章として不十分な表現であっても、相互に意思の疎通がはかれていたりすることがある。教室談話を外部の人間が理解しようとする時に、中長期に継続的な参加をすることによって、行間を埋めることができるようになり、それが解釈に影響を与えるにも関わらず、それは発話の中に明確に現れることは少なく、文字化したところで自動的にそうした文脈や背景が説明されることはない。談話の背景や文脈を適切に記述する必要がある。こうした課題をふまえれば、上記の４点は、発話を補う記述の観点とも言える。

　教師のわざを解釈するには、先述の「わざ」とみなされる場面の描写や解説が必要であり、その場面の解釈には、多くの文脈に関する情報が用いられているため、それなしには記述できない。また、教師の実践やその専門を支える表現を理解し、概念的枠組みを構築することは実践を記述する上で重要な側面となる。無藤（2005）は、この手法を質的研究法としての「再詳述法」として提案している。そこでの現象の豊かさを伝えられるかどうかをデータ記述の要とみなし、これが解釈妥当性の検討をもたらすと指摘する。

　この指摘を参照すれば、教師のわざを教室談話から明らかにしようとする時に、教師のわざが発揮された場面の解説と解釈を主観的なものとせず、理解を共有可能とするために教師の言動の背景にある文脈や文化、個々の特性の記述が必要となる。それはその教師の言動、ふるまいの意図や相互作用の内容を説明するためだけでなく、その発揮されたわざがなぜ、効果のある教育へと展開しうるのかという、「わざ」を「わざ」たるものにする解説が含まれるからである。したがって教室談話から教師のわざを検討することは、教師が実践の中で発揮する認知や認識を微細にわたって描き出すことになるのである。

〈河野麻沙美〉

第4節 コミュニケーション分析と「ことば」

1. コミュニケーションということ
(1) コミュニケーションの過程

　コミュニケーションの古典的要素は、アリストテレス（Aristotelès 1992）が修辞学で示した「語り手」「弁論の主張」「語りかける相手」の3要素が有名で、説得的コミュニケーション論の原型とされる。技術革新は伝統的な対面コミュニケーションを情報手段によるコミュニケーションへと変革し、通信、マスコミ、政治、社会学、心理学など多様な分野で研究と利用が進んでいる。教育工学の分野でもシャノンとウィーバー（Shannon. C. et al 1969）の理論は情報伝達の精度に焦点があり、メッセージの意味とは別で、ノイズを抑えて精度を上げる情報伝達に最大の関心がおかれた。

　しかし、コミュニケーションでは介在するこれらの要素とともに、その過程に注目したい。過程とは互いに関連し合っている事象の流れであって、それらは関連し合って全体の意義を生むもので、それぞれの事象は全体に照らして把握できるとされる（Ball 1960）。コミュニケーション研究での過程の概念は、コミュニケーション自体が過程であり、時間と空間で多次元的複雑に作用する事象であり、人の態度、知識、伝達力、社会的文化的脈絡が含まれるとされている。

　この観点は授業でのコミュニケーションを検討する際に重要である。特に過程の概念は文化という教育内容を介しての教師と子どもとの間に行われる目的的コミュニケーションにおいて大きな意味をもつと言える。今日、授業を知識伝達のコミュニケーションと単純に捉えることはないが、授業を過程として理解し、そこに介在する諸要素の複雑さを対象化して、過程として授業を把握することを問うことは、それほど容易ではない。本節でコミュニケーションの論から授業過程を検討するのは、ここにある。

　本節では授業での教師と子どものコミュニケーションに照準をおきつつ、人のコミュニケーションを理論的に論じたバーロ（Berlo, B. 1960）に手がかりを求めてみる。

(2) バーロのコミュニケーションモデル

バーロのコミュニケーションモデルはSMCRモデルと言われ、4つの要素で構成される。Sは情報源で送り手、Mはメッセージで内容、Cはチャンネルで伝達の手段、Rは受け手である。これを授業に対応させると、それぞれ教師・教育内容・教育メディア・児童生徒となる。メッセージに係る要素としては「要素・構造・記号・内容・構成」を、チャンネルに係る要素としては「見ること、聞くこと、さわること、嗅ぐこと、味わうこと」を、送り手と受け手に係る要素として「コミュニケーション技能、態度、知識、社会システム、文化」をあげて説明している。受け手と送り手は互いに立場を変えて相互作用が生起するわけで両者は同じ要素になっている。

コミュニケーションの4要素にこのモデルの特徴がある。どのコミュニケーションにおいても当てはまり、簡潔であることから、現在も企業などでも利用されている。教育においては、この4要素は知識としてはよく知られているが、まだプロセスの観点からから総合的にコミュニケーションを検討するには至っていない。コミュニケーションではメッセージとチャンネルは独立しているのではなく、メッセージの記号化はチャンネルと一体であり、教育ではチャンネルの観点から教える内容を分析検討すべきである、とバーロは以下を問いかける。

① どのような種類のメッセージを口頭で伝えるべきか。
② どのような種類のメッセージを書物によって視覚的に伝えるべきか。
③ どのような種類のメッセージを、ことばではなく絵によって、非言語的な視覚を通して伝達すべきか。
④ どのような種類のメッセージを、手に触れさせることによって、実際に作業を課し、対象を調べ、操作をさせることによって、体験的に伝達すべきか。

ここで注目したいのは、メッセージとの関係でチャンネルが関係づけられていることである。その後ATI研究も進んでおり、筆者らも認知型による情報処理の適性を調べているが（布留他 1975）、授業でのコミュニケーションに適用されるには至っていない。メッセージの内容、記号、構成は内容を特色づけるがそれはチャンネルの選択と関連しているわけで、デール（Dale. E 1950）の経験の円錐はチャンネルを具体（触る）から抽象（言語・記号）

に配置し、概念（ことば）が学ばれる過程を示した。認知心理学では「行動―映像―記号」でこれらを示すが、メッセージとメディアの関係は教育の現代化の議論でブルーナー（Brouner, J. S 1963）が「教育の過程」において構造化として提唱している。

いずれにしても4要素は区分しがたく関連しあってコミュニケーション過程を構成しているのである。また、マクロな観点からは送り手と受け手の双方に社会システム・文化の要因をあげているが、これは人がその社会で生活し文化を享受する中で形成されてきた価値、習慣、ことばなど諸々の要因がコミュニケーションに影響することを示している。このことはコミュニケーションが終局的に意味の生成であり、この要因が意味形成と深く係ることを示唆する。

(3) 意味とコミュニケーション

オグデンとリチャーズ（Ogden, C. K. et al 1967）は「思想又は指示」を頂点とする「シンボル」と「指示対象」から成る有名な三角モデルで意味を検討している。「シンボル」と「指示対象」との関係は点線で示し、両者は「思想又は指示」を介して間接的にしか関われないことを示している。こうして、指示対象がシンボルと直接関係にあるとする考えを批判し、意味は思想とシンボルの関係にあると暗示したと言える。また、オズグッド（Osgood.C. E. 1957）は媒介仮説により近接刺激と遠隔刺激、言語的刺激の関係から、内的過程が意味として形成されるとのモデルを示しその後の意味論に影響を与えている。中でもSD法は人がもつ対象の意味を測定する尺度として有名となった。心理学、マスコミ、社会学など多様な分野で活用され、筆者も絵本のイメージや実習生の教師の意味の把握を試みた（生田 1982a、1982b）。意味の生成の心的過程は示唆的であるが、意味そのものがどこに在るのかは、授業でのコミュニケーションにおいては十分に理解しておく必要がある。

分からない時には辞書をひけ、とよく言われる。授業でも国語辞典で調べる姿を見ると、意味は辞書にあると思いがちである。しかし、意味は対象や事物やメッセージの中には無く、伝達できるのはメッセージだけであって、意味はメッセージを利用する人の中にあると説明する。このコミュニケーションでの意味の概念は、授業において極めて重要な示唆を与える。授業はメ

ッセージの伝達という単純モデルでは到底説明できなく、子どもはメッセージを介して意味を学ぶのであり、意味が子どもにどう学ばれ形成されたかが、授業というコミュニケーションの核心となる。意味はメッセージにあるのではなく、メッセージを媒介に、子ども自らが意味そのものを学ばなければならないのである。

　授業でのSMCRの構築は、意味を子どもの内部形成と捉えるかメッセージにあると見るかで、全く異なる。オグデンとリチャーズの「思想」の頂点が意味をもつのである。ここに、教師の教育観、子ども観が影響していることがよく理解されよう。

　意味を学ぶ過程が授業というコミュニケーションであることを説明したが、バーロが指摘する意味の学びの幾つかを挙げておく。

①意味は人間の中に存在し、刺激に対して示す内的反応とそれが惹き起す内的刺激である。
②意味とは、個人的な要因と、その人をとりまく環境の物理的な要因によって生まれる。
③類似した経験があるか、類似した経験を予測できる場合に限って、類似した意味を持つ。
④意味は固定しているものではなく、経験が変わることにしたがって、意味も変化する。
⑤二人の人間が全く同じ意味をもつことはなにものにたいしても、あり得ない。
⑥人は、刺激に対して、自分の経験にもとづいて反応する。

　教師が、子どもにわかるように話すとか、説明するとか、言い換えるなども、学習により子どもが形成する新たな世界の意味に係る過程と見れば、教師のことばを初めとするわざの重要性がわかるであろう。主体的な学び、深い学びは、意味を創造し形成するプロセスで示す必要がある。子どもも教師もその社会に生活しており、社会・文化的文脈が意味の形成においては重要な要因となる所以である。

2. 授業のコミュニケーション分析をすること

　授業の研究では、対象とする授業の把握が前提となる。一つの授業を幾つかの尺度で見ると、授業はどう映るのかがここでの関心事である。そこで、この項では、①教師には子どもの学習成果がどの程度見えているのか、②フランダースの相互作用で見ると何が見えるのか、そして③ベラックの教室談話分析は何を見るのか、その結果④この授業はどう描かれるのか、どう説明されるのかを試みた（生田ほか 2016）。

　対象とした授業は小学校3年生算数「水のかさ」の全7時間の単元である。教師の授業成果予測を手がかりに教師の「みえ」を探り、授業過程での教師と児童のコミュニケーション分析を行いその特徴を検討し、そこに見られる授業のパターンを把握することで、当該授業を把握することを目的とした。

　指導案→授業実施→形成テスト→教師の予測→リフレクション→総括テスト→分析の手順を踏んだ。本節では6時間目の授業をもとに説明する。

（1）学習成果は教師にはどう見えていたのか

　子どもの学習成果の予測は筆者がこれまでやってきたもので（生田 1998）他の章で教師の「みる」、「みえる」を検討しているが、それらのわざにこの予測は関連している。図3-4-1は6時間目の形成テストに対する教師の予測で、横軸にテスト項目番号、縦軸に通過率、予測率、的中率をとってある。通過率は概ね8割から9割台である。しかし、5割台から6割台の通過率が2項目ほどあり、教師の予測と結果にかなりの差がでている。教師の予測の的中は、できると予想して結果できている「正の的中」とその逆の「負の的中」がある。問題は負の的中で、「わかっていない」と見ていながらそのままにした実態である。単元全体で平均して負の的中率が15%から25%台の子どもがいることが明らかになった。他科目、家庭事情等を考慮して教師がこの事態を承知していたのは2名であり、後はその意識がないままであった。

　また、過大評価は「わかっている」と見たが結果はできない状態で、指導上ここが問題となる。予測という尺度が「みえる」を映し出す物差しの一つであることが示されたと言える。教師の予測には、この他、内容に関する要因があることがわかった。テスト項目によって教師が予測しやすい内容と予測が苦手な内容が存在することである。過大評価は正の的中と直に関わるわ

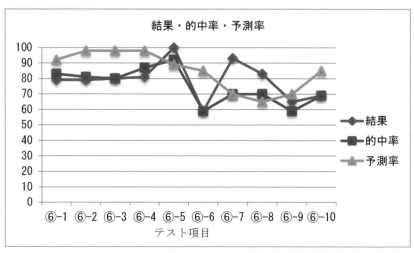

図 3-4-1　教師の予測と的中率

けで、学習低下の結果につながる重要な要因である。全単元では、2から3割、時には4割の過大評価の項目が存在する。これは他者リフレクションの中で、事業者自身が当該内容について、苦手意識のある内容であることがわかったのである。「このところ計画でもやや不安だった」「わかるよね、と強気で押した」などの言が発露された。教師の指導内容に係る知識はバーロのモデルでも指摘されているが、現実にはこれを授業過程で問うことはあまりなかった。つまり、予測の指標は、教師に内面化している児童の要因と指導内容の要因が授業過程で交錯し、教師の「みえ」の状態を映し出すと言える。予測とリフレクションなどで、この事実を教師が認識することが改善への一歩となると思われる。学習成果は、授業過程での学びの指標でもあり、教師の「みる」、「みえる」の指標でもある。テスト結果は学習過程の反映であり結果が単独であるわけではない。それゆえに、リフレクションも活用され、かつコミュニケーション分析も活用される。要は、学習を授業の過程で説明したいのである。

（2）相互作用分析が映し出すもの

相互作用分析では、フランダースのカテゴリー（表3-2-1）をふまえて、表3-4-1により分析した。作業はこの授業では子どもが主体的に働く重要な活動で、自分で教科書を読んだり、問題を解いてノートまとめをする作業であり、本時の山場でもある。表3-4-2は作業⑬が336と抜きん出て多く、この作業⑬に係る前後の行動が分析された。概括的に見て、⑤「説明・解説」が→⑬「作業」へとつながり→⑮「教師の余談」と続く形になっていることがわかる。自主的作業を重視しつつ、それへの教師の方法や手順に関する説明と解説が前提を成している。次いで⑬「作業」は→⑮「教師の余談」となる。これらの構造は本時の課題解決の作業の中で幾度も出現し、山場の作業の展開を構成している。同時にまた「教師の余談」→⑬「作業」→⑤「説明・解説」の構造が他方で存在しており、単なる作業のさせっぱなしではなく、作業の間に机間指導で、教師の諸注意や説明を適宜行い、作業の意味がわかるように指導し、子どもたちはそれを受けながら主体的作業が発展的に行われていたことを示している。フランダースの相互作用分析は、こうした教師と子どもたちのコミュニケーションの構造的関係を映し出す上で特色がある。この

表3-4-1　カテゴリー表

		番号	カテゴリー	内容
教師のカテゴリー	間接的	1	児童の表現のまずさの補足	発言を認め、他の児童にもわからせる
		2	ほめる、はげます	教師の価値判断を示して意欲を盛り上げる
		3	児童の考え方の受容とその使用	教師の価値判断を入れず受容し、使用する
		4	発問、及び発言をうながす	発問ばかりでなく、既習事項の想起も含む
	直接的	5	説明・解説	学習内容の説明・教示
		6	方向づけ・ヒント	学習内容を整理して方向づけ・ヒント
		7	指名	応答を要求する
		15	教師の余談	諸注意、諸指示、その他
児童のカテゴリー		8	単純応答	質問に対する即答
		9	即答に続く自主的発言	即答に引き続き自分の考えを述べる
		10	自発的質疑応答（児童間）	他の児童の発言に対する自主的発言
		11	自発的質問・意見（対教師）	十分納得がいかない事項に対する発言
		12	グループの話し合い	指示がない自然発生の話し合いも含む
		13	作業	ノート、実験、見る、斉読など
		14	沈黙・とまどい	その他も含む

表 3-4-2　カテゴリー分析表

カテゴリー	縦列	横列
②	5	6
③	1	1
④	10	5
⑤	12	10
⑥	6	4
⑦	1	2
⑧	0	0
⑨	1	2
⑩	4	1
⑪	5	2
⑫	0	0
⑬	336	336
⑭	1	0
⑮	8	12

カテゴリーは教師中心のコミュニケーションを映し出すとの批判もあるが理解した上での、他尺度との併用での活用である。

(3) ベラックによる教室談話の分析が映し出すもの

　ベラックの談話分析の中核は、授業のサイクルパターンにある。ベラックは教室での教師と生徒の言語的相互作用を、教授学的機能から、次の4つのカテゴリーに分類し、「教授学的手法」と呼んでいる。

① 構造的手法（STR）：教師と生徒の相互作用を廃止あるいは停止─排除しながら、次に続く教授学的な行為に文脈を与える手法。
② 誘引的手法（SOL）：聞き手から言語的・身体的応答をひき起こす手法。質問など。
③ 応答的手法（RES）：誘引的手法の機体を満たす手法。質問に対する応答など。
④ 反応的手法（REA）：先行する発言を修正・評価する手法。応答に対す

る評価など。

　この授業分析では、ベラックの手法を援用し、導入、展開、まとめの文節ごとに可視化した。授業展開で多くみられたのが、7番の「SOL-RES-REA」で29回であった。ベラックのサイクルパターンは図3-4-2のようである。「SOL-RES-REA」は【SOL: 聞き手から言語的・身体的応答を引き起す手法（質問）－ RES: 誘引的手法の期待を満たす手法（質問に対する応答）－ REA 先行する発言を修正・評価する手法】となっている。つまり、この授業は子どもから応答を考えを引き出す手法が多く子どもに主体的に考え発言行動するよう誘う機能が中核となっていることがわかる。さらにSTRで始まるサイクルも多い。つまり、教師と生徒の相互作用を廃止あるいは停止―排除しながら、次に続く教授学的な行為に文脈を与えるという、教師主導でありながら、次の展開を作り上げる、転換的機能のサイクルが多くみられる。このことから、ベラックの談話分析により、この授業は誘引的サイクルと構造的サイクルを中核にしたコミュニケーションの特徴が見事に反映されているといえる。本時の山場での実態は作業が圧倒的であるものの、思考を促すサイクルパターンが中心で、子どもの主体的学習活動が展開していることがわかる。

(4) これで授業の何が映し出されたのか

　さて、この項では授業に幾つかの物差しを当てて、授業が何であるかを映し出すことを試みた。教師の「みえ」を学習結果の予測から見ると、子どもと内容の交差が教師の「みえ」に反映しており、子どもの把握、学習内容の知識がわざの成長に作用すること、フランダースの相互作用からは山場である作業中心の活動には、教師の説明や解説がベースにあり、それがまた作業を継続する契機になるなどの相互作用の関係性が映し出され、さらにベラックの談話分析では誘引性と構造性のサイクルパターンが教授学的手法としてコミュニケーションの特徴を映し出した。実際の授業分析では、リフレクション、日記法、形成的評価・総括的評価、などが動員されて授業が何であるかを客観と主観性からアプローチした。これらのことから、特定の授業事象においても教師の見取りは児童や内容によって異なり、作業というカテゴリーには教師の細やかな配慮ある働きかけがあり、それらは思考を促すサイク

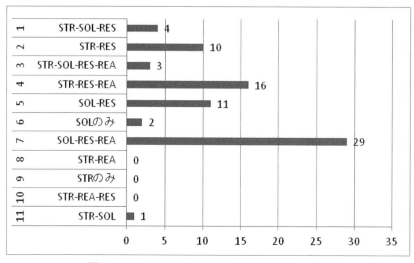

図3-4-2　6時間目・展開時のサイクルパターン

ルによって構成されていることがわかったものの、水のかさの意味の生成は一義的に把握することは困難であることも知らされた。

　このように授業という事実があっても、学ばれる意味全体を把握することは実は不可能で、授業の全体を識ることはできそうもない。そこで、私はこうみた、私にはこう見えたと主観をデータで語り、また客観的データをも参考に、関係者が語り、話し合い検討する多次元で多様な尺度とアプローチが授業のコミュニケーション分析と考えたい。こうして、徐々にではあるが、教師のわざの対象化を通して授業がその姿を現しつつあると見る。

　教育実践の対象化を、ベラックは教室での教師と子どもの言語的コミュニケーションの構造に焦点を当て授業実践を対象化した。本項ではこれを活用したが、談話分析は臨床的で情意的領域からも為されており、ナラティブ・アプローチなども研究が進んでいるので他の節も参照されたい。

〈生田孝至〉

第5節　教師が語るということ

　授業研究の主眼が、客観的に授業の特徴を解明することから、実践者と研究者の協働によって実践を多面的に捉えることへと移り変わるにつれ、教師同士の教え合いや学び合い、多視点から学ぶ環境をつくることに注目が集まってきている。表面的に現れる教師の知識や技術のみならず、それ支えている信念、信念が構築されるに至った同僚や子どもとの出会い、学校や教師の文化を解明する方向へと研究対象が深化してきている。

　それとともに、授業実践における子どもや教師の思い、実践を取り巻く社会的・文化的な文脈を探索するための多様な授業研究法が開発されてきている。とりわけ、これまでは客観性が乏しいと言われてきた教師自身の語り、記録や記述に注目が集まり、そのような主観を伴うデータを科学的に研究に取り入れるための手法が模索されている。その一つが、ナラティヴ・アプローチである。

1. ナラティヴに焦点をあてた教育研究

　教育実践に携わる教師や研究者は、教室で生起する様相をありのままに捉えたいと願い、多様な研究方法を開発してきた。学習指導要領や時間割といった表面的なカリキュラムに表現されたものではなく、ジャクソン（Jackson, P. 1968）による「隠れたカリキュラム」のような、実際に子どもと教師によって営まれ、つくり出される教育実践そのものを探究することを目指してきた。その一つの研究手法としてエスノグラフィーがあり、参与観察とフィールド・ノーツをもとにして、いじめや校内暴力を初めとする、学校に存在している多様な問題へアプローチしてきた。そこでは、当たり前なこととみなされてきた事象を、第三者が介入して見い出すことに力点が置かれた。これに対しナラティヴ・アプローチは、実践現場に存在する教師や子ども自身が、現実の教育実践をいかに捉え、語るかに注目する。ナラティヴという視点から教育実践に迫る国内外の先行研究を紹介しよう。

(1) クランディニンらのナラティヴ探究

教育実践研究にナラティヴ・アプローチを用いた代表的な例として、クランディニン（Clandinin, D. J. et al 1988、1995、2006 など）による一連の研究がある。ナラティヴ探究（narrative inquiry）と呼ぶ彼女らの研究は、教師や子どもの語り、地域や家庭的な背景、そして研究者自身の語りや変容を含めて分析するもので、学校という場を取り巻く人々の人生全体に関心を向ける。そして、多様な子どもと家族、教師、研究者によって営まれる日常生活の中で、人々が直面する複雑なジレンマとそこで生きる物語を提示する。最も特徴的なのは、教育実践に携わる研究者のスタンスである。通常の教育研究では、対象から距離をとり、客観的な視点から関わることが一般的である。一方ナラティヴ探究では、研究者も自らのストーリーを語り、実践に携わったことによって、実践および研究者自身が変容していくことを前提とし、実践に携わった多くの人々の変容の物語を描いていく。一つの事例を紹介しよう。（表3-5-1）。

クランディニンらが目指すのは、教師と子どもたちが日常的に生きている教室で織り成される多様な出来事、そしてその背景にある個々の物語を描き

表3-5-1　ナラティヴ探究で描く物語の一事例（Clandinin,D.J. et al 2006）

　2月のある日、リアンとショーンが教室で話をしていると、ディランがたった一人で音楽の授業から戻ってきた。リアンが、どうしたのか尋ねると、ディランは音楽のことでカーソンと喧嘩にならないようにオフィスに行ったのだと言った。カーソンは、クラスメイトで、前の時間に体育館で口論していた。ディランによると、校長のスチュアート先生から、オフィスにいる間に何かするものが必要だと言われたのだという。絵を描く紙を取りに教室に来たのだ。ディランがオフィスに戻った時、ショーンはリアンに言った。ディランの学校でのストーリーについて、彼と話がしたいと。（フィールド・ノーツ　2003年2月3日）

　ショーンの5・6年学級での調査は、学校についての児童の知識と、児童の知識を形付けている経験に焦点を定めていた。ショーンがディランと出会ったのは、そんな時だった。ディランは先住民の少年で、5年生に在籍していた。しかし、年齢的には7年生だった。ディランはショーンの調査（Murphy2004）でフォーカスをあてようとし始めた最初の5人には入っていなかったが、フィールド・ノーツに書かれた上記のような場面を通じて、ショーンは、ディランが学校において生きるためにストーリーを表出する方法に関心をもつようになった。

※リアン、ディラン：学校の児童、ショーン：ナラティヴ探究の研究者

出すことである。この物語には研究者自身も登場する。事例にあるショーンはナラティヴ探究者である。すなわち、教師と子どものみならず、研究者自身の研究プロセスまでもが同じ物語に描かれるのである。

クランディニンらが、最初からこのような壮大なナラティヴを対象としていたわけではない。1980年代までは、子どもや教師たちの人生、そして教室で起こる出来事をストーリーの衝突として捉えるべく、教室におけるカリキュラム論に取り組んでいた。その後、教師のアイデンティティをナラティヴ探究によって解明しようとした。知識や文脈、アイデンティティは独立したものではく、それらを結びつける「拠り所となる物語（stories to live by）」が重要であり、そういった「拠り所となる物語」を、教育や社会の変化の中で自ら探究することが、教師のアイデンティティの形成や成長・発達につながると指摘する。教師自身が研究者と共にナラティヴを探究すること、しかも教職志望学生、大学教員、協力してくれる他の教師との協働によって探究することを重視するようになった。その後、子どもたち、家族、教師、管理職、研究者のそれぞれの人生のストーリーを紡ぎ合うことへと対象を拡大し、現在のナラティヴ探究へと至っている。

(2) **教師の語りを重視した日本の授業研究**

これまでに行われてきた授業研究は、「いかにして教えるか」という教師の技術や工夫に重点をおく傾向があった。文化遺産としての知識や技能をいかに伝達するか、教師のねらいや願いが学習者にどう実現するかを研究することで、効果的に授業を行う方法を解明しようとしてきた。しかし実際の授業実践はそのような単純な図式ではなく、背景には多様な物語がある。教師は、「子どもたちがいかに学ぶか」についての知識を、意識的・無意識的に関わらず持っている。そういった個々の教師の授業や子どもの「見え方」に着目し、見え方の背後にある教師自身の枠組みや子どもとの関係性を物語ることによって、自らの教育観や子ども観の再構築が促される。すなわち、「授業について語ること」を目標とするのではなく、授業について語ることを通して、自分自身についての様々な気づきを得ることを目指している。

ナラティヴ・アプローチは海外から持ち込まれた手法であるが、ナラティヴという名称は用いないものの、教師の語りや対話を重視した研究は、わが

国においても多数存在している。ここでは、鯨岡（1999, 2005）と藤岡（1998, 2000）による研究を紹介する。
①エピソードの記述と記録
　保育の現場を中心として、関与観察とエピソード記述という方法論が用いられている。これは、発達研究の観察方法として鯨岡(1999)が提唱したもので、目に見えない子どもの気持ちや思いにしっかりと目を向け、受け止めるとともに、保育者の心の動きを加味してエピソードとして描き出す方法論である。保育実践の場面で、「○○さんがこうした、△△と言った」というような行動記述のみならず、そうした体験やかかわりの意味を問い、関与観察者自身の興味、関心、知識、経験、理論等に基づいて、体験を記述する。このように描き出された子どもと保育者の心の動きが描かれたエピソードを共有することを通して、保育についての語りを深め、「人が生きる」ということ、「保育する」ということ等といった保育の背景にある哲学的な問いを探究しようとする。
②教師自身の枠組みを意識化するカード構造化法
　教師自身の語りを重視し、教師が授業を見て感じたことに基づいて、自らの枠組みを意識化するための方法が開発されている。カード構造化法は、教師が自分の知覚や意思決定の特徴に気づいたり、自分の授業に潜んでいる潜在構造を発見することを目指して藤岡（1999）が開発した方法である。具体的には、授業観察を通して感じたこと等を、現象カードや関連カードに可能な限り記述し、それを類似の度合いに基づいて二群に分ける。さらに、それぞれの群を二分するという活動を繰り返し、分けられなくなるまで続ける。できあがったツリー構造を教師同士で共有・分析し、自らの授業の見方の特徴や傾向を探索する。カードをあえて二分することによって、意識化することを促進する（ツリー構造図の例を写真3-5-1に示す）。
　これに加え藤岡（2000）は、子どもの経験世界を語るストーリーテリングの手法を教育現場に取り入れている。子どもを外から観察するという従来の枠組みでの「見方」をいくら鍛えたとしても、従来の子ども理解の枠を超えることは難しい。そこで、子どもの内面に身を寄せ、感じ取り、子どもが授業でどう生きているのかについて、踏み込んで理解することが重要となる。

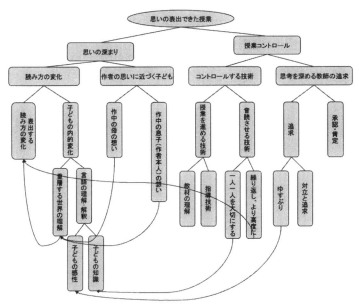

写真 3-5-1　ツリー構造図の例

子どもの経験世界をあるがままに記録し、子どもの経験世界を読み解き、語るために、観察者の主観をできる限り取り除いて観察カードを記入し、その中心的意味を捉える。そして、子どもに寄り添う中で経験される世界を子どもになって語る。そういった子どもの経験世界について仲間とアセスメントすることを通して、子どもの学びの内面を読み取っていくことを促す。

2. 初任教師の語りから見えること
(1) 背景と研究方法

　筆者は、2007年に教員養成系学部へ入学した10名の教職志望の学生を対象として毎年インタビュー調査を行い、教員養成の4年間のライフヒストリーをまとめてきた（姫野 2013）。そして、大学卒業後もインタビューを継続し、教師としての奇跡を追い続けている。ここでは、その一人である森下あかねさん（仮名）の初任期の語りをもとに、教師が語るということについて考えていきたい。初任期1年間の奇跡を整理して表3-5-2に示す。表中の「好不

表 3-5-2　初任教師の 1 年間の軌跡

	主な出来事・行事	思っていたこと・考えていたこと	好不調の自己評価 1	2	3	4	5
4月	着任式・入学式 初の授業参観	毎日仕事をこなすことで精一杯。 まさかの黄金の一日。			●		
5月	運動会	子どもが言うことを聞かない。運動会の翌日の代休に本気で辞めたいと思った。	●				
6月		毎週の公開授業でけなされ続ける。週末のために生きていた。本は読んでいた。	●				
7月	初の個別懇談	子ども間でトラブル。親に「担任を変えてくれ」と言われる。自分の存在に悩む。	●				
8月	初任者研修のオンパレード	研修で同じような悩みを持つ仲間と出会う。自分を見つめ直すことができた。		●			
9月	子どもの様子が変わった 夏休みマジック？	子どもが落ち着いてきた。 ちょっと学校へ行くのが楽しくなった。			●		
10月	初任者研修の研究授業 文化祭	研究授業を通じて国語の授業が楽しくなってきた。文化祭でクラスが受賞。			●		
11月	2回目の個別懇談 彼と別れる	彼と別れすっからかんになる。		●			
12月	校内フェスティバル 校内で研究授業	一人の子どもに「来年も先生がいい」と言われ嬉しくなる。		●			
1月	縄跳び大会	音楽の授業が褒められた。 音楽を好きになる自分。		●			
2月	1/2 成人式	学級解体までカウントダウン。早く春休みになってもらいたいと思う日々。	●				
3月	CRT の結果	CRT が残念な結果だった。 一年が終わってホッとする。	●				

調の自己評価」は、それぞれの時期を総括して、不調を1、好調を5とする5段階で評価してもらったものである。各時期にどのようなことがあり、感じていたのかを半構造化法で尋ねた。

(2) 初任教師のライフヒストリー

　森下あかねさんは、2011年3月に教員養成学部を卒業し、甲信越地方の小学校に赴任した。赴任校は、600人以上の子どもたちが在籍する比較的規模の大きな学校。4月1日に勤務校へ出勤し、自分の名前が4年3組のところに書かれているのを見つけた。学級の子どもたちは35人。前年度の学級担任から、大まかな引継ぎを受けたが、個々の子どもについては特に話はなかった。始業式までに何を準備してよいのかすらわからない中、学年の教師に相談して、靴箱に名前を貼ったり、黒板を飾りつけたりした。そして迎えた4月5日の始業式。夢だった教壇に立って初めて担任する子どもたちと対面した。

　　「子どもの印象は元気がいいし、反応もいいから、今まで教育実習とかで出会ってきた中で一番とっかかりやすいっていうか、自分に合っているかなって思ったんですよ。最初は。」

　初めて受け持つ子どもたちとの一日は緊張の連続だった。そんな中、一人の男の子が近づいてきて、「靴箱の名前がはがれて落ちていました」と言いながら、名前の書いた紙を差し出した。貼ったばかりの名札が勝手にはがれるはずはない。不審に感じていると、男の子は「みんなこの子のこと嫌ってるんだよ」と言う。嫌な予感がして、前年度の学級担任に相談したところ、あまり気にする必要はないとのことだった。

　翌日からは通常通りの学校生活が始まる。経験のある教師であれば、本格的に授業に入る前に、楽しみながら授業へ誘う手立てがあるのだろうが、何も知らない初任者にとっては、教科書に沿って進めるしかない。

　　「知らないから、『はい、教科書何ページ開いてください』みたいな。単純な授業をして。いきなり5時間とか、6時間じゃないですか。だから、6時間分いき

なり考えてという感じで、本当にアップアップしてて。」

　何もかもが新しく、日々こなすことで精一杯の教職生活は、ちょっとしたことからほころび始める。子どもに寄り添い、じっくりと話を聞きたいという思いとは裏腹に、話を聞けないクラスへ変わっていった。

　　「まだ覚えているんです。沖縄の4月の温度について話している時に、全く関係ないことを男子が言って。私も子どもらしいなと思って、それに乗っかったりしてたんですよ。自分では楽しい授業やったなみたいなつもりだったんですけど、それが学習規律を乱していたわけで。」
　　「私の中では、子どもの話はじっくり聞こうっていう感じに思っていて、（中略）だから授業している時もいろいろ話しかけてくれたわけですよ。私が話しているのに割り込んでくるみたいな。でも、子どもの話は聞かなきゃと思ってたから、すごい丁寧に反応してたら、話が聞けないクラスになっちゃって。」

　ベテランの教師であれば、注意しなければならないポイントがしっかりしていて、こうはならなかったのかもしれない。毎週月曜日にある校内の初任者研修では、初任者指導の教師から「子どもの着席率がなってない」「このままだと学級崩れるよ」とことばをかけられる。それは自分でもわかっている。一緒に着任した初任教師は講師経験があり、クラスも落ち着いている。自分だけうまくいかないことに焦りと憤りを感じながらも、週末に休息をとることを目標にして、何とか一学期を乗り越えた。
　夏休みに入ると、初任者のための多様な研修に参加しなければならない。課題に追われて大変ではあるけれど、同じような悩みを持つ同期の友人たちと話して、自分を見つめ直すことができた。気持ちも体もリフレッシュして、二学期に向けて気持ちを引き締めた。それでも、二学期の始業式が近づいてくると、大変だった一学期の生活が思い出された。
　久しぶりに子どもと顔を合わせた二学期の始業式。そこには、想像とは違う落ち着いた子どもたちの姿があった。同僚に聞いてみると、長期の休みで子どもがガラッと変わることはよくあるという。初めて、学校へ行くのが楽

しみになった。子どもとの関係がうまくいくと、授業も楽しくなる。10月の研究授業で「ごんぎつね」をすることになり、いつも以上に念入りに準備をした。自分では気がつかなかったけれど、この研究授業が、クラスの転機になったのかもしれない。

　「*10月に研究授業があって、私は『ごんぎつね』やったんですけど（中略）初任研担当の先生が、『研究授業の日から子ども変わったよね。授業を聞いていれば、自分の力が伸びていけるんだって言うのをわかったから』。私は気がつかなかったんですけど、結構変わったって他の人が言ってて。*」

少しずつ授業で手ごたえを感じ始めたとはいえ、問題がないわけではない。小学校教師には全教科の指導が任されているものの、自分自身が苦手な理科の授業は、どうしたら面白くできるか、なかなかコツがつかめない。それでも、実験があるおかげか、自分の専門である国語よりも、子どもたちの食いつきがよく、複雑な気持ちになる。「授業を大切にしたい」という思いは、大学生の時からもち続けているが、思い描く理想の教師像はまだ揺れている。

　「*教務主任がTTで入ってくれたりして。（中略）すごいいい人なんですけど、学校で一番怖いみたいに言われていて、来るだけでビシッとなって。やりやすかったけど、悔しかった。（中略）ある程度厳しさは必要だと思うんですけど、でもあったかい、いつでも味方になってくれるみたいな先生になりたいっていうのはあって。でも、そのためには厳しさも必要だなって。*」

3学期を迎え、いよいよ終業式までカウントダウンとなる。2学期までは、土日のうちに一週間分の授業計画を細かく考えていたが、少しずつ自分なりの教材研究のサイクルができあがってきた。忙しさが変わったわけではないが、子どもたちが好きなことや喜ぶことがわかるようになり、それに合わせた授業をイメージできるようになったからかもしれない。3学期の終わりが近づき、標準学力検査（CRT）の結果が返ってきた。点数もさることながら、教科に対する関心が低いのを見て、申し訳ない気持ちが高まった。

「CRTの結果が来たんですけど、教科に対する関心意欲がすごい低くて、つまり勉強面白くないって感じてたわけじゃないですか。」

教師としての1年目が終わり、点数をつけるとしたら31点。1年間続けてこられたということで、赤点より1点は高いけれど、授業や学級経営全てにおいて課題は多い。「あのクラス楽しそう」「若いのに、なかなかやるね」と言われるような教師を目指し、2年目を迎える。

3. ナラティヴ研究のこれから

　教育実践をナラティヴ・アプローチというスタンスで認識することにより、行動科学的な研究では見えなかった物語を自省することが可能となる。従来の授業研究や教師教育においても、リフレクションを重視してきたが、その質までは問われてこなかったきらいがある。ナラティヴ・アプローチを始めとする質的研究が推進されてきたことにより、リフレクションの質を高めるということに関心が集まり、ナラティヴという新しいアプローチで実践を捉えることを可能にした。

　ただし、南（2006）が「ナラティヴ研究の隆盛が、ともすれば『語り』データを収集し、その中から物語パタンを見つけ出し、分類していけば『質的研究』の体裁をなすという安易な料理法的な方法論として重宝されることを危惧する」と指摘するように、研究方法としての課題も残されている。今後は、子どもや教師にとって、語るという行為（ナレーション）、そして教育や授業をナラティヴという視点から問い直すことの意味をどのように考えるのかといった、方法論と効果を明らかにする必要があるだろう。すなわち、「ナラティヴについてのナラティヴ」を問うことが求められる。

〈姫野完治〉

第4章　教師の「ふるまい」を科学する

第1節　教師のわざと「ふるまい」

　ウィルキンソン（Wilkinson et al 1982）が「教室とは、教師と生徒が情報交換する相互作用文脈である」とか、東（1984）が「授業も一つのコミュニケーション場面である」と述べているように、授業は、教師と子ども、子ども同士のやりとりで構成されている。その主たるやりとりの方法は、発言（ことばのやりとり）と言えようが、構成主義の観点に立って幅広く見れば、教師が黒板に書いた文字や図表、教室の壁の掲示物、子どものノートや作品も含めることができよう。さらに視点を広げれば、教師や子どもの話し方、動作、姿勢、立ち位置も含めることができよう。

　しかしながら、授業の分析が進んでくると、あるいは分析の結果が論文や書籍に掲載される段階になると、上に書いたやりとりのうち、特に非言語（non-verbal）情報の多くは捨象され、それらをいかに分析するか、いかに共有するかは、授業実践を研究する者の課題のひとつと言えよう。例えば筆者は、教師がモニタに呈示した教材を、子どもが「おお」とか「すごい」という感嘆をあげている様子を授業観察したのだが、研究室に戻ってその場面を録画映像で確認したところ、印象に残っているほどの子どもの感嘆が確認できなかった。このエピソードから、いかに授業が「おお」や「すごい」ということばがもっている力だけでなく、その時々の教室の雰囲気や空気によって作られているかがわかるし、文字化されるから非言語情報が捨象されるのではなく、録音・録画されたものであっても同様に非言語情報の多くが捨象されてしまうことがわかる。上述したように、丁寧な観察や測定、そして分析の重要さがわかる。

　野中（2011）は、小学校の24名の教師を研究対象に授業を録画し、動画

から1秒ごとに静止画を取り出し、連続2コマ以上観察された同一の姿勢を表出された姿勢とみなし、分析した結果、699種類の教師の姿勢を採取している。さらにそれをクラスタ分けして、50種類の姿勢が授業中の教師の姿勢として存在することを明らかにしている。例えば、直立で子どもに顔向けて片手は身体に触れている姿勢、前屈みで子どもや机の上にあるものに顔を向けている姿勢、両手を用いて図解的動作をしている姿勢、子どもの目線に合わせるためにしゃがんでいる姿勢、黒板に向かって屈み板書したり消したりする姿勢などである。

　教師から発せられる何気ない姿勢や態度といった非言語情報は、見た目などの視覚情報（visual）が55％を占めているというメラビアンの法則にも示されているように見かけの印象はもちろんのこと、ニール（Neill 1989）が実験で明らかにしているように、教師に対する親しみやすさや、教師の自信のなさや不安の度合いも子どもに与える。子どもは、話している教師の声（ことば）から学んでいるだけでなく、むしろ、それよりも多くのことを教師の姿や行動から学んでいるのではないかと考えられる。また、授業場面という断片的なものではなく、授業全体、あるいは単元や学期といった長期に渡って影響を及ぼす教室の空気・雰囲気を作り出す可能性もある。しかしながら、理論的にも実践的にも明確な正解はなく、授業を丁寧に分析して、教師の経験に基づく「知」を科学的に解明する必要がある。

　本章では、教師の「ふるまい」に関わる研究を概観した後、教室の中や黒板前の教師の動きを分析した研究を紹介し、そこから見える教師のわざについて検討する。

〈坂本將暢〉

第2節　教師の「ふるまい」に関する研究

　以降では、机間観察・指導という断片的な教師の「ふるまい」、授業全体の教師の「ふるまい」、そして長期に渡って影響を及ぼすであろう授業運営に関わる教師の「ふるまい」に分けて先行研究を整理し、記す。

1．断片的な教師の「ふるまい」〜机間観察・指導〜

　家本（2011）は、著書の中で教師になりたてのころを振り返り、「『いい授業とは子どもが動く、子どもが活躍する授業だ』と教えられた。1時間の授業のなかで、半分、できれば3分の2は、子どもたちが活躍する時間にしろ、といわれた。（中略）研究授業では、細かい記録もとられ、『教師が話した時間が25分、子どもの発言時間が15分、これでは、教師がしゃべり過ぎだ』と批判された」と記している。

　また、家本と同じく教師経験のある大西（2010）は、「授業中、子どもの方へ顔を向けているかどうかで、教師のプロとしての腕がわかるものである」とした上で、「経験の浅い教師は、教えようとする教科内容にばかり関心をもって、それが子どもにどう受け取られているか、どう浸透しているかについて関心が薄い」と記している。

　家本が先輩教師から指摘された、授業時間の半分から3分の2の時間を子どもたちが活躍する時間にする根拠はいったいどこにあるのだろうか。発言量から考えると、子どもが15分も発言しているのは十分ではないだろうか。大西が述べている、教師のプロとしての腕とは具体的に何であろうか。経験の豊かな教師は、どう浸透しているかについて、本当に関心が強いだろうか。

　このように、何かが起こりうるけれど何が起こるかわからない状態や、何が正解であるかが不明確な状態こそが、まさに教師が毎日行っている授業であると言えよう。坂本ほか（2012）は、教師の仕事（おもに授業）の特徴として、不確実性、複雑性、そして観察による徒弟制を挙げている。目の前にいる子どもが何に悩み、何をどのように考え、何を言いたいのか、なぜそれを問題としたいのかなど、細かに子どもを観察し、洞察（柴田 2014）しな

ければ不確実性や複雑性は乗り越えられないだろうし、家本（2011）が「わたしは、よく人に見てもらった。（中略）ついで、人の授業を見ることをすすめたい。どんな授業を見ても、かならず、自分の授業の参考になるものをつかむことができる。」と述べているように、授業観察をしなければ「授業について多くの視点を見落としているにも関わらず、授業についてよく知っている状態になる」（坂本ほか 2012）ことを乗り越えられないだろう。

　たとえ断片的であっても、上に書いたような子どもの様子を捉える方法の一つに、机間観察・指導がある。大西（2010）は、黒板から4席目くらいで教卓に引き返す〈教卓接着型〉、右回りにばかり動く〈時計型〉、気になる子どもの席に行ってすぐに戻る〈鉄砲玉型〉、子どもの机を残さず見て回る〈駅伝型〉、動き回るが指導をしない〈スポーツ型〉など多様な机間観察・指導のタイプがあることを挙げなげら、「無意識に机間を回ってしまうということではいけないと思う」と位置づけている。

　例えば松田（1973）は、同じ小学校で4年生の担任をする3名の教師（1年、5年、15年）に、算数「割合」の授業をさせ、経験年数の違いが授業過程にどのように現れるのかを分析している。有意差はないものの、板書と机間観察・指導をそれぞれ、経験年数1年の教師は301秒（11.8％）と171秒（6.7％）、5年の教師は229秒（9.8％）と283秒（12.2％）、そして15年の教師は275秒（11.4％）と263秒（10.9％）行なっており、松田は経験年数1年の教師の机間観察・指導の時間が短いことを示した上で、机間観察の重要性と個別指導をする機会の重要性を指摘している。下地ほか（1990）は、授業中に教師が子どもの状況を把握するために何を行っているのかを明らかにするために、中学校数学を担当する3名の教師を対象に、授業前後のインタビュー調査と録画された授業の分析をしている。その結果、まとめとノート整理を除いた学習場面で、教師は「教師の視線」「指名」「机間観察・指導」で手がかりを収集しており、特に「机間観察・指導」に注目すれば、学力が下位の子どもの状況を手がかりにしたり、学習態度の悪い子どもの状況を手がかりにしたりしていることを明らかにしている。また、机間観察・指導は、50分の授業時間のうち約20分を使っており、詳細な手がかりを得るため、そしてより的確な判断・推測をするための重要な一方法として用いていることを明ら

かにしている。また松尾ほか（2009）は、机間観察・指導を「即興的なきく行為」と位置づけ、子どもとのやりとりを分析している。教師が行なった机間観察・指導の内容を整理し、教師は「児童の考えの確認（例：児童の意見の不明な点を確認するための質問を行う、児童の意見を復唱するなど）」や「精緻化の要求（例：ほかの理由を考えるように促す、曖昧な点を明確にするための質問を行う）」を行っていることを明らかにした。

　教師の動きを観察や計測をして解明している研究もある。河野（2009）は授業中の教師の教室内の動きを空間行動と呼び、机などの配置を描いた空間行動記録用紙に、おもな立ち位置、時刻、その位置での教師の発話の頭の部分をメモし、どのゾーン区分（黒板前、教卓前、教卓左、教卓右、教卓と子どもの席の間、子どもの席の前方中央、子どもの席の左右、子どもの席の後方、子どもの席全体）に何回、何秒停留したかを算出している。約50分の授業時間のうち、約60％の時間を黒板前が占め、板書したり問いかけたりしていること、約20％の時間を子どもの席全体が占め、机間観察・指導をしていることを明らかにしている。また、ある教師の場合、机間観察・指導には3コースあり、約5分をかけて教室全体を動き、約1分で気になる子どもの席を周り、約2分半で別の気になる子どもの席を周っていることも明らかにしている。杵淵ほか（2001）は、パンニング角センサを装着した2台のビデオカメラを教室に設置し、2台のビデオカメラの距離、各ビデオカメラの回転角度と教師までの距離をもとに教師の位置座標を算出し、どのように教師が移動したかを可視化するシステムを開発している。教師の動きを可視化した図に加え、30秒に1回で観測したS-Tグラフと、教室を10x10に分割してどのブロックに滞在しているかを表した図を作成するシステムを開発している。

　上述したように、不確実で複雑な授業の技術の中でも、とくに経験的に語られることが多い机間観察・指導であるが、とくに教育心理学や教育工学を背景とした研究の蓄積で、多様に存在する机間観察・指導のパターンが明らかになるだろうし、それらを意味・目的や機能で分類して、経験や意図と関連づけることも可能になるだろうし、先行研究が取り上げてきた子どもの学力や学習態度と観察の細やかさを関連づけて教師教育のための視点を提供す

ることが可能になるだろう。

2. 身振りから見る教師の「ふるまい」

　大河原（1987）は、小学校4年生と5年生を対象に50のジェスチャーのイラストを呈示して、それらについての意味、そのジェスチャーと同時に話されたことば、そのジェスチャーをした人について調査している。ピースサイン（Vサイン）、「アウト」や「大丈夫」を表現する"親指を立てる"動作、「一つ」や「静かに」を意味する"人差し指を立てる"動作などは児童・生徒に知られている反面、児童に限らず、社会・文化的に日本人のコミュニケーションでほとんど用いない"手をもう一方の腕に置く"や"掌で拳を叩く"などのジェスチャーもあることを明らかにしている。ジェスチャーは非言語（non-verbal）に位置づけられ、コミュニケーションの重要な手段とされるが、その"メッセージ"の意味を、受け手が、送り手の思いそのままに受けなければ、ミス・コミュニケーションを生んでしまうだろう。

　このようなジェスチャーを含んだ非言語のコミュニケーションの要因を、大河原（1983）は授業に焦点を絞り、教師、児童・生徒、そして環境の三つに分けている。教師の非言語行動は、ナップ（Knapp 1978）やスミス（Smith 1979）の先行研究をもとに、準言語（声の高さやスピード）、間合い、身体動作（目の動き、首の頷き、指・手の動き）、生徒との対人距離（教室内の立ち位置やその占有）、接触行動（触れる、撫でる）、身体特徴、人工品に分けている。児童・生徒の非言語行動は、教師の要因に対応した言語行動・非言語行動のほかに、題材（教材）への興味、教師に対する態度、友人との関係、座席の選択方法を挙げている。また、教室環境の要因は、教材（文字の大きさ、絵や写真の配置）、視聴覚メディア、教室の大きさ、授業人数、座席の配置を挙げている。

　教育における非言語コミュニケーションの特徴は、日常生活におけるそれと類似しながらも、①教師と児童・生徒という非対称（非対等）な関係の上で行われている点、②十分な語彙を有しない児童・生徒にも伝わるように教師が努めた手段、あるいはそのような児童・生徒が主たるコミュニケーションの手段として採用したものである点（言語の補助）、そして、③教室とい

う限定された空間であると同時に、その空間には机や椅子を含めたテクノロジーや、黒板や掲示物などのメディアがある点に違いがある。

　①については、児童・生徒の中には、教師に絶対性や権威性を抱いている子ども、教師の言動から問いの答えを探ろうとする子ども、あるいは、教師の期待に応えているかを受け取ろうとする子どもがいる。大河原が、小学校6年生を対象に、教師の言語行動に伴う身体動作が児童・生徒の学習に影響を及ぼしているかを調査したり（大河原 1983）、中学生を対象に、教師の身体部位のうちどの部分に注目しているのか、教師の動作から何らかの意味を想像するかを調査したり（大河原 1992）しているように、教師の非言語は、授業の内容のほかに、相互作用、授業雰囲気、直接的／間接的教授行動（岸 2014）をもたらすだろうが、教師が送っているメッセージの内容以上に、児童・生徒は、教師の意図や願望を受け取ろうとしていることも、考慮する必要があろう。

　②については、やまだ（2004）が、身振りなどの非言語を「言語ではないもの」に分けることは、言語中心主義的で、言語よりも一段低いレベルに置く見方や、非言語が言語を補う見方であると指摘したり、松本ほか（2013）が教育心理学の立場で、言語能力の未発達な子どもにアプローチをするためにロールシャッハ法や描画法を用いていたりしているように、児童・生徒に非言語情報を呈示したり表現させたりすることは、授業場面でも重要であろう。

　③について関連する研究は、野嶋（2002）が大学生を対象に、便宜的に11シーンに分割したテレビ番組を視聴させ、各シーンの終了後にレスポンスアナライザを使って、「まったくわからなかった」から「とてもよくわかった」までの5段階で評価させたものがある。約100名の被験者を、全シーンを映像と音声で呈示するグループ、前半を映像のみ、後半を映像と音声で呈示するグループ、そして前半を音声のみ、後半を映像と音声で呈示するグループに分け、その効果を分析した結果、映像と音声が呈示された後半は、三つのグループにほとんど差が見られなかった。また、前半が映像のみのグループは、解説やナレーションが大半を占めるシーンでは十分な評価が得られなかった。映像教材がわかりやすいと考えられがちだが、映像と音声の組み合わせや、ひいては音声のみに比べて、映像のみは、わかりやすさの度合

いにおいては十分ではないことが示されている。テクノロジーやメディアは、「あるから使う」とか「使えと言われたから使う」ようなものではなく、児童・生徒の学びに大きく関与することを考慮した上で十分に吟味したり、教材研究をしたりして導入することが重要であろう。

3. 授業運営に関わる教師の「ふるまい」

　classroom management と呼ばれる授業運営も、教師の「ふるまい」と捉えることができる。小金井ほか（1977）の修正版 OSIA にも「TM 授業運営に関する行動」というカテゴリーが設定されており、例えばそれを用いて教育実習生の授業を分析した伊藤（1980）は、授業運営を「学習内容に直接かかわるものではなく、学習を円滑に進めるためのもの」と位置づけ、そのカテゴリーに分類した場面を「児童が騒ぎはじめてしまったので、授業者は懸命に鎮めようと努力したのだが、およばず、叱りとばしてばかりの大混乱の授業になった」や「児童は勝手に行動しており、授業者は児童を掌握することを完全に放棄してしまっている」と記している。また、浅田（1998）は、授業運営のための手がかりとなる子どもの反応をおもに「教室情報」と呼び、それが教師が感じる授業の手応えであったり、授業の中での意思決定に関わったりすることを述べている。

　しかしながら、授業運営は有効に働くこともあるが、伊藤（1980）が記しているように、ときに逆効果に働くこともあるし、稲垣（1989）が、教室の秩序は教師と子どもの距離を縮めるのではなく拡大することで維持できることを指摘しているように、一般的に言われていることと逆の手立てが効果をもたらすこともあり、刻々と変化する授業の様子を、手応えとして味わうことは容易なことではない。

　また、教師がただ権威によって授業をコントロールしたり、潜在的な権威によって子どもに威圧感を与えて意図せずコントロールをしていたりして運営していることもあろう。教師の権威については、これまでにも取り上げられてきた。ここでは詳細に触れないが、デュルケームが、課せられた使命の崇高さに対する深い自覚から権威がもたらされるべきだと述べたり、フーコーが学校の管理のあり方を円形の刑務所施設パノプティコンになぞらえ

て、秩序や規律を無意識に子どもに植え付けていると述べたり、あるいはメハンが教師の教示（Initiation）、子どもの反応／応答（Reply）、教師の評価（Evaluation）というパターンの連鎖（IRE連鎖）で授業が進行しているだけでなく、それによって秩序が統制されていることを述べたりしている。興味深い点は、社会学においては批判の対象とされる権力や権威が、社会の縮図と称される教室においては、必要とされることがある点である。教育心理学者の宗内（2012）は、教師の権威を指導力の源泉に位置づけており、教師の学識・技能に基づく「専門的権威」、公正・清廉・正義・熱心といった教師の倫理的・人格的特性からなる「人格的権威」、教師と生徒の親密な人間関係から生じる「関係性権威」、そして教師が罰や強制力を振るう権限をもっているという認識、あるいは実際にその統制力を振るうことによって生じる「統制的権威」に分類している。そして、教師が尊敬されなくなっている状況を挙げ、「統制的権威」ばかりが肥大化して、「専門的権威」「人格的権威」「関係性権威」が低下していることに原因があるのではないかと述べている。川村（2009）が示しているように教師の権威が「合法的支配」「伝統的支配」「カリスマ的支配」の型に分類され、それぞれが「制度的権威」「学問的権威」「人格的権威」を有するのだとするならば、3×3の組み合わせを一つずつ丁寧に解明し、教師の専門性と関わらせながら検討する必要があろう。

　教育社会学では、教師の感情面の「ふるまい」を「感情労働」（emotional labor）と呼ぶことがあり、それを教師ストラテジーに位置づけている。感情労働とは、ホックシールド（Hochschild 1983）によると「公的に観察可能な表情と身体的表現を作るために行う感情の管理であり、それは賃金と引き換えに売られるため〈交換価値〉を有する」ものである。教師が感情労働者であり、教師だからこそ要請される感情管理（emotion management）があることを、伊佐（2009）は、聞き取り調査をした10名の教師が語った「明るく笑顔で元気に振る舞う」場面と「子どもを怒る、叱る、注意する」場面を取り上げて説明している。つまり、「教師は個人的な苛立ちを抑圧し、子どもの前では笑顔で振る舞うことによって精神的・肉体的に存在する教師-子どもの対立関係を隠蔽する」ための感情管理と、「子どもをしつけるという教育的行為に際しては、制度的な権力関係を顕在化させる感情管理を行う」

ための感情管理である。また、感情管理の技法として、深呼吸をする、子どもに対する認知の枠組みを変える、教育的演技をするの三つを挙げており、とくに教育的演技に焦点を当てると、教師は子どもの行為が理想に近づくように自身の行為を規定するという、他者操作としての感情労働の側面を有していることと、それは教師の教授行為を構成する基本的要素であると言えることを指摘している。また佐藤ほか（1990）は、熟達教師と初任教師の違い記した論文の中で、「熟達した教師が、状況に敏感に対応し文脈化された思考を豊かに展開していた」と記している。感情労働とは異なろうが、教師が教室の空気を読み、作っているか／作らせているか、言い過ぎれば、それを教師としての資質・能力の一つとしてそのような「ふるまい」が求められているかがわかる。

　教師としての資質・能力の一つとして感情労働を求められると、演じることや空気を読むことが苦ではない教師にとっては天職ややりがいを感じる教師もいるだろうが、全員が全員そうであるはずがなく、感情労働者であることを求められることがプレッシャーになったり足枷になったりする教師もいるだろう。油布（2010）は、教師のバーンアウトと関連づけ、「感情労働者は、職務として課せられた役割に過度に一体化したり、『演技』している自分を誠実ではないと自らを非難したり、職務に演技が必要なことを認めた冷笑的な態度をとったりするようになるのである。このように、現代のサービス労働においては、労働者の肉体ばかりではなく感情までもが搾取の対象となる。（略）教職の病気休職の増加は、何よりもこうした〈労働〉の観点から考察されるべきであろう。」と述べている。

　フランダースのカテゴリー分析のように、行動として現れる「ふるまい」のほかに、外在されない「ふるまい」があることも明らかになっている。教師が教えるとはどのような意味があるのか、教師が動くことで伴う教育効果とは何か、総じて、教師の専門職性とは何かを改めて考えていくことは、今後の「ふるまい」研究の課題ではないだろうか。　　　　　　　　　〈坂本將暢〉

第3節　教室内の行動と教師のわざ

1. 教師の動線記録とその分析

　教室における教師の「動線記録」は、教師の授業効果と課題を提示するための方策の一つとして、日本の「授業研究」の場で古くから用いられてきた。一時間の授業の中で、教師がどのように教室を動いたかを記録し、その動作の意図を授業の相互作用の中で意味づけようとする分析手法（動線分析）である。

　レイド（Reid 1980）は、教室内の教師を観察し、「Black-board confined」と「itinerant」と呼ばれる教師の行動形式の相違を見い出し、後者の教師の方が子どもとの相互作用が活発であるとの知見を述べている。すなわち、授業において、教師がどのように教室内を動き、子どもとの間のパーソナル・スペースを統制するかということは教師にとって重要な課題であると言える。

　このことは日本の教師にも強く意識されており、指導案にも必ず「机間指導」（「机間巡視」）は指導上の重要事項として記載され、研究授業終了後の協議でも、複数の参観者からその意図ついて言及される。実際の授業研究では、専門の記録者が教室の平面図に逐次手書きの線を用いて記録を行い（動線記録）、研究協議においてそれを教師の発話や学習者に対する働きかけの内容と関連づけて分析される。

　しかしながら、その具体的な指導内容（動線記録）を客観的に示すことは非常に難しかった。従来の動線記録は図4-3-1に典型的に見られるように、記録者の手書きのものであり、それ自体は客観性・定量性を有しないばかりか、授業者を含め第三者には、内容の理解すら困難なものであった。そのため協議会の場では記録者によってそれだけが提示され、「どこをどの程度動いたか」という単独の記録として用いられるケースが圧倒的であった。

　そのため、その重要性は認知されながら、その場に居合わせた教師集団の協議の材料とはなり得ても、アーカイブ化されたデータとして保存され、研究対象となることはなかった。この点は、例えば授業のプロトコル分析やエスノグラフィック研究に比較して極めて遅れた分野だと言えよう。

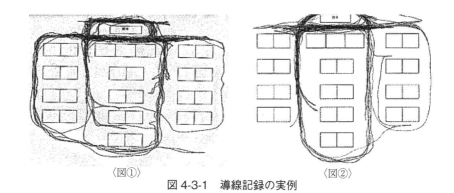

〈図①〉　　　　　　　　　　〈図②〉
図 4-3-1　導線記録の実例

　これに対して、近年、ICT の飛躍的な進歩を反映し、例えば河野（2009）らは、VTR と記録用紙を用いた「空間行動記録」を提唱している。「VTR の映像と教室の観察メモを併用することで、教師の教室内での空間行動はかなり正確に把握できるようになった」と述べている。

　これ自体は事実であるが、この記録をするためには最低でも 3 名程度の観察者（2 名の記録用紙担当と 1 名の VTR 担当）が必要であり、さらに授業終了後、データのコーディング、VTR と記録用紙の照合等の膨大な時間を要する作業が必要となる。

　さらに、一部の教師は教室に固定 VTR を設置し、自らの授業を記録する試みをした。これは意欲的な取り組みではあったが、設置や操作、視聴に労力が必要であり、広く実施されることはなかった。

　すなわち、従来の動線記録は、
①客観的・定量的なデータとなり得ない。
②授業者とは別に、記録者が必要となる。
③記録をアーカイブ化し、比定することができない。

　等の弱点をもっており、現場の教師が自らの授業を日常的に振り返り、授業改善をするためのツールとして用いることはできなかったのである。

2. ICT を活用した動線記録および分析

　教師が教室内をどのように歩行したか記録するために、新たに教室用動線

記録・分析システムを開発した。動線記録・分析システム自体は、それほど目新しいものではない。ショッピングモールやスーパーマーケットなどの量販店で、顧客が店舗内をどのように歩行しているのかを保存しビックデータ化することで、店舗内のレイアウト変更やマーチャンダイジングなどに活用されている（Joonyoung Jung et al 2013）。

今回は顧客を教師に、店舗を教室に置き換え「教室用動線分析システム」としてソフトウェアの開発を行った。

(1) iBeacon とスマートフォンの活用

位置情報の取得には GPS や AP（アクセスポイント）を使用した三点測位など様々な手法がある。しかし、屋内の位置情報取得には GPS を使用することができず、AP による三点測位はその導入コストや精度により非常に敷居が高い。そこで、教室動線分析システムを実現するために「iBeacon」と「スマートフォン」の二つのハードウェアを使用した。

iBeacon とは小型の端子で、一つひとつに個別の識別 ID をもっており、その識別 ID を含んだ電波を発信するための装置である。iBeacon は電波を発信し続けること以外に特別な機能が無く、この電波を受信する受信機が必ず必要となる。今回は受信機としてスマートフォン（iPhone）を採用し、教室動線システム専用のスマートフォンアプリ（以下専用アプリ）を開発した。

専用アプリを起動したスマートフォンが iBeacon の側を通過すると自動的に電波を受信し、受信した電波の識別 ID によりどの位置をいつ（時分秒）通過したのか判断することが可能となる（図 4-3-2）。画面上には「授業開始時間」「授業経過時間」「移動距離(m)」が表示され、授業開始時間は時間の経過、移動距離は教師が移動することでそれぞれ更新される。また iBeacon が設置されていないエリアを歩いた場合には複数の iBeacon の電波強弱からスマートフォンの位置を判断する機能を実装した。

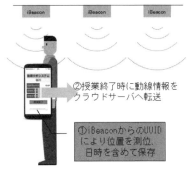

図 4-3-2　iBeacon による位置情報取得

蓄積されたデータは Wi-Fi を経由してデータベースに自動的に保存される。保存されたデータは管理画面により確認することができる。

　教員は動線取得システムを起動した状態のスマートフォンを持ったまま（例えば胸ポケットに入れる等）授業を行う。授業の開始と終了時にいくつかの操作を行うだけで動線の取得ができ、授業中に教員に負担をかけることはない。

(2) 記録及び分析画面

　以上の記録システムを用いて収集されたデータはサーバ上でコーディングされ Web で 3 種類の分析結果として表示される。表示システムは Java を用いて作られており、ブラウザ以外の特別なアドインソフトは不要である。したがって、インターネット接続環境があれば、教師は教室・職員室・自宅など、どこでも通常の PC で自分自身の動線を確認、振り返りをすることができる。

①動線アニメーション

　動線アニメーションとは、授業者の 1 時間の授業における教室内の移動の様子をポイントで動的に表現したものである（図 4-3-3）。アニメーションの再生は、時間軸に沿って自由に設定できるため、たとえば授業案と照合しながら「授業開始 20 分後から 10 分間の移動の様子」等を指定して見ることができる。また、アニメーション速度は等速から 10 倍速まで指定できるため、概括的に動線を把握するだけならば 45 分間の授業の様子を 5 分程度で確認することができる。

図 4-3-3　アニメーション表示画面

②滞在時間ヒートマップ

教室内を9つの区画に区分し、それぞれの場所に授業者がどの程度の時間滞在（通過も含む）したかを可視化したグラフが「滞在時間ヒートマップ」である。滞在時間が長い区画ほど、色が赤く濃く表示され、そうでない区画は青で薄く表示される。色の変化は10段階となっており、区画ごとの滞在時間は、数字でも表記される。

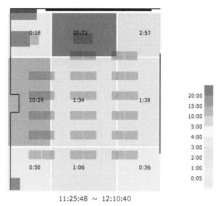

図4-3-4　ヒートマップ実例

図4-3-4は、5年生理科授業のヒートマップである。この記録を見ると、45分の授業中20分以上は黒板の前に滞在していること、教室の窓側の滞在時間が長いこと、また、教室後方の角にいる児童に対する指導時間がほとんど無いことなどが確認できる。教室の中央にアクション・ゾーンと呼ばれる空間が存在することは既に50年近く前にアダムズらによって指摘（Adams and Biddle 1970）されているが、この結果からもそのことがわかる。

それぞれの授業にはそれぞれの「意味」や「構造」があるため、このデータだけを通して授業を検討することはできないが、研究という視点から見るならば、「なぜ」という問を発するきっかけとなり得るし、当事者である授業者にとっては自身の授業を考察する材料となり得る。

③複数授業の比較検討

複数の授業の「動線アニメーション」「滞在時間ヒートマップ」を表示する機能を付加した。

図4-3-5は、同日に同じ授業者が実施した国語（左）と理科（右）の授業を同時に表示させたものである。両者を比較すると、それぞれの授業で、同じ授業者であっても動線が異なることがわかる。図4-3-6は、同日に同じ学年の二人の授業者が実施した算数の授業での動線を比較したものである。同じ内容の授業を行ってもそれぞれの授業者の個性が出る。このように、複数

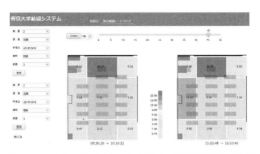

図 4-3-5　同一授業者による異なる授業科目の比較

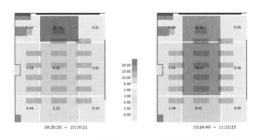

図 4-3-6　二人の授業者の同じ教科授業での違い

の授業の様子を定量化し、蓄積・比定することで、教師集団はそれぞれの授業者の特長や改善点、情報の共有化を図ることができる。

3. データの分析と授業改善への活用

　検証授業として、2016 年 H 県の公立小学校 3 年生の 2 名の教員に協力をお願いした。一人は教員経験 15 年目のベテラン、もう一人は初任者である。同一学年を担任する複数の教員が自身の動線を確認し、また比較することで、教員経験年数による違いを分析し授業改善及び初任者指導に活用した。

(1) 動線から支援を振り返る

　どの学級にも個別に支援を行わないと理解が難しいと考えられる児童がおり、教師はその児童を把握している。具体的な支援の方法に関しては指導案等に記載しているが、実際にどの程度支援を行ったかを客観的に振り返ることは難しい。動線アニメーションを活用することで該当児童にどれくらいの頻度で支援をしているかを振り返ることができた。

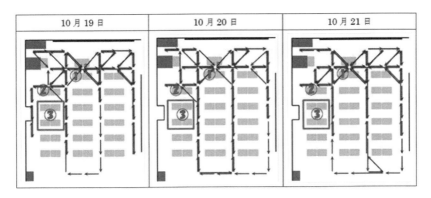

図 4-3-7　算数科連続した 3 日間の動線図

　図 4-3-7 は 2016 年 10 月の 3 日間の算数科の学習の動線アニメーションである。支援が必要だと考えられる児童が 2 名おり（①②）、その児童の近くへ何度も足を運んでいることがわかる。なお、動線は足を運ぶ回数が多くなるほど線が太く表示されている。
　以下は、担任のインタビューである。
　「（①、②の児童について）個人思考や練習問題に取り組む際に支援をしようということを意識していた。一方で、3 日間通して③の周辺にほとんど行っていないことは想定していないことだった。
　③には，算数を得意とする児童が座っており、安心して配慮を怠っていたのだと考えられる。配慮が必要な児童を意識することはもちろん必要だが、全体に目を配ることも大切であることに、動線アニメーションを見ることで気付くことができた。」

(2) ヒートマップを用いた授業改善
　図 4-3-8 は 2016 年 6 月、3 年生算数。授業者は 15 年目ベテラン教員である。45 分間の授業で、どの位置にどの程度滞在していたかを時間とヒートマップで示した分析図である。赤丸は、授業で支援が必要とされる児童を示している。この図を見て担任は以下のようにコメントしている。

　「支援が必要な児童への関わりが多すぎるため、教室の左側への配慮が

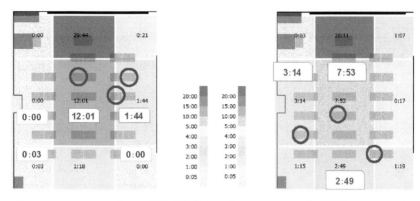

図 4-3-8　ヒートマップによる滞在時間分析　　図 4-3-9　7月の算数授業ヒートマップ

足りないことが一目でわかるお恥ずかしい授業である。いくら学力の高い児童であっても、自分の近くに全く先生が来てくれないというのでは意欲が高まるはずはない。」

　この教師は、7月の席替えの際に、あえて支援が必要な児童を教室の後ろの座席に移した。その意図について「7月になり席替えをして、先ほどの3人の場所が変わると滞在時間ヒートマップは、こうなりました（図4-3-9）。
　教室の右に偏っていた教師の動線は教室全体に広がりました。それに伴って1時間のうちに全く足を運ばないという箇所がなくなりました。私はそれまで「支援の必要な児童は、教室の前の方ですぐに声をかけられるように」ということを考えて、席替えを行うことが多かったのです。
　それを7月はあえて支援の必要な児童を教室中ほどや後方にすることで、「個人思考や練習問題において学力の高い児童のそばに全く行かない」という課題は解消することができたと思います。」と述べている。
　また、この教師は新たな「課題」も発見した。以下のように述べている。
　「さらに、新しい課題も見えてきた。〇で囲んだ児童は、学級で4番目に学力の低い児童である。この児童は、あまり自己主張せず、授業中も発表するでもなく、おしゃべりするでもなく静かに座って話を聞いているように見えるタイプの子である。もちろん自分から「わからない」と質問することも

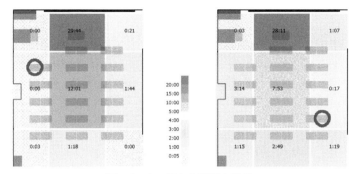

図 4-3-10　新たな課題の発見

ないので、支援どころか様子を伺うことすらできていなかったことがわかった。3年生という発達段階もあり、「先生先生」「見て見て」とアピールする児童が多い中こういうタイプの子への動線こそ振り返ってみる必要があると感じた。」

このようにベテラン教師であっても、授業の動線には改善すべき「癖」があり、それを客観的に検証するツールを用いることで自身の授業改善に役立てることができることがわかった。

(3) 初任者研修への活用

図 4-3-11 は、同一日に行われた 15 年目教師（左）と新卒教師（右）の同じ算数授業の比較、開始から 20 分間の滞在場所と時間のヒートマップである。両者の授業には、授業導入から展開に至る過程に違いがある。ベテラン教師は授業導入時から教室を回っているが初任の教師は 20 分間中 16 分 42 秒黒板の前で授業をし、ほとんど動かないことがわかる。

図 4-3-12 は、新任教員が 6 月と 7 月に行った国語の授業のヒートマップである。図中、〇は支援が必要な児童を示す。

支援が必要な児童の座席が変わったにも関わらず教師の動線には大きな変化が見られなかった。45 分間の授業の 30 分近くが黒板の前、窓側（図、左側）にはほとんど足を運んでいないことがわかる。この点について指導を担当したベテラン教師は「机間指導に目的性がなく、自分の癖だけで教室を動いて

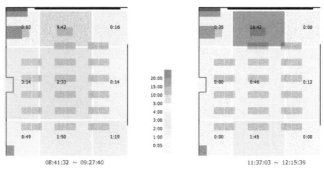

図 4-3-11　初任者とベテランの授業比較

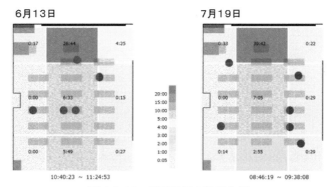

図 4-3-12　新任教師の児童支援

いるのではないか」と指導をした。
(4) 授業者の感想
①ベテラン教師
　本システムの良さの一つとして多くのデータを蓄積できる。そのため興味深いデータを選び、学年で議論できる。「この動きの意図は？」「これは無意識？それとも意味がある？」などと複数教員で議論することで、授業を見ていない教員も一緒に授業改善に向けて考えることができる点が良かった。
②初任者教師
　初任者は、わからないことを何度も質問することを申し訳なく思い抵抗を感じる。しかし、本システムを利用することで他の教員のデーを自由に遠慮

なく閲覧できるので、自分と何が違うのかを何度でも比較しながら考えられる。授業開始20分までの黒板前の滞在時間が長く、講義型の授業になっていることがわかり、どのようにしたら良いかを学年の先生方と一緒に考えてもらうことができた。その結果として、個人思考やペアトーク、グループ活動を仕組むことでメリハリができるということがわかった。

5. おわりに

　動線情報のデータ提供は、授業者自身に、分かりやすい授業改善の視点を与えることが明らかとなった。教室内での動線（立つ位置、歩く場所、滞在する位置）を意識するという「些細な」行動だからこそ、改善がしやすく、かつ、その効果を定量的に確認することが可能となる。

　しかし、こうした非言語行動解析の技術は、冒頭述べたように、プロトコル分析等に比して遅れている分野である。今後、データを蓄積・アーカイブ化することが可能となれば、授業改善のみならず授業研究にも資することが可能となると期待している。　　　　　　　　　　　　　　　　〈福島健介〉

注
1) Aplix MyBeacon®　汎用型 MB004 Ac
https://www.aplix.co.jp/product/mybeacon/mb004ac/（2018年10月8日参照）
2) Apple Watch 開発について
https://developer.apple.com/jp/documentation/General/Conceptual/
　WatchKitProgrammingGuide/DevelopmentOpportunities/
　DevelopmentOpportunities.html（2018年6月13日閲覧）

第4節　黒板前の動きから見える教師のわざ[1]

　本節では、筆者が取り組んできた、黒板前の教師の動きの研究について記す。本研究では、教室の最後方の真ん中にビデオカメラを設置し、黒板の左端から右端までを収めるように、授業を撮影する。画像処理技術の一つである背景差分法を用いて、撮影している／された授業映像から動体、つまり動いている教師を検出する。動体の重心の座標を立ち位置とみなして、その x 座標の連続的な変化を、本研究では黒板前の教師の動きと呼ぶ。

　黒板前に限定しているのは、河野（2009）の研究からもわかるように、約60％の時間を黒板の前あるいは教卓前で時間を費やしているからである。したがって、本研究では、机間観察・指導のための教師の動きは対象としない。

　筆者は、動体を自動検出するソフトウェアと、立ち位置の x 座標をグラフ化するためのフリーソフト R のプログラムを開発し、教職課程の模擬授業後の学生指導で活用した。

　具体的な内容については下に記すが、本研究は上に書いたように板書研究や教師教育研究と関わると思われるため、例えばタンほか（Tan et al 2018）の板書分析や、グルーシュカ（Gruschka 2018）の教師教育の研究成果を参考にして、知見をさらに深めることが課題である。

1．研究の方法
（1）研究対象
　研究対象は、非教員養成の A 大学（おもに工学系）で教職課程の授業を受講している学部3年生のうち、2014 年と 2015 年に、工業科、商業科、情報科の免許を取得するためにそれぞれの教科教育法を受講した学生である。
（2）分析対象
　筆者は、プログラミング言語 Processing を用いて、授業映像をもとに黒板前の動きを分析できるソフトウェアを開発した（図 4-4-1）。本ソフトウェアは、パソコンに付いているカメラや USB カメラで撮影しながら、あるいは録画された映像を再生しながら分析するもので、画像技術の一手法であ

図 4-4-1 開発したソフトウェアのインターフェース

る背景差分法を用いて、自動で映像内の動体を検知し、その動体の重心のx座標を蓄積する。

録画にしろ再生にしろ、ソフトウェアが動体の重心のx座標を取得している間、分析者は映像を観ながら、フランダース（Flanders 1970）のカテゴリー分析を参考に設定したカテゴリーを付す。カテゴリーは、説明、発問、全体への指示・確認、個人またはグループへの指示・確認（以上4つは授業関連項目）、復唱、感情受容、応答、注意、雑談（以上5つは運営・維持関連項目）、長い応答、短い応答、自主的な発言（以上三つは児童・生徒項目）、板書、机間観察・指導（以上二つは教師の「ふるまい」）の14である。これら教師の重心のx座標とカテゴリー種別は、1秒間に2回の頻度で収集され、テキストファイルで保存される。

収集したデータは、無料統計ソフトウェアRを用いて可視化される。教師の重心のx座標は、黒板前の動きをダイヤグラムにして可視化し、授業カテゴリーデータは、小金井ほか（1977）の行動マトリクスと流れ図、そしてカテゴリーの出現割合を表した円グラフにして可視化する。これらのうち、黒板前の動きを可視化したダイヤグラムと授業カテゴリーの流れ図を時間で揃え、統合したダイヤグラムを作成する。そうすることで、いつ、黒板前のどの位置で、何をしているかがわかるようになる。

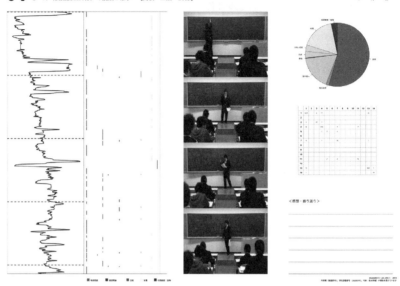

図 4-4-2　授業を振り返るためのシートの例

　これらに、5分ごとに授業映像をキャプチャした画像を加えて、1枚の紙にまとめたものが、授業を振り返るためのシートである（図 4-4-2 参照）。
　ところで、A大学では、模擬授業の準備から振り返りまでのサイクルは、1) 指導案を作成し、指導を受ける、2) 教材を作成する、3) 模擬授業をし、指導やコメントを受ける、4) 模擬授業の翌週に授業映像を収録したDVDを受け取って自己評価をし、模擬授業から2週間後までに自己評価票を提出する、である。自己評価票の作成には、約20年間、模擬授業直後の授業者からの指導、生徒役の学生からのコメント用紙、授業を録画した映像を用いてきた。それらを参考にして学生は、Q1) 声の大きさや明瞭さ、Q2) 授業の準備物、Q3) 十分な教材研究、Q4) 黒板やスクリーンの適切な使用、Q5) 授業時間の有効な使用、Q6) 授業内容の難易度の適切さ、Q7) 授業内容の量の適切さ、Q8) 生徒に対する態度の適切さ、Q9) 授業の進行のスムーズさ、Q10) 説明の仕方のわかりやすさ、Q11) 総合評価の項目を、5段階評価する。このほかに、「（模擬授業の）良い点」「改善点」「教育実習への準備」を自由

記述する。

　この自己評価票に加えて、黒板前の動きと授業行動をまとめたシートを配布して、振り返りをさせる。

2．分析方法と結果

(1) 模擬授業の経験と黒板前の左右の動きの関係

　図4-4-3に示すように、黒板前の動きには、1）教卓前（黒板前中央）からほとんど動かない段階、2）黒板の左から右へ動く、あるいはそれを何回か繰り返す段階、そして、3）一見すると黒板の左から右へ動いているが複雑に動いている段階の3段階があることが明らかになっている（Sakamoto 2017）。1段階目は、模擬授業の初期（とくに授業時間が短い模擬授業）で見られる。板書し始める位置が真ん中であったり、書かれる文字の大きさが配慮されていなかったりする特徴がある。2段階目は、教科書中心の授業や、教材研究に力を入れた授業で見られる。事前に自身が学んだことや調べたことを生徒に伝えようとしたり、指導案どおりに授業を進めようとしたりする時に現れる。3段階目は、十分に経験を積んだ模擬授業や、教育実習先の授業で見られる。ある程度授業が進んだ段階で、それまでに板書した位置に戻って説明したり、指示ことを生徒がわかっているか確認したりするため、左右の動きが複雑になる。また、図内にはコの字型や直線の部分があるが、開発したソフトウェアが自動検知する範囲を超えて、授業中に机間観察・指導をしたからである。

(2) 振り返りシートの有無・模擬授業の長さの違いによる授業に対する意識の違い

　振り返りシートの使用／未使用で二つのグループにまとめ、振り返りシートの影響を分析した。その結果、Q5（$F(1, 93)=3.945$, *）、Q7（$F(1, 93)=4.591$, *）の自己評価で有意差がみられ、いずれも振り返りシート未使用グループの平均値が高かった。このことから、未使用グループは使用グループより、授業時間内に計画した範囲まで進められたか否か、授業時間内に収まる分量だったか否かを自己評価の対象にし、それが達成できたため高評価だったのではないかと推測できる。

　興味深いのは、同じ（ような）授業をしているはずだが、振り返りシート

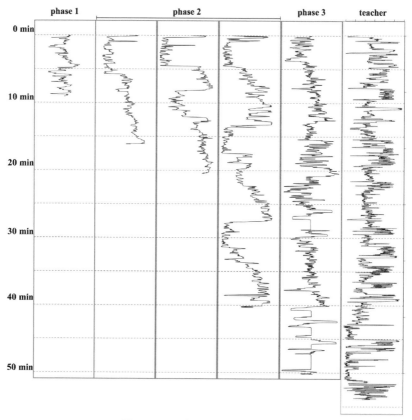

図 4-4-3　黒板前の動きの 3 段階

の授業時間の有効な利用や授業内容の量の意識や評価の違いである。今回の
ケースでは、未使用の学生は、上で挙げた点の意識が高いようである。一方、
使用した学生は、黒板の使い方や生徒に対する態度の意識が高いようである。
　次に、授業時間の長短で二つのグループにまとめ、授業時間の影響を分析
した。その結果、Q4（$F(1, 93)=7.300$, **)、Q5（$F(1, 93)=10.459$, **)、Q7（$F(1, 93)=7.229$, **)、Q8（$F(1, 93)=7.595$, **)、Q10（$F(1, 93)=3.946$, *)、Q11（$F(1, 93)=15.728$, ***）の自己評価で有意差が見られ、いずれも授業時間の長
いグループの平均値が高かった。授業時間が長いため、授業時間を有効に使え、

内容を工夫できるため自己評価が高かったのではないかと推測できる。加えて、授業時間が長く模擬授業の経験も積んでいるため、黒板の使い方や、生徒との接し方や関わり方といった授業運営の要素を自己評価の対象にし、それが達成できたため高評価だったのではないかと推測できる。

さらに詳細に分析するために、振り返りシート未使用グループの時間の長短、使用グループの時間の長短でそれぞれ比較した。その結果、前者ではQ5（F（1, 51）=4.945, *）、Q7（F（1, 51）=6.016, *）、Q11（F（1, 51）=9.217, **）で有意差が見られた（いずれも時間長グループの平均値が高い）。後者ではQ4（F（1, 41）=4.892, *）、Q5（F（1, 41）=5.582, *）、Q8（F（1, 41）=5.307, *）、Q11（F（1, 41）=5.933, *）で有意差がみられた（いずれも時間長グループの平均値が高い）。このことから、上の分析で有意差が出た、授業運営の要素（Q4：黒板の使い方とQ8：生徒への接し方・関わり方）は、振り返りシート使用グループの影響であると考えられる。使用グループは一方的に教えるのではなく、いかに黒板を使うかや生徒と関わるかにも意識が向けられ、それが評価に表れたのではないかと推測できる。

ところで、15分や20分の模擬授業から、30分から40分の模擬授業に移行する際、学生の中には自己評価票の自由記述欄に「これで十分に授業ができる」という旨の文章を書く学生がいる。しかし、実際に授業をすると、黒板の使い方、生徒に対する態度、説明の仕方のわかりやすさという課題に直面することになる。また、模擬授業の経験を積むことで、評価が良くなるのではなく、自分に対する評価が厳しくなったり、新たな課題が見えてきて増えてくるようである。

(3) コメント分析

自己評価票内の「（模擬授業の）良い点」「改善点」「教育実習への準備」と、振り返りシート内の「感想」を、フリーのテキストマイニングソフトKH coder（ver.2.0.0）を用いて、内容を分析した。本研究では、未使用グループが自己評価票に記述した文章数688、使用グループが自己評価票に記述した文章数480、使用グループが感想に記述した文章数85、合計1,253文を分析した。KH coderではコーディング・ルールを作成して、文章を分類することができるが、本分析では、本研究の目的や自己評価票を考慮した13個（事

前準備、教授技術、授業運営と雰囲気づくり、授業の展開、生徒への働きかけ、話し方、板書、動作、机間観察・指導、教育実習、心がけ、肯定的感情、否定的感情）を設定した。付された文書数が多いコードは、授業展開（197件（11%））、事前準備（182件（10%））、話し方（156件（9%））、肯定的感情（142件（8%））、板書（124件（7%））であった。一方、とくに付された文書数が少ないコードは、机間観察・指導（29件（2%））、動作（20件（1%））、教育実習（25件（1%））であった[2]。このうち、教授技術、動作、肯定的感情のコーディング・ルール記述例を示す。

〈教授技術〉
話し合い | 一問一答 | 質問 | 発問 | 問い掛け | グループ | ディスカッション | まとめる | まとめて | まとめやす | グループワーク | seq（（配布 | 授業）- プリント）| 具体例 | 間違わせる | グループ活動 | グループ形式 | 講義形式 | 一目

〈動作〉
seq（無駄 - 動き）| seq（動き - 多い）| テキパキ | 黒板の前 | 右往左往 | 身振り | 手振り | seq（背 - 向け）| 教卓の前 | 動く | 生徒の方向 | 歩き回れる | 歩き回る | 同じ所

〈肯定的感情〉
自己 + 満足 | 自己満足 | 自己満足感 | 満足 | seq（出来 -（た | ていた | ている））| 良かった | 出来た | 出来ていた | 出来ている | 良い出来 | ないかと思う

KH coder の機能を使って出力した、用紙とコードの出現のクロス表を表4-4-1 に示す。KH coder による χ^2 検定の結果に有意差があり、振り返りシ

表 4-4-1：KH coder の機能を使って出力した用紙とコードの出現のクロス表

	事前準備	教授技術	授業運営と雰囲気	授業の展開	生徒への働きかけ	話し方	板書
未使用・時間長短	98 (14.24%)	53 (7.70%)	47 (6.83%)	104 (15.12%)	49 (7.12%)	92 (13.37%)	60 (8.72%)
使用・時間長短	64 (13.33%)	44 (9.17%)	28 (5.83%)	65 (13.54%)	40 (8.33%)	55 (11.46%)	44 (9.17%)
振り返りシート	20 (23.53%)	5 (5.88%)	6 (7.06%)	28 (32.94%)	5 (5.88%)	9 (10.59%)	20 (23.53%)
合計	182 (14.53%)	102 (8.14%)	81 (6.46%)	197 (15.72%)	94 (7.50%)	156 (12.45%)	124 (9.90%)
カイ2乗値	6.144*	1.431	0.519	20.833**	0.942	1.24	19.070**

	動作	机間観察・指導	教育実習	心がけ	肯定的感情	否定的感情	ケース数
未使用・時間長短	4 (0.58%)	9 (1.31%)	9 (1.31%)	50 (7.27%)	87 (12.65%)	55 (7.99%)	688
使用・時間長短	7 (1.46%)	15 (3.13%)	16 (3.33%)	36 (7.50%)	41 (8.54%)	43 (8.96%)	480
振り返りシート	9 (10.59%)	5 (5.88%)	0 (0.00%)	2 (2.35%)	14 (16.47%)	8 (9.41%)	85
合計	20 (1.60%)	29 (2.31%)	25 (2.00%)	88 (7.02%)	142 (11.33%)	106 (8.46%)	1253
カイ2乗値	48.326**	9.262**	7.787*	3.069	7.134*	0.446	

*p < 0.05,　**p < 0.01,　*** p < 0.001

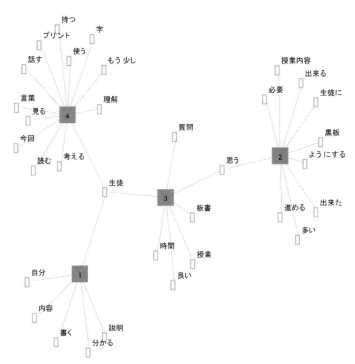

図 4-4-4：グループと特徴語の共起の度合い
(1 ＝未使用・時間短、2 ＝未使用・時間長、3 ＝使用・時間短、4 ＝使用・時間長)

ートの「感想」に特徴が見られるコードは、事前準備、授業の展開、板書、動作、机間観察・指導、肯定的感情であるが、その中でもとくに授業の展開、板書、動作、机間観察・指導は顕著である。黒板前の動きを可視化した振り返りシートではあるが、それを意識して感想を書くように学生は指示されていない。しかしながら、板書や動作を暗に意識させるメッセージが埋め込まれており、影響を及ぼしていると考えられる。その一方で、表 4-4-1 から、振り返りシートには教育実習に関する記述がないことがわかる。

　上で、授業時間の長短と振り返りシートの使用／未使用で４つのグループに分けたが、図 4-4-4 に、これらのグループと特徴語の共起の度合いに着目して作成されたネットワーク図を示す。未使用・時間短グループには「説明」「内容」「分かる」「生徒」、未使用・時間長グループには「授業内容」「黒板」「進

第 4 章　教師の「ふるまい」を科学する

める」「出来る」「出来た」、使用・時間短グループには「良い」「授業」「生徒」「質問」「板書」、そして使用・時間長グループには「生徒」「読む」「考える」「もう少し」「理解」「ことば」「プリント」「使う」が関連付いている。未使用グループは「内容」「授業内容」を対象に、「分かる」「出来る」「出来た」という成果を指標に記述している特徴があり、使用グループは「生徒」を対象に、「質問」「板書」「プリント（を）使う」「話す」の教授行動と、「読む」「考える」「みる」の生徒の行動を記述している特徴がある。

3. まとめ

　上で述べたように、模擬授業を始めたばかりの学生は、教卓前からほとんど動かない。これは、黒板の使い方はおろか、「授業をする」ことの意味や意識が十分ではないことがうかがえる。また、十分な授業計画、板書計画が立てられていないのではないかと推測される。「授業をする」ことを意識して、これらの計画を立てられると、授業者（あるいは模擬授業をする学生）は黒板の左から右へ動き始める。黒板の左から右への動きは、計画した内容に対して従順であることの表れで、計画したとおりに授業を進めようとする。筆者の経験では、模擬授業だけでなく、教育実習生の研究授業でも、現職教員の研究授業でも、この傾向は見られる。これは、「授業をする」ことが意識され過ぎて、「子どもが学ぶ」ことの意味や意識が十分ではないことが考えられる。この場合、児童・生徒（あるいはその役をする学生）が計画にない言動をしたとき、それを十分に受け入れられないだろう。理想の授業や計画した授業との整合を見たり、その教師のその授業の出来を評価したりすることに専念しすぎると、教師がどんな理由で何をどのように教えているのか、子どもがどんな理由で何をどのように学んでいるのかという教育の本質的な部分を欠如させてしまい、「授業をする」に留まってしまう恐れがある。「前の授業では、あるいはこれまで経験した授業ではこうだった」という指摘は、とくに若い教師を指導する際に、今後の役に立つ知恵になる可能性があるが、時には、今後、得られたかもしれない豊かな経験を阻止してしまう恐れもあると考えられる。

　本研究から、黒板前の動きをシートを使って意識させた学生が、文字の大

きさや声の大きさといった「見た目」中心の振り返りから、生徒との関わりや生徒が理解しやすい黒板について考えるようになることがわかった。また、模擬授業の初期あるいは短い授業時間では、授業時間や授業の分量のように、制限のある計量的なものや、声の大きさや進展のスムーズさのように「できた／できなかった」で一見評価しやすいものを評価の対象にしており、《自分の眼をとおした評価》をしていると言える。一方、模擬授業の後期あるいは長い授業時間では、文字のきれいさや色使いといった表面的なものに陥る恐れもあるが、板書の見やすさや、その板書や説明の仕方と関連づけた生徒への態度・振る舞いや、説明の仕方を評価の対象にしており、《他者からの眼を介した評価》をしていると言える。動きの複雑さは、「眼」の多角さを生み出しており、それは《わざ》のレパートリーの多様さと関連しているのではないかという仮説を見い出すことができよう。

　さらに、「分かる」「出来る」という児童・生徒の状態ではなく、「読む」「考える」「みる」という状況・様子を記述して振り返っていたように、「授業をする」から「子どもが学ぶ」に意識が向き始めた授業者に、どのようにその意識を定着させるかは、教師教育にとって重要な課題ではないだろうか。本研究から、教師は板書のために黒板の前を左右に動くのではなく、子どもの様子を捉えるために動いているという一種の《わざ》があると考えられる。したがって、このように左から右へ動く段階を越えることは、教師としての成長と何か関連があると思われる。柴田（2014）が述べる洞察力とも関連させて、模擬授業の段階に応じてどのような指導をする必要があるか、あるいは子どものを見るために教育実習までにどの程度にまで成長させておく必要があるかなどを明らかにすることは、今後の課題である。

〈坂本將暢〉

注
1) 本節は、坂本（2018）をもとに本書用に加筆修正したものである。
2) そのほかのコードは、否定的感情（106件（6%））、教授技術（102件（6%））、生徒への働きかけ（=94件（5%））、心がけ（88件（5%））、授業運営と雰囲気づくり（81件（5%））、コードなし（422件（24%））という文書数だった。

第5章　教師の「みえ」を科学する

第1節　教師のわざと「みえ」

　授業は教師と子どもたちとのコミュニケーションによって成り立っており、教師には、子どもが発しているサインを察知し、刻々と変化する授業の流れを捉え、臨機応変に意思決定を行うことが求められる。その基盤となるのが、教師の「みえ」である。斎藤（1969）が「教育とか授業とかにおいては『みえる』ことは『すべてだ』といってもよいくらいである」と言うように、教師にとって「みえる」ことは極めて重要であり、それによって授業の成否は大きく左右される。では、教師にとって「みえる」ことを、具体的にどのように考えればよいのだろうか。

　日常生活の中で、私たちは視覚や聴覚、嗅覚、味覚、触覚といった感覚器を通して外界の情報を獲得する（人間の脳と身体の情報処理システムを、乾（1995）は図5-1-1のように図示している）。例えば、テーブルの上にコップが置かれていたとする。コップを「みる」ことにより、その表象を頭の中に作り出すとともに、それを認知するためのパターンや記憶をふまえて「コップがある」ことを認識する。ただし、「みる」ことと「みえる」ことは同じではない。ルビン（Rubin.E）によって考案された多義図形「顔と杯」が、向かい合う二人の顔にも大きな杯にも見えるように、同じものを見たとしても、その見え方は多様である。

　これは、教師の「みえ」にもあてはまる。例えば、学校で行われる授業研究に参加すると、同じ授業を見たとしても、人によって「みえる」ことが大きく異なることを実感する。主に子どもを見る人、教師を見る人。教材と子どもが出合う導入に重点を置く人、子どもの思考を活性化させる教師の発問に重点を置く人。「みえ」には、それぞれの教師の「観」が映し出される。

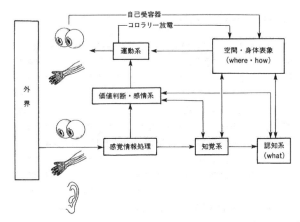

図 5-1-1　知覚と運動に関わる諸機能の情報処理（乾 1995）

では、教師にとって「みえる」とは何か。三つに整理して捉える。
①子どもが「みえる」ということ：　子どもの気持ちを読み取ることを、学校では「みとる」ということばで表現する。「授業中の子どもの思考過程や感情を理解する＝みえる」ことは、教師にとって基盤であり、永遠の課題でもある。子どもを「みる」ことは誰にでもできるが、その見え方は教師がもっている教育観・授業観・子ども観による。子どもがいかに「みえる」かは、各々の教師の信念が映し出される鏡と言え、いくら見ようとしても、「みえる」ことしか見えないのである。
②授業の流れが「みえる」ということ：　授業は、教師と子どもの相互作用によって成立するため、必ずしも計画通りに進むわけではない。「ねらいに行き着くための分水嶺を見極め、的確に手立てを講じる＝みえる」ことにより、深い学びを促すことが可能となる。授業を省察し、子どもと教材に関する知識ベースを蓄積することで、見える力を育むことが可能となる。
③授業の仕組みや構造が「みえる」ということ：　主体的で対話的で深い学びのある授業を展開するためには、綿密な教材研究に基づく仕掛けやデザインが重要となる。個々の発問や対応行動のみならず、「授業に組み込まれた教師の仕掛けを読み解く＝みえる」ことは、授業の根底にある法則や理論を解明する一助となる。　　　　　　　　　　　　　　　〈姫野完治〉

第2節　教師の「みえ」に関する研究

1. 子どもを見る教師の枠組み

　これまで述べてきたように、教師の「みえ」には教師なりの「観」が映し出され、それは子どもを「みる」際に顕著に表れる。教師によって授業中の子どもの学習状況の捉え方がどのように異なるかを調査した樋浦（2010）を紹介しよう。そこでは、公立小学校の5年生学級で行われた算数の授業において、担任教師、算数専科の教師、教職志望学生2名の計4名に、授業の場面ごとに、それぞれの子どもの学習意欲を4段階（「とても高い＝◎」、「やや高い＝○」、「ふつう＝無記入」、「低い＝△」）で評価してもらっている（図5-2-1）。また、事後に各々の評価理由をインタビューし、子どもの学習意欲を評価する際の視点を整理している（表5-2-2）。これらの調査から、4人全員が意欲が「とても高い」と評価する児童dのような子どもがいる一方で、児童Gのように評価が分かれる子どもも存在していること、子どもの学習

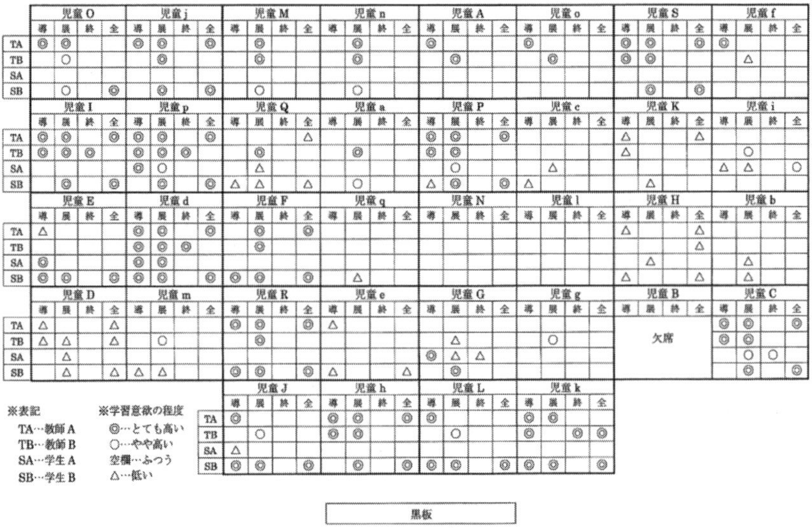

図5-2-1　教師による子どもの学習意欲の捉え方（樋浦2010）

表 5-2-1　学習意欲の高低を捉える視点（樋浦 2010 をもとに筆者が作成）

	学習意欲が高い	学習意欲が低い
教師A	挙手する、発言する、自分なりにノートにまとめる、ノートが丁寧、目の輝き。	定規などで遊んでしまう、（全員挙手する場面で）挙手をしない、真剣に勉強する雰囲気がない、ぼんやりしている、話を聞いていない。
教師B	反応する、挙手する、発言する、冷静さがある、動作がある、（グループ内で）友達に教えようとする。	表情が暗い、ノートの進みが遅い、動作が遅い。
学生A	挙手する、発言する、（グループ内で）友達の考えを聞こうとする、「先生」と呼ぶ、積極性。	目線が下を向いている、定規やペンで遊ぶ、横を向いている、姿勢が崩れる。
学生B	挙手する、発言する、積極性、（グループ内で）考えを説明できる、ノートをしっかり書いている。	だらっとしている、ノートを閉じている、定規で遊ぶ、違うところを向いている、多様な考え方をしない（一つの考えだけで満足している）。

　意欲を高いと捉える理由については、挙手や発言等のように共通点が多いものの、学習意欲の低さを捉える理由は、人によって差異が大きいこと等がわかる。

　「授業中の子どもの思考過程や感情を理解する＝見える」ことは、教師にとって重要であるが、何をもって「みえる」とするかを、一つの指標で定めることは難しい。それは、「みえる」ことが必ずしも妥当ではない場合も想定されるからである。子どもの学習を教師が適切に予測できているかどうかを調査した生田（1998）の研究を見ていこう。そこでは、中学校教師に対して、授業後に行う目標準拠テストで各生徒がどの程度理解しているかを予測してもらい、過大評価と過小評価の度合いを整理している（図5-2-2）。その結果、生徒S23やS1の生徒のように過大評価の高い生徒がいる一方で、S4の生徒のように過小評価が高い生徒も存在していた。

　では、どうしてこのように授業中の「みえ」とテスト結果にズレが生じるのだろうか。その要因の根本にあるのが、個々の教師が持つ「観」である。教育に関わらずどのようなことに対しても、人は価値判断の基準を持っており、その基準との適合・不適合が少なからず評価に影響を及ぼす。それは、

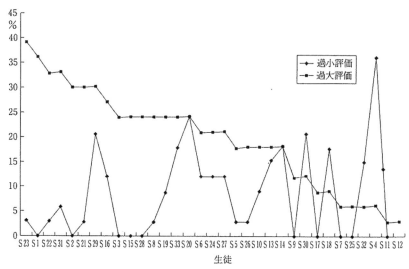

図 5-2-2　生徒に対する過大評価・過小評価（生田 1998）

ピグマリオン効果や適性処遇交互作用に関する研究でも証明されている。

　教師が学級の子どもを見る時の視点や枠組を解明しようとした研究に近藤（1984）がある。ケリー（Kelly.G. 1955）が創案した RCRT（Role Construct Repertory Test）を教師向けに援用した教師用 RCRT を用いて、教師の認知枠組、すなわち子どもを見るときのモノサシを事例調査している。具体的には、教師に対して、担任する学級の児童名を思い浮かんだ順番にあげてもらった上で、その中から好意がもてる子どもと好意がもてない子ども、似ている子どもと対照的な子ども等、3人ずつの組み合わせを15組作成してもらうという調査である。15組の子どもを2郡に分けることを通して、子どもを捉える教師の枠組みを対象化しようとしている。

　事例調査の対象となった小学校5年生を担任する女性教師 A の枠組みと因子分析の結果を見ていこう（表5-2-2）。教師 A は、「第1因子：基本的な生活習慣がきちんとできているか否か」「第2因子：積極的か消極的か」の2軸で子どもを捉える傾向にあること、また「(3) 学力あり-学力劣る」が両因子で高い負荷量を示していることから、教師 A の子どもを見る枠組み

表5-2-2　教師の子ども枠組みと因子分析の結果（近藤 1984）

（枠　　組）	（因子1）	（因子2）
(12) 椅子にきちんと座っている …足が椅子の上	0.930	
(9) (14) 身の回りの整理よし……わるし	0.928	
(5) 基本的生活態度よし…………わるし	0.925	
(11) 人の話をきちんと聞く………聞けない	0.890	0.328
(6) 他児のことを考えられる………他児を妨げる	0.883	
(10) 最後まで頑張る……………投げやり	0.878	
(4) 明るい………………………争いが多い	0.817	
(7) 落ち着きがある……………落ち着きなし、欲求不満	0.749	
(8) ノートをきちんととる………メチャクチャ	0.748	
(13) 忘れものなし……………忘れもの多し	0.731	
(3) 学力あり……………………学力劣る	0.684	0.485
(1) 素直………………………強情	0.667	
(15) 活発……………………内向的		0.923
(2) 積極的、自信あり…………消極的、自信なし		0.921
（説明率）	62.2	12.5 (%)

に学力の優劣が大きく影響していることがわかる。抽出された因子について、個々の子どもの因子得点を求めて二次元配置図にプロットした児童認知図（図5-2-3）を見ていく。1〜14の子ども全員が左側の「基本的生活態度わるし」に記されていることから、教師Aが子どもを捉える際の認知枠組は、基本的生活習慣の良否が基準となっていると考えられる。

　教師が子どもを捉える枠組みは、子どもを「みる」際にも大きく影響する。裏を返せば、教師の「みえ」を対象化することによって、教師の「観」を捉えることにもなると考えられる。

2. 授業観察時の教師の「みえ」

　リフレクション概念を提起したショーン（Schön. D. 1983）は、教師の仕事は確固とした理論や技術を適用するというものではなく、複雑な問題状況に身を置きながら、経験に基づく実践知を用いて実践過程を省察し、授業を創出していくところにあると述べている。教職の特質をこのように捉えると、教師が授業場面をいかに見て、認知するかが重要な鍵となる。授業において教師は、自分に見えたように発問や指示を行う。また、観察者として「みえ

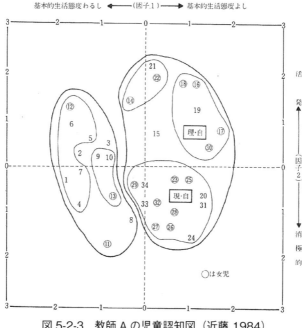

図5-2-3　教師Aの児童認知図（近藤1984）

た」ことをもとに、事後協議会での議論に参加する。そのため、教師にとって「みえる」ことは授業改善の基盤と言える。

しかしながら、授業中の授業者の思考過程を明示化することは困難なため、これまでの研究では、授業観察者としての「みえ」を対象化することを通して、授業者の思考に迫ろうとしてきた。ここでは、二つのアプローチに分けて紹介したい。

一つめは、授業観察中に考えたことや感じたことを教師に語ってもらい、その発話内容を分析することにより、教師の思考様式を探索する研究である。その代表的な研究に、佐藤ほか（1990）がある。そこでは、熟達教師と初任教師に授業ビデオを視聴させ、感じたこと、気づいたこと、考えたことを言語化してもらう（オン・ライン・モニタリング）とともに、事後にレポートを記述してもらう（オフ・ライン・モニタリング）調査を行っている。発話プロトコルと感想文について、熟達教師と初任教師で比較した結果を、表

表 5-2-3　授業ビデオ視聴時の発話と記述の比較（佐藤 1991 をもとに再構成）

		初任教師		熟達教師	
		命題数（SD）	比率	命題数（SD）	比率
学習に関する発話・記述	事実	5.4（3.9）	24.5	3.6（2.4）	8.4
	印象	15.8（18.1）	71.8	14.2（6.1）	35.0
	推論	0.8（1.0）	3.6	23.0（17.0）	56.7
教授に関する発話・記述	事実	4.6（3.6）	32.8	3.6（4.4）	8.3
	印象	7.6（5.8）	54.3	7.2（2.8）	16.7
	推論	1.8（1.8）	12.9	32.4（20.0）	75.0
授業に関する推論内容の種類	意図	1.7（1.7）	7.1	8.2（4.1）	19.0
	代案	0.4（0.8）	5.7	19.0（15.3）	44.0
	見通し	0.0（0.0）	0.0	6.3（4.2）	12.0

5-2-3 に示す。この調査から、初任教師と比べて熟達教師は、教師や子どもの言動に関する〈事実〉や〈印象〉だけではなく、その理由や根拠を推察する〈推論〉が多いこと、授業について推論を行う際は、〈代案〉を提示する場合が多いこと等を指摘している。

一方、授業ビデオを視聴する際に、授業過程を分節に分けてもらう方法を用いて、授業観察者による授業の仕組みや構造の捉え方を対象化しようとする研究に、姫野（2001）がある。現職教師と大学生の比較検討を通して、教職経験や教材経験の豊富な教師ほど、授業過程を構成している離れた分節や、分節を集めた分節群を関係づけて認知していること等を明らかにしている。

これらのように授業ビデオを用いるのではなく、実際の授業を直接観察しながら行う研究も進められている。生田（2002）は、教室で行われる授業を観察しながら、テープレコーダーに内言を記録するオン・ゴーイングによる調査を行っている。観察する対象が限定される授業ビデオと異なり、観察者にとって自由な視野が保障される点に特徴がある。同じ授業を観察した経験教師と大学教員の発話分析から、教室内で起こっている同事象を両者が同じように捉える「同事象同類認知」、同事象を異なる視点で捉える「同事象異類認知」、そして教室内で起こっている異なる事象を捉える「異事象認知」があることを指摘している。

二つめは、授業観察の際にビデオカメラ等で授業を記録させ、記録した映

像や静止画から、授業観察者の「みえ」に迫ろうとする研究である。平山ほか（1995）は、現職教師と教育実習生が撮影した授業のビデオ映像に着目し、授業観察の視点を比較検討している。そこでは、「カメラポジションの移動」と「録画の一時停止」に着目し、教師と実習生が撮影したビデオ映像を分析、比較検討し、一連の教授行動として授業場面を認知する能力が映像に表れることを明らかにしている。授業を観察するポイントをよりクリアに解明するため、デジタルカメラを活用した研究もある。梅澤（2006）は、教育実習生が授業観察を行う際に、「自分のこれからの実践に役立つと思われる場面」をデジタルカメラで撮影してもらうことを通して、教育実習生が授業観察を行う際の視点を分析している。そこでは、授業経験を積んだ実習生ほど、複数の意図をもって授業を観察、撮影していること等を明らかにしている。

3. 授業実施時の教師の「みえ」

　授業中の授業者の「みえ」を対象化することは容易ではないが、日進月歩で発展する情報機器を活用して、授業者の「みえ」に迫ろうとする研究も行われている。その先駆けと言えるのが、下地ほか（1990）によって行われた研究である。2台のビデオカメラで授業を撮影し、そのビデオ映像から教師の視線を分析することにより、教師が授業中のどの場面で、どの生徒に視線を配布していたのか等を解明している（表5-2-4）。それにより、授業中に教師が「学力の下位」または「学習態度の悪い」生徒に視線を向けて手がかりを得ようとしていること、とりわけ授業の導入場面で視線を向ける傾向があること等を明らかにしている。

　このような授業者の「みえ」に焦点をあてた研究は、近年カメラの小型化が進み、人の頭部に装着して視線を記録するようなウェアラブルカメラが比較的安価で購入できるようになり、研究が加速し始めている。有馬（2014）は、初任教師と熟達教師の授業を、小型CCDカメラで録画し、そのビデオ映像を授業後に振り返ることを通して、教師の視線行動と視線を向けたきっかけ等を分析している（表5-2-5）。熟達教師と初任教師ともに「広範囲の児童」に視線を向けることが最も多く、次いで「特定の児童」「黒板」であること、視線を向けたきっかけとして、熟達教師は「教師の意図的視線」が最も多い

表 5-2-4　学力別にみた生徒一人あたりの手がかり収集率（下地ほか 1990）

学習場面	用いる方法	教師の視線			指名			机間巡視		
	学力	上	中	下	上	中	下	上	中	下
1. 導入	1-1 復習	0.13	0.18	0.42	0.12	0.13	0.27	0.36	0.35	0.68
	1-2 課題提示・把握	0.06	0.08	0.00	0.02	0.14	0.00	1.30	1.20	1.73
2. 展開		0.36	0.33	0.39	0.27	0.21	0.37	0.46	0.64	0.85
3. 練習		0.04	0.02	0.02	0.14	0.02	0.09	0.83	0.91	1.27
4. まとめ		0.05	0.03	0.07	0.14	0.02	0.09			
5. ノート整理		0.04	0.03	0.19				0.51	0.51	1.19

表 5-2-5　視線行動のきっかけ別にみた 1 授業あたりの回想頻度（有馬 2014）

起点	意図	きっかけ	熟達教師	初任教師
教師	強	教師の意図的視線	24.0（52.7）	4.0（22.0）
	弱	机間指導中の確認	6.5（14.3）	9.0（50.0）
児童	強	児童の挙手と発言	11.0（24.2）	4.0（22.2）
	弱	非言語的情報	4.0（ 8.8）	1.0（ 5.5）
		計	45.5（100）	18.0（100）

一方で、初任教師は「机間指導中の確認」が最も多いこと等を明らかにしている。

　教師が自らの授業を省察するには、自分の技能を映し出すビデオ映像等があると、効果的な省察につながる。しかし、これまでのリフレクション研究で用いられていたビデオ映像は、教師自身が客観的に捉えられた映像であり、授業者が授業中に見ていたこととは異なる。授業を行っている教師自身の視線で授業を記録し、それを振り返ることによって、授業中の教師自身の「みえ」を対象化することが可能となる。その成果は、教師の視線に焦点をあてた授業リフレクションを実践した姫野（2017）から伺うことができる。そこでは、ウェアラブルカメラを用いて授業者の視線から授業を撮影・記録するとともに、その映像を授業後に再生視聴しながら、授業中の教師にみていたことやその意図を継時的に振り返る授業リフレクションを行っている。それ

により、授業中の即時的な認知や判断（reflection in action）に迫ろうとしている。調査対象となったI教諭は、次にように述べている。

「途中で説明はさんだじゃないですか。こういう意図でとか。そういうのは、普段全然意識していないので、ほとんど無意識でしていることの説明を今したので、なんか発見ですよね。自分、こんなふうに考えてそうやっていたのかって。例えば、近くの人全然見なかったとか。面白いですね。」

授業者自身の視線で撮影された授業映像は、授業者にとっては、授業中にみている当たり前の世界である。しかしながら、その映像を対象化して視聴し、授業中の即時的な認知や判断を語ることにより、授業中に教師が意識的、無意識的に行っている教授行動の背景を表出することが可能になる。

4. 教師の「みえ」を科学するために

　日本における授業研究や教師教育研究は、ここ20年近くの間、ショーンによって示された「省察」を鍵概念と位置づけて研究を積み重ねてきた。今後の教育研究を進める上でも「省察」が鍵概念の一つであることに変わりはないが、これまでは省察が教師の学習にどのように機能するのか、また深い省察とは何かといったことは問われてこなかったきらいがある。また、「省察」⇒「事後に振り返ること」⇒「PDCAサイクル」⇒「事後報告書」と関連で捉えられることにより、「事後報告書」を義務づけることに終始してしまう場合も少なくなかった。

　より深いレベルの省察を推進するための一つの鍵となるのが、「対象化」と「省察」の接続である。その一つの着眼点として教師の「みえ」がある。とは言うものの、「みる」と「みえる」は同じではないため、「みえ」を可視化することが重要である。教師の「みえ」を科学するベースとなるのは、教師が「みている」視界に基づいて、「みえている」事象を語ることである。

　本章の次節以降では、ウェアラブルカメラを用いた4つの方法により、教師の「みえ」にアプローチしていく。　　　　　　　　　　〈姫野完治〉

第3節　授業中の授業者の視線と立ち位置

1. はじめに

　授業研究は、①授業改善、②カリキュラム開発、③教師の授業力量の形成、④授業についての学問的研究（授業原理の発見と授業理論・モデルの構成）を目的に、実践としての授業の観察から得られた記録を、定式化された手続きにより対象化する活動である。授業観察は、授業者の「教授行為（認知、思考・判断）」と学習者の「学習活動」の相互作用の観察であり、斉藤（1969）は、「教育とか授業とかにおいては、『みえる』ということは、ある意味では『すべてだ』といってもよいくらいである」、「『みえる』ということは、教師としての大きな力量となる」と見えることの重要性を指摘している。このように授業研究は、実践されている授業をいかに見て、捉えるからはじまる。観察は、視覚・聴覚を中心とした知覚作用に基づく事物・現象等についての経験的知識獲得であり、観察者の観察の目的・視点・能力等に依存する特徴をもつことから、授業観察は、教師や子どもの動きに新しい何かを見つける思い・願い・気づき・見える等の心的準備が不可欠である。

　授業観察・研究の主体は、授業者と観察者であるが、従来授業研究は、観察者主体・視点に重点をおいて多くの知見を得てきたが、授業者主体・視点の授業研究の充実も課題である（澤本ほか2016、姫野2016など）。この澤本、姫野のリフレクションによる研究は、授業者自身が自らの授業を《授業者・観察者》として観察・振り返り・リフレクションを行う過程で、自らの教育実践の枠組み（教育観、教材観、児童観、指導観など）を見直し・省察することである。授業研究・授業観察では、授業観察・認知・解釈の主体と、授業認知・対象化時期が大きく関わる。生田ほか（2004）は、授業研究における「授業者・観察者の授業認知に関わる授業研究の枠組みと方法」（表5-3-1）を整理した。

　授業者（教師）の「認知、思考・判断、行為」に関わる研究としてShavelson（1973）、吉崎（1983）等の研究がある。Shavelson（1973）は、授業のある時点における教師の「キュー（手掛かり）」の出現→情報の抽出→

表 5-3-1　実践知を対象化する授業研究方法の分類

		授業認知・対象化時期	
		授業中 reflection in action	授業終了後 reflection on action
観察視線・認知・解釈	授業者	・授業者オン・ゴーイング（生田 1998）	・授業カンファレンス（稲垣 1986） ・授業リフレクション（澤本 1994） ・選択系列のアセスメント（井上 1995） ・VTR 中断法（吉崎 1992） ・授業者注視（主観カメラ映像認知）（姫野 2016、三橋・神野藤 2017）
	観察者	・観察者オン・ゴーイング（生田 1998） ・オン・ライン・モニタリング（秋田ら 1991） ・介入授業（教育実習指導等）（斎藤喜博）	・授業研究会 ・ワークショップ型授業研究（村川） ・授業過程の分節化（姫野 2001） ・カード構造化法（井上・藤岡 1995） ・授業リフレクション（澤本 1994） ・授業者注視（主観カメラ映像認知）（有馬 2014）

（生田ほか 2004 を再構成）

仮説の設定→学習者の状態についての推論→次の行為に関する専門職としての意思決定→習熟した行為（スキル）の遂行」の意思決定過程を提案している。このように授業者は、実践の遂行においては学習者の学習情報を抽出し、推論判断するという能動的な知を創出している。これまでの授業研究は、「授業終了後」「観察者（認知・解釈）」に重点をおく多くの方法が開発・試行され、多くの知見を創出してきている。

　本稿は、授業者視点・視線から撮影・記録した主観カメラ映像をもとに、授業中の自らの視線等を継時的に振り返る授業リフレクション（図 5-3-1）を試行し、授業進行中の学習者情報収集に関わる授業者の観察注視・視線傾向・意図・判断等について紹介する。

2. 授業中の授業者の視線と立ち位置
(1) 調査の対象

　A 市 B 小学校に勤務する C 教諭を調査対象とした。C 教諭は、経験年数 12 年（男性）で、調査時は 5 年生学級（児童 34 名）担任。C 教諭は、算数を研究教科とし、学校内だけでなく公開研究会における研究授業等、授業経験だけでなく教材研究を行い研究授業を行う「題材経験（吉崎 1983）」を多

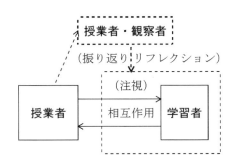

図 5-3-1　授業者・観察者としての授業観察

く有しており、学級児童の学習状況を観察し授業展開に反映することができると考え調査対象とした。

調査対象授業は、地域の算数教育研究会公開研究授業として行われた小学校算数 5 年「図形の角」の授業（2016 年 10 月実施）である。また、ウェアラブルカメラ（小型 CCD カメラ）を授業者主観カメラとして装着して授業を行うことに教師・児童が慣れるために、調査約 1 ヶ月前から授業者・授業学級において試用した。

(2) 事前のインタビュー調査

授業中の教師の視線・注視を撮影・記録するにあたり、調査対象となる

・学級や子ども（注目する子ども等）の状況

・授業の教材や授業の構想

について、インタビュー調査を行った。

(3) 対象授業の特徴

対象授業の目標は、「四角形の内角の和の求め方について、既習事項を基に説明することができる【数学的な考え方】」である。

授業過程は、下記①〜⑦の 7 段階である。

①課題把握

本時の課題は、「四角形ＡＢＣＤの角の大きさの和は何度になりますか。」である。

②課題解決（自力追求・小集団思考・解決）
　課題解決は、「四角形の三角形分割の方法」によることから、子どもの分割・計算方法について5通りの考え方を予想した。
③グループ間交流Ⅰ
　各グループの課題解決の考え方をミニホワイトボードに記述し、各グループを相互訪問し課題解決の考えを交流する。
④全体交流
　各グループのミニホワイトボードを黒板掲示後、各グループ発表（課題解決の考え方）概要を板書し、思考の整理・促進を図る。
⑤グループ間交流Ⅱ
　子どもの多様な考え方を尊重しつつ、妥当性・批判的吟味を行う。
⑥教師説明
　課題解決の共通の考え方は、「四角形の内角の和は既習の三角形の内角の和（180°）をもとに求められる」ことを確認する。
⑦適用問題
　適応問題解決を通して本時ねらいとする考え方の理解を深める。

(4) 授業後のリフレクション等の調査
　ウェアラブルカメラにより授業者自身の視点から撮影・記録した授業映像を再生・視聴しながら授業者に授業中の行為を振り返るリフレクションの機会を設けた。授業者に授業記録映像を見ながら30秒ごとに停止し、リフレクション（独白）してもらった。
①授業者の立ち位置は、下記2カテゴリーとした。
　ア）黒板前、イ）学習者集団
②教師視線・注視行動の「注視対象」のカテゴリーとして、有馬（2014）、姫野（2016）を参考にし、下記のカテゴリーを設けた。
　ア）学習者個人（発言者、注目児）
　イ）学習者集団（班・机間指導、全体、その他）
　ウ）メディア（黒板・板書、投影機、教材）
　映像停止区切り時間は、授業者の負担から30秒単位とした。なお、調査時に、同意を得て録画・録音記録と筆記記録を行った。

3. 授業者視線の授業映像視聴によるリフレクション・データの整理

まず、授業者とともに授業記録映像を視聴し30秒ごとの立ち位置と観察注視対象のリフレクションを整理し「表5-3-2 授業における授業者の立ち位置と観察注視」を作成した。さらに、表5-3-2を授業過程・段階単位で整理し「表5-3-3 授業過程における授業者の立ち位置と観察注視対象」「表5-3-4 授業における授業者の観察注視の遷移」を作成した。

(1) 授業における授業者の立ち位置

授業者の立ち位置総件数は、100件であり、黒板前（含む、パソコン操作）65件、学習者集団35件、全体の約2/3の時間黒板前にいる。とりわけ、「①課題を捉える」「④全体交流」「⑤グループ間交流Ⅱ」「⑥教師説明」の授業段階では黒板前に所在し、「②課題解決」「③グループ間交流Ⅰ」「⑦適応問題」の授業段階では、学習者集団の中に所在している。とくに、「②課題解決」では、黒板前8件に対して、学習者集団中17件と約2/3の時間を学習者集団の中に所在し、児童を観察対象としている。

これは、「②課題解決」における子どもの課題解決について「課題の把握状況、学習の進行状況」を観察するためであり、後の「④全体交流」「⑤グループ間交流Ⅱ」運営の情報収集のためと考えられる。また、「④全体交流」時は、全13件黒板前に立ち、子どもたちの発表（課題解決の考え）を板書している。これらは、C教諭の特徴と考えられる。

(2) 授業における授業者の視線・注視

授業者の観察注視の総件数は、130件である（表5-3-2）。立ち位置の総件数との差は、授業ビデオの再生を30秒ごとに停止し、授業者にリフレクション（立ち位置、注視対象、注視意図・内容等）してもらっているが、30秒ごと停止時の「視線の移動（注視切り替え・移動による2地点注視）」等のカウント重複等によるものである。

授業者の授業全体の観察注視対象は、ア）学習者個人:20件（15.4％）、イ）学習者集団:66件（50.8％）、ウ）メディア:44件（33.8％）である。授業者の注視の遷移（表5-3-4 授業全体の注視の遷移）も「黒板→黒板」「全体・黒板→全体」「注目班→注目班・班」が多く、授業全体において黒板・学習者集団（学級全体・注目班）を継続観察している。C教諭は、学習者集団を

表 5-3-2 授業における授業者の立ち位置と観察注視

時間	授業過程	立ち位置			注視					意図・内容
		黒板前 ABCD	PC	集団(班)	教材	個 発言者	注目児	集団 机間指導(班)	全体 その他	黒 P J
1	1.課題を捉える		P						○	パソコン操作
2			P		○				○	課題の提示と確認 / プロジェクター上の教材画像
3	(教材配布)	B						○		教材画像を見て質問するため / 全体を配付予定ワークシート
		B		○				○		机間観察:全配,教材配布状況確認
4		B							○	次配布ワークシート
		C							○	課題提示板書
		C							○	課題提示板書
5	2.課題解決 (小集団思考・解決)	D							○	学習の見通しをもたせたい観察・確認
6		D							○	学習の見通しをもたせたい観察・確認(特に26児)
		B					○			注目児観察(次の展開か,待つか,ヒントか)判断
7				5			○	5		集団(注目児19)観察
				2			○			学習活動(注目児)観察,注目児へヒント
8				1			○			学習活動(いつもと違う),解明行動によりキーワード引き出す)
				14				29		観察(2班9班の考えを次の全体発表へ繋げたい)
9				4				864		活動観察(8,6班観察,4班質問,6班助言)
				4						机間指導(4班対応,3班観察,6班助言)
10				57				57		机間指導(注目児16):対角線でない所へ鋭く「面白いね」と後押し→観察
				5				5		
11				6				6		机間指導(6班全体発表のために小黒板に記述させる)
				6				6		机間指導(注目児19観察・3児助言)
12				3			○			全体観察・確認し,4班の活動確認
				4				4		観察(4班20児が他の3名→疲労状況)
13				9				9		観察(9班34児の課題解決→理解不十分)
				7				7		机間指導(32児の説明困難のため1児の説明中止と)
14				5				5		机間指導(次の全体発表させる班に小黒板記述を促す)
				5				5		机間指導(5班の考えの確認と次への展開のための助言)
15				5				5		机間指導(5班の考えの確認と次への展開のための助言)
				5				5		黒板に全班の小黒板の掲示を確認し,再度5班へ助言
16		黒							黒	黒板上の小黒板の配置・グルーピング助言
		黒							黒	黒板上の小黒板の配置・グルーピング助言
17		黒							黒	小黒板配置(既習事項,理解の難易:左→右)調整,右余白作成
		B・D							P	小黒板配置(既習事項,理解の難易:左→右)調整,右余白作成 / 2台のプロジェクターを全体発表モードへ準備
18	3.グループ間交流(1)	B・C								グループ間交流方法(バンカフェ)の確認
19		B・C							黒	グループ間交流方法(バンカフェ)の確認→開始指示
20		B・C							黒	グループ間交流の全体協議の構想 / グループ間交流における情報交換観察,児童の瞼の蓋締める
				89				89		机間観察(9班34児,2班12児)考えの確認
21				892				892		机間指導(2班11児考え変容,授業最終発表予定,スマホ撮影)
				285			○	285		
22				534			○	543		3,4班観察→助言
		D・		4357				4357		観察(4157班)3分間交流したので終了指示
23		E		5				5		5班の考え方は,全体交流最後に検討予定を伝える
		BCD							黒	全体交流の適応問題用紙確認,全体交流時の色チョーク確認
24		B								他のグループの交流の学級全体を観察・確認
		B							黒	他のグループの交流の学級全体を観察・確認
25	4.全体交流	B						7		7班(1年教室と席の位置が異なる→対応),全体交流開始指示
		BC				○			黒	発表(16児→受容,30児発表を板書→全体交流へ反映)
26		C				○			黒	発表(31児→受容,1児→板書)
		C							黒	発表(1児→板書,28児→教師が28児考えを理解する思考を)
27		CD							黒	教師28児,1児考え同じ→板書,11児・22児難しい板書
		CD							○	7班の考えわかりやすい→360度を板書,同時発言→19児指名
28		C							黒	19児の発表を聞きながら要領指示も
		B							黒	(対角線による三角形2つに分割)の考えに話題転換を図る
29		C							黒	27児の発言を教師が理解していない(発言板書「三角形2つに分割」枠囲み)
		C							黒	12児「三角形4つに分割」の考えに反論
30		C							黒	24児「四角形を三角形2つに分割」考えを板書
		C							○	前回続き
		C								「角を切って合わせる」考えが出てきたので板書
31	5.グループ間交流(2)	B								想定した考えが出た→「360度を引く」再検討の小交流開始
32				8				3468	黒	机間指導(3班:19・11・2児,交流指示4,6→全体発表指示)
		D							黒	11児,10児(360度を引く考え説明)自主発言→教師受容
33		D							P	2児発言教師受容,全体理解状況把握
		D								児(理解不十分)→教師から説明,併せて内容→検討
34		C							P	19児観察(教師の説明で理解したよう),内容(子どもに説明させる)
		C								19児注目(教師の説明で理解したよう),内容(子どもに説明させる)
35		C							○	5班一外角の考え7,8班に最後に見せ場を作る約束を実行したい
		D							P	前昼食時に児童拍手:16児拍→ちう,皆の思考の助けになる考えを期待し指名
36	6.教師説明								P	児童の発表を聞きながら全体を観察
									黒	教師用意したppt提示で説明(視聴内容7,8班児童が見てない)
37		CD								幾つかの考えの中で子どもはどれを一番に選択かの観察たい
38		B		7		○		7	黒	子どもの考えの選択→考え方に名前を付し自分の活動に集中(13児)の考えを聞きたい発表させたい
		B		57						毎時間全員発表させたい→未発表児(25児)へ「発表して」働きかけ
39		B							黒	18児(既習を元に四角形の四隅の角を切って合わせる)の考え方を取り上げ
40		B							黒	12児(四角形の四隅を切り合わせる考えは正論)→板書,(対角線により分割)
		B							黒	4児(5・6角形の時は,真ん中の360度を引く)の考えを尊重したい
41		C							黒	25児(三角形2つに分割の考え)→受容,6児指名
		C								28児(既習事項:三角形内角の和180度活用)→板書
42		C								C(四角形4つの角を切合わせ時間がない)→受容・板書
		C							黒	32児(三角形を基本単位とする考え)→受容・板書
									黒	23児(平行線による2分割)→時間がないので早く切り上げたい
43	7.適応問題			357					無	適応問題配布
44				864129				68		問題音読【授業無し】 / 机間指導(19児観察・助言→6,8班観察)
45				3		○		4687		適応問題の観察・集会発表→説明する活動を指示
				4687						机間指導(5,7,8,6,4班と全教師の説明を促す)
				6468		○				
46				57864				57864		
47		D		6					黒	あと2分で振り返りまで進めたいと考え
		C		8		○			黒	11児の発言を止めていたので,最後に言わせたいと考えた
48		C							黒	16児(四角形の内角の和2360度)→板書
		D							黒	11児の発言を聞きながら机間指導中に撮影した11児のノートを投影
49		C							黒	本時のねらいの11児の考えについて,全体と(7,8児)の理解状況
										早く終了させなければ

表 5-3-3　授業における授業者の立ち位置と観察注視対象

授業過程	立ち位置			注視対象							
	黒板前		集団（班）	個		集団			メディア		
	黒板前	パソコン		発言者	注目児	机間指導（班）	その他	全体	教材	黒板	投影機
①課題を捉え	6	2	1			1		5	2	2	
②課題解決	8		17		10	18		5		5	1
③グループ間交流Ⅰ	8		6		3	6		4			
④全体交流	13			2		1		3		12	
⑤グループ間交流Ⅱ	9		1		1	1		7		1	2
⑥教師説明	13		2		1	1		5		9	1
⑦適応問題	6		8		3	3	1	4		4	1
（件）	63	2	35	2	18	31	1	34	2	37	5
（件）	63	2	35	20		66			44		
（％）	63	2	35	15.4		50.8			33.8		
総件数	100			130							

重点（50.8％）に、黒板等のメディア（33.8％）を注視し授業を進めている。

個別児童への注視は、発言児童2件、注目児童18件、計20件（15.4％）であり、発言児童への注視は、極めて少ない。これは、本時授業の発表者の発言を聞く注目児童（本時の学習理解等の指標となる児童、気がかりな点のある児童等）の表情の観察から理解状況を推し量る（評価）意図と考えられる。

①課題を捉える

注視対象は、集団：6（全体：5、班：1）、メディア：4（教材：2、黒板：2）であり、注視の遷移も「全→全」が最も多く、「全体→全体・班・P」「P→教材・全体・P」である。この学習段階では、課題提示のメディア（教材、黒板）への注視と課題を捉える子ども（学級全体、班）を注視し、課題の理解・把握状況を評価している。

②課題解決

注視対象は、注目児：10、集団：23（班：18、全体：5）、メディア：6である。「②課題解決」においては、「注目児、班（28件）」への注視が71.8％である。

表 5-3-4　授業における授業者の観察注視の遷移

（表：授業全体の注視の遷移、1.課題を捉えるにおける注視の遷移、2.課題解決における注視の遷移、3.グループ間交流における注視の遷移、4.全体交流における注視の遷移、5.グループ間交流における注視の遷移、6.教師説明における注視の遷移、7.適応問題における注視の遷移）

※　教材…教，発言者…発，注目児…注，注目児と班…注班，机間指導（班）…班
全体…全，全体と黒板の同時注視…全黒，黒板…黒，　PJ…P，その他…他　と略す
「授業全体の注視の遷移」は，授業過程・段階ごとの注視遷移数の合計

注視の遷移は、「注目班→注目班・班」「班→注目班・班」を継続的注視・観察している。課題解決において、学級全体を見渡しつつ「注目児・班」を継続注視・観察し活動状況の把握に努めている。これは「④全体交流」構想のため本時授業の注目児・課題解決における注目班の考え方等の情報収集を行う意図をもち注目児・注目班を注視するＣ教諭の特徴の一つである。

③グループ間交流Ⅰ

各グループの課題解決の考え方をミニホワイトボードに記述し、各グループを相互訪問し考えを交流する。注視対象は、注目児：3、集団：11（全体：5、注目班：6）、黒板：4である。学級全体（5）を見つつ、「注目児（3）・注目班（6）」に焦点を当て注視している。グループ間交流Ⅰでは、この交流後の全体交流構想のため本時授業の注目児・課題解決における注目班の考え方等について「観察（視覚）・聴覚）」による情報収集を行う意図がある。

④全体交流

すべてのグループの考え・解決方法を、発表・検討する学習段階における注視対象は、発言者：2、グループ：1、全体：3、黒板：12（66.7％）である。注視遷移も「黒板→黒板、全体・黒板」「発言者→黒板」「黒板→発言者」「班→発言者・全体」と学級全体に目配りしつつも、子どもの発表を受容し板書する活動が重点となっている。これはＣ教諭の「⑤グループ間交流Ⅱ、⑥教師説明」において子どもの考えを整理・活用するために、すべての班の発表を一覧できるよう板書を行う意図が読み取れる。

⑤グループ間交流Ⅱ

子どもたちの多様な考え方を尊重しつつ、妥当性・批判的吟味を行う学習での注視対象は、注目児：1、机間指導（班）：1、全体：7（58.7％）、黒板：1、投影機：2である。注視の遷移は、「全体→全体・注目児」「全体→投影機」であり、学級全体を継続的に注視（観察・情報収集）している。

⑥教師説明

子どもたちの多様な課題解決を整理し、「四角形の内角の和は、既習の三角形の内角の和（180°）をもとに求められる」ことを確認する。注視対象は、注目児：1、机間指導（班）：1、全体：5、黒板：9、投影機：1である。授業者は、教師説明のためのメディア活用（「黒板・投影機（10件：58.8％）」）

を中心に、学級全体を注視し（「全体（5件：29.4％）」）理解状況の把握に務めている。

⑦適応問題

本時の学びを確かなものとするために、適用問題の演習を行う。

注視対象は、注視児：3、机間指導（班）：3、全体：4、黒板：4、投影機：1である。「学級全体（4）」「黒板（4）」を見渡しつつ、適応問題の評価の指標と考えている「注目児・班」（6件：46.2％）を注視対象としている。

4．まとめ

小学校5年算数のグループ活動を主体とした授業を対象に、授業者視点・視線から撮影・記録した主観カメラ映像をもとに、授業中の自らの視線等を継時的に振り返る授業リフレクションを試行し、授業中の授業者の立ち位置、観察注視・視線等について検討した。

(1) 授業者の立ち位置は、黒板前が多く、次に児童集団（班）の中である。
(2) 授業者の注視対象は、学習者集団（全体・班）を重点に、黒板（メディア）、注目児童の順である。
(3) 授業者の注視対象は、②課題解決・③グループ間交流では注目児童・班を継続注視、さらに④全体交流・⑥教師説明では黒板（メディア）と注視対象をそれぞれの授業段階の機能・情報収集の意図に応じて焦点化している。また、立ち位置も観察注視に関連し授業段階の機能・情報収集の意図に応じた特徴がある。
(4) 授業者視点・視線からの主観カメラ映像に基づく授業リフレクションは、授業者自らの教育実践の見直し・省察に有効である。また、A市内の別の小学校教諭は、主観カメラ映像の視聴・自己リフレクションを継続し、同僚教師からより子どもの視点に基づく授業実践への変容を指摘されている。

〈三橋功一・神野藤均〉

第4節　教師の「みえ」はいかに育つか

1. 教師の意思決定と「みえ」

　教育実習生や経験の浅い教師と、熟達教師の授業を比較する時、最も違いが出るのが授業中の臨機応変な対応と言えるだろう。子どもとともに作り上げる授業では、可能な限り準備をしたとしても、予定通りに進むとは限らない。だからといって、経験の浅い教師や教育実習生にとって、指導案から逸れて進む決断をすることも難しい。そのため、子どもの反応を捉えつつも、どうしてよいか立ち往生してしまう場合も少なくない。

　授業中の臨機応変な意思決定は、経験の蓄積によるところが大きい。多くの子どもと関わり、失敗を重ねながら、いろいろな場面で対応するレパートリーが増えていくものである。とはいえ、経験を積めば確実に臨機応変な対応ができるようになるわけでもない。子どもの状況を把握する力や意思決定力を着実に高めてこそ、臨機応変な対応が可能になる。

　授業中の教師の意思決定については、1980年代～1990年代前半に多様な研究が推進された。吉崎（1983）は、録画された授業VTRを授業展開上のポイントとなるところで中断し、教師として取り得る選択肢とその選択肢を用いる理由を尋ねる「VTR中断法」という研究法を開発した。そして、教職経験や題材経験の少ない教師よりも多い教師、女性教師よりも男性教師の方が危険性の高い意思決定を行うことを明らかにしている。岡根ほか（1992）は、事前に予想しなかった反応が授業中に表出した際、教師がどのような知識や理念をもとに意思決定を行っているのかを調査し、「生徒知識」「教材知識」「教授方法知識」「教育観等に類するもの」に分類して検討している。このような調査研究をふまえ、教師の意思決定モデルを開発する研究も進められた。吉崎（1988）は、教師が授業の状況から手がかり（キュー）を認知し、授業計画とのズレをモニタリングすることによって対応行動をとることをモデルとして示した（図2-1-1）。

　教師の意思決定に関する研究がこのように蓄積された一方で、授業の特定場面で教師がとった行動の理由が全て明らかになったわけではない。教師

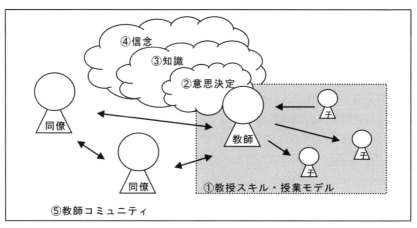

図5-4-1　教師研究の視点の変化（姫野 2017）

研究の視点の変容過程をモデル化した姫野（2017）を見ていくと（図5-4-1）、教師の意思決定研究に続き、教師の知識に関する研究、信念に関する研究、教師コミュニティの研究へと深化してきてはいるものの、いまだ授業中の授業者の認知や判断を解明するには至っていない。

その理由の一つに、意思決定の前提となる授業中の教師の「みえ」を対象化することの難しさがある。図2-1-1（2章参照）の意思決定モデルに示されているように、教師は授業の流れや子どもを見て、それを手がかりに対応行動を考える。しかしながら、授業中の教師の「みえ」をデータとして取り出すための方法は確立されておらず、教師のわざに迫る上での課題となっていた。このような課題を克服する一手段として、筆者らはウェアラブルカメラの活用に注目している。本節では、ウェアラブルカメラを用いて熟達教師と教育実習生の授業中の「みえ」を調査することを通して、教師のわざとしての「みえ」がいかに成長・発達するのかを考えていきたい。

2. 教師の「みえ」を対象化するために

授業中の授業者の「みえ」を対象化するには、「みていること」と「みえていること」を可視化する必要がある。

「みていること」の可視化に関しては、近年、調査に用いる機器の小型化、

ウェアラブル化が進み、教師自身の視線や視界のリアルなデータを活用した研究が進みつつある。例えば、関口（2009）は、瞳孔／角膜反射方式の装着型視線計測装置を用いて、授業中の教師の視線の動きや注視時間を分析している。一方、「みえていること」の可視化については、授業を実施しながら授業者に語ってもらうことは難しいものの、教師の視線で撮影・録画した授業映像を鏡的に利用した研究が行われている。有馬（2014）は、CCDカメラで撮影した授業映像を授業後に視聴してもらい、授業を回想することを通して、授業中の教師の思考過程を解明しようとしている。姫野（2017）は、ウェアラブルカメラで撮影した授業映像をもとに、授業中の教師の視線傾向や意図を15秒ごとに静止して振り返る授業リフレクションを行っている。

これまで授業研究で用いられていたビデオ映像は、教室後方や前方から、教師と子どもを客観的に撮影する場合が多く、授業を第三者的に振り返ることに寄与してきた。一方、ウェアラブルカメラ等を用いて教師の視線から撮影する授業映像は、教師自身の「みえ」を映し出すことができるため、授業者が授業状況と対話しながら瞬間的に思考し行動する「行為における省察（reflection in action）」に焦点をあてることができる点に特徴がある。

ここでは、国立X大学教育学部附属小学校の5年生学級で行われた熟達教師（教師M）と教育実習生（実習生K）の授業を調査対象とし、授業者の2名に、授業実施中にウェアラブルカメラ（Panasonic,HX-500）を装着してもらい、授業者の視線で授業映像を記録した。授業後に、記録した授業映像を視聴しながら、30秒ごとに停止し、授業実施中にみていた対象や意図、考えていたこと等についてインタビューを行った。概要を表5-4-1に示す。

表5-4-1 調査対象の概要

	熟達教師	教育実習生
対象者	教師M（教職経験21年）	実習生K（大学2年生）
調査校	国立X大学教育学部附属小学校	国立X大学教育学部附属小学校
学年	小学校5年生	小学校5年生
教科	算数	算数
単元名	三角形や四角形の角	分数の大きさと足し算・引き算

3. 熟達教師が授業中に見ていること・見えていること

教師Mによる授業は、小学校5年生算数科、単元「三角形や四角形の角」、8時間中の6時間目である。「多角形の内角の和を求めたり表に整理したりすることを通して、変わり方に着目することができる」ことをねらいとしている。

豊富な教職経験を有する教師Mは授業中に何をみているのだろうか。授業中の視線を30秒ごとに区切って整理し、表5-4-2に示す。そうしたところ、教師Mは、「④複数の抽出児」に視線を向ける回数が最も多く、次に「①子ども全員」、そして「⑧黒板」に視線を向けていることがわかった。

最も視線を向けた回数の多かった項目「④複数の抽出児」は、全ての子どもの中から数名の子どもを意図的に選んで視線を向ける場面に相当する。例えば、授業の導入時（1分30秒）の教師の視線と意図をみていこう（表5-4-3）。教室全体を見渡しているものの、生活班や学習班のような近隣のグループではなく、教室全体から意図的に選んだ子どもに視線が向けられていることがわかる。

では、どのような意図で「④複数の抽出児」を選択し、視線を向けているのだろうか。該当する25場面の発話を分析したところ、教師Mは「学力レ

表5-4-2　教師Mの授業実施中の視線傾向（回）

視線項目＼授業時間	0-10	10-20	20-30	30-40	40-	計
①子ども全員	2	6	5	2	4	19
②子ども集団（発表者以外）	2	2	0	0	0	4
③子ども集団（小グループ）	2	0	0	6	1	9
④子ども集団（複数の抽出児）	3	6	7	3	6	25
⑤子ども（発表者）	2	1	1	1	1	6
⑥子ども（発表者以外）	4	1	2	1	2	10
⑦メディア（教材）	0	0	0	0	0	0
⑧メディア（黒板）	2	3	3	7	4	19
⑨その他（掲示物・時計）	2	1	2	0	0	5
⑩視点なし（焦点定まらず）	1	0	0	0	1	2
計	20	20	20	20	19	99

表 5-4-3　導入時の教師 M の視線と意図

時間	教師 M の視線	視線配布の意図と思考
01分30秒		読もうと言ったときに最初に見たのは、8番です。サポーターつきの子どもなので、まず読めるかなと。彼が最初にいい表情で読めれば、まずいいなと思った確認と、それから全体こっちを見たときに、<u>2番の子どもと、それから19番の子どもを中心に全体を見ました</u>。というのは、2番の子どももどちらかというと、下位の子ども。19番は上位の子どもが同時に入る位置にいたので、それが同時に見て確認でき、読む表情を確認できれば全体が見えるかなと思って見てました。授業の最初が特にそうですね。同じ土俵に入ってるかどうか。大体がOKだなと思えば、あとはわからなそうな人に、1回その人にどこまでわかった？とはいくんだけれども、今回は大丈夫そうだったので、そのままいきました。

ベルに応じた理解状況の確認」「授業ペースの確認」「当該場面で頼りになる／心配な子どもの確認」の三つの意図をもって、「④複数の抽出児」に視線を配布していることがわかった。

【学力レベルに応じた理解状況の確認】全ての子どもに課題や内容が適合しているかを確認するため、子どもをいくつかの群に分けて視線を向ける。

【授業ペースの確認】多様な作業ペースの子どもに合わせるため、ペースメーカー的な子どもが位置づけられている。

【当該場面で頼りになる／心配な子どもの確認】授業のねらいに即して、学習過程をデザインする上で、鍵を握る子どもに意図的に視線を向ける。

4. 教育実習生が授業中に見ていること・見えていること

実習生 K による授業は、小学校5年生算数科、単元「分数の大きさとたし算、引き算」、9時間中の5時間目である。「異分母の分数の加法計算の意味を理解する（知識・理解）」ことをねらいとしている。

実践経験の浅い教育実習生 K は授業中に何を見ていたのだろうか。授業中の視線を30秒ごとに区切って整理し、表5-4-4に示す。そうしたところ、実習生 K は、「⑥子ども（発表者以外）」に視線を向ける回数が最も多く、

表 5-4-4　教育実習生 K の授業実施中の視線傾向

視線項目＼授業時間	0-10	10-20	20-30	30-40	40-	計
①子ども全員	8	3	3	3	3	20
②子ども集団（発表者以外）	0	0	4	2	0	6
③子ども集団（小グループ）	2	2	0	2	0	6
④子ども集団（複数の抽出児）	0	0	0	0	0	0
⑤子ども（発表者）	2	0	8	8	1	19
⑥子ども（発表者以外）	2	14	4	3	8	31
⑦メディア（教材）	1	0	0	0	1	2
⑧メディア（黒板）	5	1	1	1	0	8
⑨その他（掲示物・時計）	0	0	0	0	0	0
⑩視点なし（焦点定まらず）	0	0	0	1	0	1
計	20	20	20	20	13	93

表 5-4-5　導入場面における実習生 K の視線と意図

時間	実習生 K の視線	視線配布の意図と思考
02 分 00 秒		これも全体で、全員読んでるか見てました。全体見てる感じでいたんですけど、これ見たら、全然左側入ってなくて、ちゃんと目届いてなかったのかなと思いました。でも約分とかって言った時に、右後ろのほうに気がいってたので、多分大体右側に意識があったのかなと思います。
02 分 30 秒		全体の反応。ジュース持ってきたって言うので、まず気をひきつけたいなと思ってたので、みんな、こっち見てくれてるなと思って、全体見てました。（だれか注目して見る子はいましたか？）ここまででは、そんな見てないです。

次に「①子ども全員」、そして「⑤子ども（発表者）」に視線を向けていることがわかった。ベテラン教師 M が最も多く視線を向けていた「④子ども（複数の抽出児）」に相当するものはなかった。

授業の導入場面における実習生 K の視線とその意図を見ていこう（表 5-4-5）。実習生 K の視線配布の特徴は、特定の子どもを意識的に見るということ

表 5-4-6　展開場面における実習生 K の視線と意図

時間	実習生 K の視線	視線配布の意図と思考
26 分 30 秒		ここで、基にする分数のいくつぶんって言うのを子どもから出したかったんですけど、それで何を基にしてるかなとかって言ってみたんですけど、何も返ってこなくて、私、出すしかないかなと思って言っちゃったんですけど、こういう時に、もっといい感じの言い方があれば、子どもからも出たのかなと思って。この時も全体を見ている感じ。誰か6分の1を基にしてるとか言ってくれないかなって見てたんですけど。みんな、え？って感じの顔だったので。
27 分 00 秒		黒板です。6分の1のいくつぶんっていうこと説明したあとに教室見たんですけど、あんまり反応がなくて、みんなわかってないのかなと思って。でも対処法がどうすればいいかわかんなくて、もう黒板に6分の1のいくつぶんって書くしかなかった。

ではなく、子ども全員を隈なく見ようとしている点にある。本時で扱う問題を全員で読む場面（02 分 00 秒）において、「全員読んでるかみてました。全体みてる感じでいたんですけど（後略）」と述べるように、可能な限り多くの子どもの思考に寄り添い、それを見ようと心がけている。しかしながら、子どもとの関係を作り始めて間もない教育実習生にとって、「子どもをみる」ことは意識できたとしても、子どもを手がかりとして授業状況を価値判断することは難しい。そのため、たとえ「みえた」としても対処法がわからずに立ち止まることもある。授業の山場にあたる展開場面（26 分 30 秒）の視線とその意図をみていこう（表 5-4-6）。この場面では、想定していた反応が子どもから出てこないという状況に直面し、何とかしようと考えたものの、対処方法がわからず、計画通りに遂行するという意思決定を行っている。

4. 熟達教師と教育実習生の「みえ」の比較からわかること

熟達教師 M と教育実習生 K の視線傾向を比較してみよう（表 5-4-7）。両者間で 10% 以上差がある項目に着目すると、実習生 K の方が視線を向けた

回数の多い項目は「⑤子ども（発表者）」と「⑥子ども（発表者以外）」、教師 M の方が多い項目は「④子ども集団（複数の抽出児）」と「⑧メディア（黒板）」であった。

　教師と実習生の 2 名を対象とした比較調査だけで、双方の「みえ」の良否を検討することはできないが、「④子ども集団（複数の抽出児）」の項目について、教師 M が最も多い 25 回、実習生 K が 0 回という結果は、教師の成長や発達を考える際の鍵になると思われる。生田（2012）が、「『みる』というのはある意図をもってある枠組みをもってみるのであるのに対して、『みえる』というのは、そのように見えてしまう、to be、の状態なのである」と指摘するように、実習生にとっては、見ようとしても「みえない」あるいは「みえにくい」視点なのかもしれない。

　この背景には何があるのだろうか。各場面における視線配布の意図を読み解くと、教師 M と実習生 K の違いがわかる。それは、教師 M は「能動的なみえ」が多く、実習生 K は「受動的なみえ」が多い点である。つまり、教師 M は「できるだけ算数が得意だという子ども以外に発言をさせたかった意図から、18 番、17 番のあたりを確認して回ってきました。（3 分 00 秒）」「今、こんなに段階を踏んでやっているところを、26 番、4 番、20 番の子

表 5-4-7　熟達教師 M と教育実習生 K の視線傾向の比較（%）

視線項目＼授業者	熟達教師 M	教育実習生 K
①子ども全員	19.2（19）	21.5（20）
②子ども集団（発表者以外）	4.0（ 4）	6.5（ 6）
③子ども集団（小グループ）	9.1（ 9）	6.5（ 6）
④子ども集団（複数の抽出児）	25.3（25）	0.0（ 0）
⑤子ども（発表者）	6.1（ 6）	20.4（19）
⑥子ども（発表者以外）	10.1（10）	33.3（31）
⑦メディア（教材）	0.0（ 0）	2.2（ 2）
⑧メディア（黒板）	19.2（19）	8.6（ 8）
⑨その他（掲示物・時計）	5.1（ 5）	0.0（ 0）
⑩視点なし（焦点定まらず）	2.0（ 2）	1.1（ 1）
計	100.1（99）	100.1（93）

もは、どんなふうな表情で見てるのかな。いつ出てくるんだろう、この人たちと思って待って全体を見ています。(17分30秒)」「この3番を中心に、3番、9番、あと10番、このあたりがどんな表情で説明聞いてるんだろう。どこまでわかってるのかなと思いながら見てます。(25分00秒)」というように、場面ごとに視線を向ける子どもを選んで見ている。それは、先程述べたように、授業の難易度やペースなどを確認する上で、カギを握る子どもが大まかに決まっており、場面に応じて子どもたちを見ることにより、授業の進め方をコントロールしているからであろう。

一方、実習生Kは、「全体的にばって見る感じだった。(5分30秒)」「この子がクラス全体に先生みたいな感じで説明するんですけど、それを見てました。(7分00秒)」「みんなやりたいみたいな感じになって、じゃあ、誰かにやってもらおうと思って、全体手いっぱい挙がったのを見て。(28分00秒)」というように、教室に生起したことを受動的に認知している場合が多かった。

本章の第1節および本節で述べてきたように、教師の「みえ」は、これまでも多様な研究が行われてきた。しかし、それらの多くは授業観察者としての「みえ」を対象としてきた。また、教師の授業の「みかた」に差があることは示されてきたが、「その場を見ていない」のか、「見ているけれど気づいていない」のか、「見ているけれど違う解釈をしているのか」は解明されていなかった。授業者にウェアラブルカメラを装着してもらい、その映像をふまえて視線とその意図を調査したことにより、熟達教師と教育実習生の「みえ」の違いや特性を明らかにすることができた。

5. 教師の「みえ」を育むために

多くの校内授業研究や研修に携わる中で、同じ授業を見たとしても、教師によって「みえ方」が大きく異なることを実感してきた。教師によって「みえ方」が違うのであれば、事後検討会でいくら検討しようとも、また熟達教師がいかに課題を指摘しようとも、力量向上や授業改善につながりにくい。教師の「みえ」をいかに教師や教師集団の力量向上につなげていくかが今後の課題と言えよう。

教師が「みえる」力を培う機会は、学校現場での実践経験に加え、教員養

成では事前・事後指導や教育方法等の教職科目、現職研修では校内授業研究や初任者研修等が相当する。しかし、伝統芸能やスポーツにおけるわざの伝承過程を研究している生田（2011）が、熟達者のわざは意図的な教授によって伝達することは難しく、卓越者が到達した状態についての「感覚の共有」が重要であると指摘するように、教師の「みえ」を講義や研修で育むことは難しい。

　日本の学校で受け継がれてきた校内授業研究は、明治時代から140年以上にわたって、学校という場で教師同士が語り合うことにより創り上げられ、「みえ」を初めとするわざの継承に寄与してきた。教師は、「子どもたちがいかに学ぶか」についての知識を、意識的・無意識的に関わらずもっている。そういった個々の教師の授業や子どもの「みえ」に着目し、その背後にある教師自身の枠組みや子どもとの関係性を物語ることによって、自らの教育観や子ども観の再構築が促されてきた。

　こうした教師同士の教え合いや学び合いに、世界中の研究者や実践者から注目が集まり、現在はLesson Studyと呼ばれて世界各国で実践されるようになった。しかしながら本家の日本では、校内授業研究が重視されているものの、多忙化や義務化によって、会そのものが形骸化してしまっている学校も少なくない。長きにわたって受け継がれてきた日本の教師の学びの取り戻しが期待される。とはいえ、校内授業研究を数多く行えば、熟達教師の知が伝わるかというと、そう単純なことではない。熟達教師、初任教師、教育実習生等の「授業のみえ」を可視化するとともに、相互に共感・共有し、擦り合わせるような新しい形の教師教育の方法論を開発していくことが求められる。
〈姫野完治・細川和仁〉

第5節　授業観察者の「みえ」を授業改善に生かす

1. はじめに

　文部科学省が平成29年3月に告示した学習指導要領の総則には、「主体的・対話的で深い学びの実現に向けた授業改善を通して資質・能力を育む効果的な指導ができるようにすること。」という一文が新たに加えられている。学習者それぞれの学習目標に従ってその達成を支援する学びを設計するためには、我が国がこれまでに歴史を積み重ねてきた授業研究の価値を改めて見直し、日常的な教育実践研究の蓄積が重要である。しかしながら、脇本・堀田(2016)が指摘するように、教師が日常的に十分な時間を割いて深い省察を頻繁に行うことによって技術を高めることは容易でない。また、多数のベテラン教師の退職に伴い、授業を設計したり研究したりするための技術について、経験年数の短い教師へ継承することも困難である。このようなことから、従来から提案されてきた技術伝承の手法や授業研究の手続きを、そのまま適用することが困難な場合が予測できる。

　そのため、新たな授業研究のアプローチが必要とされる可能性が考えられる。例えば、多忙なベテラン教師や先輩教師による経験年数が短い教師への直接的な指導が期待できない場合は、限られた時間の範囲内で授業を多角的に観察することで彼らの技術を学び取ったり、生徒の学習状況を適切に解釈したりしながら、教師が主体的に学ぶことがより必要とされるであろう。

　本節では、この「学習状況を適切に解釈する力」を「みえ」ということばで表現する。そして、経験年数の短い教師でも自らの「みえ」を対象化でき、時間を有効に使いながら日常的に取り組み続けることができる、新たな授業研究の方法について、現在(2018年)までに試行中のアプローチ事例を3つ取り上げながら検討することとする。一つめは、複数人数で一つの授業を開発する際に、授業を担当する教師と、その授業の開発に関わった他の教師(以下、協同開発者と表記する)双方の「みえ」を生かした授業改善に関する事例である。二つめは、校内研修の公開授業を観察する場合のように、観察対象となる授業の内容を専門としない(他の教科を担当している)教師を

含めた観察者の「みえ」を生かした授業改善の事例である。三つめは、授業改善に影響を与える観察者の「みえ」の質を高めるための方法を試行したものである。以下、三つの事例から「みえ」と授業改善の関係を考察する。

2. 事例1：授業担当教師と協同開発者の「みえ」を生かした授業改善

　先述したように、平成29年3月告示の学習指導要領では、「主体的・対話的で深い学びの実現に向けた授業改善」が期待されているが、学習活動を中心とした学習を設計するためには、試行しながら設計を改良し続ける必要があり、その試行と改良を教職経験が十分でない教師が単独で行うことは困難であると考えられる。そこで、大学での教職経験年数が（2014年当時）5年目であった筆者は、4年目の教師が担当する教職科目の協同開発者として一定期間参加し、その改良プロセスを支援する中で、教職経験が短い教師同士が協同してとりくむことができる授業研究の方法を追求した。その際に、授業中に授業担当教師と協同開発者（筆者）ができるだけ学生の学習状況を観察できるように授業を設計し、授業中に授業担当教師や協同開発者が気になった言動やその解釈、そしてその後の展開の予測（以下「授業認知」と表記する）を共有し、さらに改善のための協議を同時に行うことができるようにすることを目指した。

　協同開発を行った授業は、情報科の教員免許の取得を目指す学生のための教職科目である。全15回の授業の内、お互いが授業中に認知したことを共有しながら授業を改善したのは7回である（表5-5-1）。なお、協同開発者である筆者はこの科目の領域を専門としていない。

　授業認知を授業中に共有する際には、タブレットにインストールしたインスタントメッセンジャーアプリのチャット機能（図5-5-1）を用いることにした。その結果、交流した通信内容と回数は表5-5-2の通りである。

　両者が数回の授業でお互いの授業認知を即時的に交流し続ける中で、双方に異なる学びが生じていたことが確認できた（表5-5-3）。例えば、授業担当教師が目指していた状態を協同開発者が確認し、その上で、学生の学習状況について授業担当教師と異なる見解を根拠とともに示したことにより、授業担当教師が学習状況を捉え直し、その場で対応しようとする様子が確認でき

表 5-5-1　協同開発した授業のスケジュール

週	タイトル
1	オリエンテーション（自分の学習目標を設定する）
2	職業から考える情報に関する能力
3	共通教科情報科における学習内容（社会と情報）
4	共通教科情報科における学習内容（社会と情報／情報の科学）
5	共通教科情報科における学習内容（情報の科学）
6	学習内容の整理とテーマ設定
7	教科情報科における教材開発（1）教材の作成
⑧	教科情報科における教材開発（2）教材の作成
⑨	第1回教材の発表と相互評価
⑩	学習の振り返りと教材の修正、テーマの決定
⑪	教科情報科における教材開発（3）教材の作成
⑫	教科情報科における教材開発（4）教材の作成
⑬	第2回教材の発表と相互評価
⑭	教材開発過程の振り返り
15	学習の振り返り

（数字に丸印がついている実施週は授業中に情報共有しながら授業改善を行った）

表 5-5-2　交流した通信内容と回数

週	投稿数	文字数／1投稿	画像数
8	155	14.30	7
9	256	16.71	11
10	209	13.57	22
11	337	14.99	31
12	251	13.55	21
13	273	13.83	20
14	292	12.16	7
平均	253.29	14.17	17

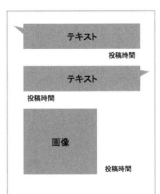

図 5-5-1　アプリの画面イメージ

表 5-5-3　授業担当教師と協同開発者の学び

	学習前	学習後
授業担当教師の解釈	学生がクイズ教材を作成し、出題し合う中で用語を説明できるようになる。	学生がクイズ教材を作成して、その解答例を検討することで用語を説明できるようになる。
協同開発者の行為	授業担当教師の設計意図を確かめないまま提案する。（第9週目）	授業担当教師の設計意図を確認したあとに、学習状況の見解とその根拠を提示する。（第12週目）

た。これによって、授業担当教師が自らの見解を見直すという学習が生じていると同時に、協同開発者が協議方略を見直すという学習も生じている。協同開発者は、以前にも授業担当教師と異なる見解を示していたことがあったが、その際、授業担当教師はその見解に納得していたわけではなく、迷いがある状態のまま意思決定をした（表5-5-4）。

　そのときの交流状況を確認すると、協同開発者が授業担当教師の指導意図

表 5-5-4　協同開発者の見解の提示方法と授業担当教師の意思決定の比較

納得した上での意思決定（第 12 週目）	迷いが生じたままの意思決定（第 9 週目）
17:17（授 - 解釈）A　意図は理解している〈しかしうまくいっているようにも思えない〉	17:32（協 - 提案）T さん（＝授業担当者）、本渡してあげては？
17:17（協 - 確認）「おれらが答えられたら」いいのか〈単語の説明ができたらよいのか〉	17:33（授 - 返答）本には載ってないです。
	17:33（協 - 予測）参考になるサイトなどは？学生 B が挑戦できると自信がつく。
17:19（授 - 返答）〈教材で扱う知識の〉活用方法〈を説明するとき〉は「さとしくん」〈＝ A チームがつくった架空のキャラクター〉を喩えて〈具体的な事例を取り上げながら〉回答	17:34（授 - 返答）ネットには転がっているので問題ないと思います。
	17:34（協 - 提案）具体的に参考になるものを教えてあげては？
17:20（協 - 解釈）そこにこだわっているようには感じられない〈意図を理解しているとは思えない〉	17:36（協 - 予測）これやったら学生 B さんにも任せられるというものがあると分担できそう。
17:22（協 - 解釈）〈今回の知識の活用方法を説明する方法が〉一問一答〈式〉じゃない場合〈なのだから〉、ここは〈＝このような答え方であれば〉セーフ〈＝合格〉、ここはアウトっていう基準が難しい？〈ということが学生には見えていないので意図を理解していないと判断〉	17:38（協 - 言動記録）〈授業担当者の意思決定－参考資料の配布〉T　パワポつなげる方法（渡す）
17:22（授 - 返答）確かにね〈＝納得〉	
（中略）	
17:26（協 - 言動記録）〈授業担当者の意思決定－発問〉〈「どういう説明だったらアウトでどういう説明だったらセーフか」	

※（授）授業担当者による投稿、（協）協同開発者による投稿、
A＝A チーム、B＝B チーム、〈　〉補足、一重線:見解が分かれているところ、二重線:意図、波線:提案・解釈・予測

を確かめることなく、違和感の提示と提案を繰り返していたことがわかった。このような経験を経て、さらに交流を続けたところ、協同開発者は、授業担当教師の目指すところを確認してから、異なる見解を示すようになった。そこで、授業担当者がその見解に納得できた場合、両者が合意した現象の解釈が共有財産（協同の知）となり、これに基づいて授業が再設計される（図5-5-2）。

このように、授業担当教師と協同開発者の授業中における「みえ」の共有は、双方の学びを促し、授業改善に結びつけることができる。複数回継続的に協同で授業観察を行う中で、授業中に同じ事象に対するそれぞれの異なる見解を適切な形で共有できるようになったことで生じた学びであり、これを誘発する環境づくりが重要である。

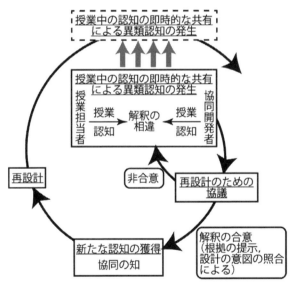

図 5-5-2　授業認知情報の即時的共有による学びの循環

3. 事例2：専門外の授業観察者の「みえ」を生かした授業改善

　先述した方法は、授業担当教師と協同開発者とがお互いの「みえ」を即時的に共有し、それらを授業改善に生かす方法であったが、数年間ともに協同開発を行ってきた関係であり、授業をじっくり観察することができるように授業を設計した上での実践であった。実際に、他者が担当する授業を観察するという場合の多くは、事前の設計には携わらずに観察し、その後協議する中で授業を改善するということも少なくはない。また、その観察対象となる授業の教科が、観察者が専門とする分野ではないことも考えられる。さらに、学習活動を中心とした授業の場合、教師や学習者が自由に動くことが可能である上に、学習者の声や作業音もあり教師の机間指導の内容を捉えることが難しい。以上のような場合は、授業を観察している中で、学習成果の到達度を捉えることや、学習状況の解釈をその場で行うことが困難であると考えられる。そこで、筆者は初対面で、筆者が専門としない教科を担当する中学校のベテラン教師にウェアラブルカメラ（頭部に装着可能なマイク付小型カメラ）を装着してもらい、授業を観察することを試行した。姫野（2017）は、教師の経時的な視線傾向とその意図が分析できるため、第三者が撮影した映像記録ではなく、教師自身の視線を捉えるウェアラブルカメラを用いた記録を用いて分析した。姫野の場合は、授業担当者自身のリフレクションにおいてウェアラブルカメラを用いているが、本研究では観察者が授業担当教師の指導意図を理解し、その上で学習状況を解釈するために用いた。

　授業担当教師の同時刻の机間指導場面について、ウェアラブルカメラと、通常のハンディカムの画像を比較すると（写真5-5-1）、ウェアラブルカメラによる情報は、作品のどの部分を製作している時にどのようなつまずきが起こり、どのように対応するべきかが明らかである。さらに、カメラに付属したマイクが集音しているため、生徒の質問内容や発問への回答、そして授業担当教師の助言などを聞き取ることができる。

　観察者（筆者）が解釈した学習状況の一例を、表5-5-5に記載する。通常のハンディカムでも観察可能なもの（以下【全カメ】と記す）と、ウェアラブルカメラで獲得した情報（以下【ウェアラブル】と記す）を含めながら解釈した学習状況を、シーン2を取り上げて具体的に説明する。授業担当教師

通常のハンディカメラ（全体カメラ）	ウェアラブルカメラ

写真 5-5-1　全体カメラとウェアラブルカメラの画像の比較

は数名の生徒のノコギリの角度を見て「もっと（ノコギリを）ねかせろ」と助言する【ウェアラブル】。そして、他の生徒の状態を見ると、多くの生徒のノコギリの角度が不適切であることに気づき、全体に向かって「もっとねかせろ！」と呼びかける【全カメ】。さらに、既に助言した生徒が再び不適切な角度でノコギリを利用しているのを確認し、実演しながら再度助言する【ウェアラブル】。

　この状況から、助言が浸透していないことや、ノコギリの角度を学ぶ上で視覚的な情報が必要であることが読み取れる。とくに、ノコギリの角度の視覚的な情報については、技術科を専門としない観察者にとっても、授業担当教師が生徒に求める技術的な到達レベルを理解する上で重要な情報であり、ウェアラブルカメラでなければ、記録が難しい情報であった。以上のような学習状況の解釈に基づいて、授業担当教師に対して授業改善案を提案したところ、授業担当教師は学習手順を視覚的に参照でき、作業後に各過程のポイントを思い出してメモすることができるワークシートを作成し、授業で採用した。新たに追加したワークシートにより、指導内容がどれだけ定着しているかということや、指導内容について生徒がどのように捉えているのかを把握することができるようにするとともに、生徒が自身の理解度を確認したり、知識の再構築を図ったりすることができるようになることを目指した。

　本事例と一つめの事例との共通点は、観察者は観察対象である授業の教科内容について十分な知識を備えていなかったことであり、異なる点は、観察

表 5-5-5　観察者が解釈した学習状況

実施回	着目事象	全体カメラの情報	ウェアラブルカメラからの情報	学習上の課題	提案例
シーン1	1,2,3	機械待ちの行列	機械待ちの行列ができている。	T「別の作業ないのか」 S「やることない」	全体の作業の見通しがもてていない。	・手順が視覚的に参照できて、各過程で他者から得たアドバイスやポイントをメモするワークシートを用意する。 ・技術的なつまずきの典型例について原因分析を行う学習活動を入れる。
シーン2	1,2	ノコギリの構え方	全体に声かけ「もっとねかせろ」と呼びかける。	・複数の生徒が同じ注意を受ける。 ・同じ生徒が複数回注意を受ける。 ・「ねかせる」がわからない生徒のために実演する。	アドバイスが浸透していない、視覚的に参考にできる情報の欠如。	
シーン3	3	板の間の隙間	教員による机間指導が行われている。	T「くぎが斜めになるのはなぜだろう？」 T「そう、きりの最初の穴がおかしい。きりからやりなおしたら」	開けた穴がまっすぐかどうかわからない、まっすぐ開ける方法がわからない。	

者と授業担当教師とが時間をかけて関係性を構築してきていないということである。このような条件であったとしても、観察者は授業中の生徒の学習状況を捉え、それに基づく改善案を提案することができることがわかった。また、そのためには、本事例で試行したように、観察対象となる授業の領域を専門としない観察者であっても、授業担当教師が生徒に求める到達度レベルや学習上のつまずきを把握できる方法が重要である。しかしながら、授業内容とは異なる領域を専門とする観察者は、観察中に確認した到達度レベルや学習上のつまずきを、教科内容の系統から位置づけることはできないため、改善が必要だと認知した事柄について優先順位を定めることができにくいという点が、この方法の限界である。この点を補うために、最終的に解釈したことを授業担当教師に確認しながら改善案を作成する必要がある。

4. 事例3：授業観察者の「みえ」を鍛えるチーム演習

　以上の方法は、授業担当教師と観察者という組み合わせにおいて、それぞれの「みえ」を生かしながら授業を改善する方法であった。本項では、さらに様々な視点から捉えた「みえ」を生かしながら、観察者の「みえ」の質をどのように高めるかについて、具体的事例を用いながら検討したい。

　多様な視点の「みえ」を共有するために、まず各メンバーに異なる視点と役割が与えられる観察チームを構成し、各々の授業認知を即時的に共有しながら協議できるような授業研究方法を試行し、これにより観察者の認知にどのような変容があるかを分析した。観察者には、教員養成大学の技術科を専

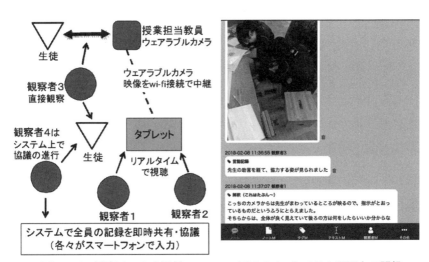

図 5-5-3　観察チームの関係　　　図 5-5-4　システム画面上の記録

表 5-5-6　4回の授業観察のスケジュールと観察者の役割

回	「授業内容」、道具	学生A	学生B	学生C	学生D	学生E
1	「切断」、のこぎり	観察者4	観察者1	観察者2	観察者3	
2	「材料加工」、ベルトサンダー、きり	観察者3		観察者1	観察者4	観察者2
3	「組み立て」、げんのう	観察者2	観察者3	観察者4		観察者1
4	「塗装」	観察者1	観察者4		観察者2	観察者3

※　学生A、C、D、Eは教職大学院生，学生Bは修士課程の院生

門としない大学院生5人（教職大学院生4名と修士課程の院生1名）の協力を得た。1回の授業につき4人が観察チーム（図5-5-3、表5-5-6）を組んで観察に参加し、各々のスマートフォンを用いて授業記録をとり、記録を共有するシステムを利用した（図5-5-4）。これによって、他のメンバーと記録を共有しながら即時的に協議を進めることができるようにした。また、教職経験を25年持つ授業者による中等教育学校1年生の技術科の全4回の授業を対象とした。具体的には、ノコギリやげんのう、きりやかんな、ベルトサンダー等を用いた木工の授業を観察した（表5-5-6）。他の視点から得られた情報や他の観察者との協議を踏まえながら観察し続ける中で、観察者にどのような変容が確認できるのかに注目した。

その結果、授業中における観察者自身の解釈の捉え直しが生じていたことを確認できた。

具体的には、次の2種類を挙げることができる。

・他の視点から捉えた学習状況の解釈との違いを、授業中の他者の指摘により認知し、自分が担当する観察視点から見えるものについてメタ的に捉え直す（表5-5-7）。
・自分自身の書き込みを捉え直し、違った角度からの解釈を再投稿する（表5-5-8）。

また、数回に渡って異なる視点から観察を続けることにより、同一観察者の解釈の方法の変容が確認できた。例えば、学生Cは、第2回目まで観察者1・2（授業者目線）から観察を行ってきており、授業者の指導の意図に注目していた。その際、授業者の指導の意図の問い方が「〜は何か？」という形で指導意図そのものを問うていたが、第3回目に観察者4として全体的な視点をもって観察する中では、生徒の学習状態を考慮しながら「……なのは＊＊だからかもしれない」と言ったように、指導意図を推測する形での投稿がみられ、指導意図の捉え方の変化を確認できた（表5-5-9）。

以上のように、複数回の観察の中でさまざまな観察の視点を体験したり、1回の観察の中で異なる視点からの多様な見解を共有し協議したりしながら授業観察を続けることにより、観察者が自らの「みえ」を捉え直すことができるようになる。このような観察手法は、観察者の「みえ」の質的向上を目

表 5-5-7 （第2回）3者間の協議による授業認知の捉え直し

【学生A　観察者3】11:29:29 仕上がりのポイントを確認している生徒がいますが、直角でなかった場合どうしたらよいのかの説明がなかったからか、そのあと迷っている様子でした。	異なる見解
【学生C　観察者1】11:30:50 何をすればいいのかわかっている生徒が多く、作業が進んでいるように見えます。先生も「何悩んでるの？」と声をかけ、支援をしている様子が見えます。	
【学生D　観察者4】11:32:27 観察者3、1の意見に少し違いがあると思います。	違いの指摘
【学生C　観察者1】11:37:07 こっちのカメラからは先生がまわっているところが映るので、指示がとおっているものだというふうにとらえました。そちらからは、全体が良く見えていて後ろの方は何をしたらいいかわからない生徒もいるのですね……。	捉え直し

表 5-5-8 （第1回）自分自身の授業認知の捉え直し

【学生D　観察者3】12:11:08 紙を書かせるなら道具を先に直したほうがいいのでは。	同じ見解
【学生B　観察者1】12:12:25 安全面をふまえても先に片づけをした方がいいように思います。	
【学生B　観察者1】12:14:27 片付けを後回しにしているのは道具や材料を見ながら本時の振り返りをし、まとめをさせるねらいがあるのでしょうか。	捉え直し

表 5-5-9　学生Cの複数回にわたる観察における授業認知の変化

第2回　役割：観察者1	第3回　役割：観察者4
（11:41:35）先生が「気にしている子」「気になる子」の基準は何なのか。机間巡視で声をかける基準。	（11:36:30）穴を開ける生徒と穴を開けない生徒がいるようです。だから［きりの使い方について］全体の指導はしないのかもしれないですね。

※［　］内は筆者補足

的とした方法の一つとして位置づけることができる。

5. おわりに

　本節では、試行事例を3つ取り上げながら、学生や経験年数の短い教師でも時間を有効に使いながら日常的に取り組み続けることができる新たな授業

研究の方法の開発を検討した。これらの共通点は、「みえ」を生かした授業改善では授業観察者の成長が重要であり、それを促す用具や環境（人的環境を含む）が必要である、ということである。人的環境については、観察者と授業担当教師との関係性が重要だという指摘が想定できるが、本節の事例の場合は、その関係性は単純に年月を重ねて蓄積されるもの、という結論にはならなかった。

　吉崎（2016）は、授業を観察するときの立ち位置に着目し、さまざまな立ち位置から行う授業研究の特徴について整理している。その際に、授業を担当する教師自身による一人称としての授業研究、その支援者（例えば協同開発者など）による二人称としての授業研究、第三者が参与観察する場合の三人称としての授業研究と、それぞれの視点を区分している。本節の事例に当てはめると、一つめの事例は一人称と二人称、二つめと三つめの事例は三人称としての授業研究になる。一般的には、一人称もしくは二人称の授業研究の場合のほうが、授業担当教師が納得できる授業改善ができるのではないかと思われるが、二つめの事例の結論では三人称の授業研究の場合であっても、授業担当教師が納得した上で授業改善を行うことが可能であった。さらに一つめの事例のように、一人称もしくは二人称の授業研究であっても、観察者が示す授業改善案に授業担当教師が納得できる場合とそうでない場合とがあることからわかるように、授業担当教師が納得できる改善案を得るためには、観察者が授業を観察する中で学ぶことが必須となる。そのためには、授業担当教師の一人称的な視点からみた情報を得ることが有効であり、二つめの事例で例示した試行はその方法の一つとして提案できる。授業を解釈する力を高めるにあたっては、一つの授業を様々な角度から捉えた情報を共有しながら観察することが重要であり、三つめの事例での試行はその方法の一つとして提案できる。　　　　　　　　　　　　　　　　〈古田紫帆〉

第6章 「授業づくり」を科学する

第1節　教師のわざと「授業づくり」

　授業づくりは、実際に当該授業を実践する以前に、授業の目標を定め、教材を開発し、多様な学習者の反応を予測しつつ、教授学習過程を「設計」する活動のことを意味している。この活動について西之園は「教材内容、学習環境、教師の行動などによってもたらされる効果を予測しながら、自らの教授行動を立案していくこと、すなわち仮説を形成していくことでもある。」と述べている（西之園 1981）。従って、授業づくりにおいて教師は、設計時点から未来の授業の様子を予測し、時間・空間など様々な制約を考慮した上で、目標達成に向けた質の高い学習を提供するための多様な仮説を形成・選択する活動を展開することになる。

　クラークとピーターソンは、教師の様々な計画立案活動（Teacher Planning）に関する研究のレビューを行っている（Clark and Peterson 1984）。

　表6-1-1の各研究の「主要な知見」を概観すると、教師の計画立案活動の特徴は、第一に「週間、一日、単元、長期、授業、短期、年間、学期、8種類の計画立案」「年間、学期、単元、週間、一日、5種類の計画立案」など、長期にわたる計画が階層的に作成されている点にある。学校の研究課題、学年団の中での自分の役割、当該年度のカリキュラム、担当する学級や学習者の特性、学習者の成長や学級の出来事などを常に考慮できるよう、長期－中期－短期の階層構造をもつ計画の中の一コマとして授業づくりが行われていると言える。

　そして第二の特徴は「ほとんどの授業は念頭で計画立案が行われ、紙面では行われない」「学習指導案の心的イメージが教師の行動をガイドしている」など、教師の内面の認知活動（念頭、心的イメージ）が重要な役割を演じて

表 6-1-1 教師の計画立案活動に関する研究のレビュー（Clark and Peterson 1984）

研究者名	教科等		主要な知見
Clark and Elmore (1979)	すべて	1	年度当初の計画立案は、教室の物理環境と社会システムの確立に焦点化される。
Clark and Elmore (1981)	数学、理科、ライティング	1	年間指導計画の機能は、a) 年間カリキュラムを教師の知識と優先事項、唯一無二の教室状況に適合させること、b) 新しく担当するカリキュラムの構造と内容を事前に学ぶこと、c) 指導のための実践的なスケジュールを開発すること、である。
Clark and Yinger (1979b)	すべて	1	週間、一日、単元、長期、授業、短期、年間、学期、8種類の計画立案。
		2	最も重要な計画は、単元、週間、一日。
		3	指導計画の機能は、a) 計画者として直近のニーズを把握すること、b) 指導のための認知的・道具的な準備を行うこと、c) 教授過程の相互作用をガイドすること、である。
McCutcheon (1980)	すべて	1	ほとんどの教師は立案した計画を紙面に残さない。
		2	学習指導案の機能は、a) 管理職の要求があるため、b) 交代教師 (substitute teacher) に伝えること、である。
		3	長期間の計画立案は、スケジュールや何らかの中断による変更があるため、非生産的と考えられている。
Morine-Dershimer (1977)	リーディング、数学	1	ほとんどの授業は念頭で計画立案が行われ、紙面で行われない。
		2	典型的な計画は、話題のリストやアウトラインとして作成される。
Morine-Dershimer (1979)		1	定型的な指導では、学習指導案の心的な「イメージ」が教師の行動をガイドしている。
		2	教師の活動の流れが混乱しそうな場合には、学習指導案の対部分が断念される。
Smith and Sendelbech (1979)	理科	1	教師は教師用指導書にとても依存している。
		2	指導計画は教える単元の心的イメージを生み出す。
		3	指導中、教師は指導計画のこの心的イメージを想起し活用しようとする（紙面上は詳しくは書かれていないとしても）。
Yinger (1977)	すべて	1	年間、学期、単元、週間、一日、5種類の計画立案。
		2	「活動」は計画立案の基本単位であると同時に開始点である。
		3	ルーチンは教師と学習者双方の複雑さを単純化するために利用される。

いることである。先に述べたように、授業づくりの過程は、授業の設計図を作る過程とも言える。工学者である畑村は、設計活動における決定過程を他者に伝達可能な形で記述するための項目の検討を行っている（畑村 2002）。畑村による記述項目には設計後の項目も含まれているが、設計段階で記述する内容として次の4点を挙げることができる。①決定内容：どのような内容の決定を行ったのか、ひと口で言えばどのようなことか。②背景と動機：どのような周囲状況で考えたのか、決定したのか、そのような課題がなぜ提起されたのか。③要求機能と制約条件：どのような機能、仕様が求められたのか、

その決定を行うときに自覚していた制約条件は何か、そのときは自覚しなかったが、後からわかった制約条件は何であったか。④考えの道筋と迷い：課題（考えの始点）から結果（終点）までどのような事柄について考えたのかの道筋を示すとともに、一つずつのことがらを決めるに際しどのような選択肢があり、その選択でどのように迷い、最後にどれを採ったか。

　現在の学習指導案は、目標、児童生徒の実態、教材観、評価規準、単元計画などの項目が記載される。その内容には、様々な教師独自の工夫が記述されているものの、上記の畑村による項目の1と2の一部に限定されている。そのため学習指導案は、授業づくりの過程における教師の内面の認知活動・心的イメージを理解するためには極めて不十分な情報と言える。

　このように、教師が授業づくりとして行う計画立案活動で主な力を発揮するのは、教師自身がもつ認知活動・心的イメージである。教師の授業づくりに影響を及ぼすものとして、ICT環境の利用、担当する児童生徒の変容、学習内容の更新など様々な外的変化が常に存在することを考慮すれば、教師には、状況に応じて多様な仮説を生成できる柔軟な認知活動が可能な心的イメージの形成が求められると言えるだろう。

　本章では、教師が授業づくり（授業設計）する際に、どのような過程が存在するのか、そして、どのような認知活動や心的イメージが影響するのか、などについて検討していくことにする。　　　　　　　　　　〈益子典文〉

第2節 「授業づくり」のわざに関する研究

1.「授業づくり」における思考と教師のわざ

　前節で述べられているように、「授業づくり」とは当該授業を実施する以前の「設計」や「計画立案」の活動であり[1]、そこでは必然的に「予想」「推測」「想定」「仮説形成」などといった種類の思考が必要とされる。また、授業が、相互に関係し合う様々な要素から成り立っていることはいうまでもない。これらのことから、「授業づくり（授業設計）」とは、授業を構成する多様な要素とそれらの有機的な関係について、内的表象レベルでの形式的・論理的操作が求められる複雑で高度な思考活動であるといえる。また、授業設計は、対象となる学習内容（教材）によって規定される部分も大きいため、「一般解」を求めるというより、その都度の諸条件に対応する「特殊解」を求めるようなイメージが相応する。そのような、複雑で高度な思考活動であり、一般解としての正解を示しがたい「授業づくり（授業設計）」という行為において見られる教師のわざとはどのようなものだろうか。

　「授業づくり」に関する研究としては、子どもたちの学力面あるいは情意面への効果をねらって新たな指導法や学習活動を考案・実践し、その検証を行ったというようなものは枚挙にいとまがない。そこでは、学習者の認知プロセスに焦点が当てられ、それを踏まえた指導法や学習活動が実証的検討を経て提案されている。それに対し、「授業づくりのわざ」に関する研究となれば、授業をつくる主体であり、そのわざを実践する教師の側の思考や認知プロセスの検討が主たるテーマとなるだろうが、わが国では、教師の思考や認知プロセスについての研究は授業の実施・展開中に関するものが多く、授業づくり（授業設計）の段階を対象としたものはそれに比べて限られているように思われる。したがって、教師はどのような過程により授業を設計しているのか、その中でわざはどのように発揮されるのか、それらに関わる教師の認知プロセスはどのようなものかといった点について、十分な知見が蓄積されているわけではない。

　そこで、本節では、現職教師が自らの授業の改善・開発を目的に取り組ん

だ2つの実践研究を事例として取り上げ、そこで行われた授業づくり（授業設計）の過程を対象に、教師のわざについて検討する。そして最後に、それを支える教師の認知の特徴について考察を加える。

2. 事例1：学習者用ルーブリックを活用した授業づくり

中学校社会科教員である川上（2004）は、「社会的思考・判断」の観点[2]に関する学習者用ルーブリックを作成・活用した授業を行った。「社会的思考・判断」は、生徒にとっては「何ができるようになればよいのか」という学習目標の認識が難しい観点である。そこで、ルーブリックを用いた自己評価活動を学習過程に組み込むことで目標の認識を促し、社会的思考・判断力の育成を図ろうと考えた。なお、教師の間でも「社会的思考・判断」の評価は容易ではなく、指針になるものが求められていたことから、ルーブリックの作成は教師側の問題を解決する手段とも考えられた。

(1) パフォーマンス課題の作成過程

ルーブリックの作成のためには「パフォーマンス課題」が必要となる。その作成にあたり、川上（2004）は、定められた学習目標と自分が持っている生徒のイメージから、目標が達成されたときに生徒に現れると想定されるパフォーマンスを抽出することから始め、次に、それを発現させるための課題の具体を考える、というプロセスをたどっている。公民的分野の授業を念頭に開発したパフォーマンス課題は、現実社会で問題となっている場面や情報を提示し、問題点の指摘やその事実に対する意見、解決案などを文章記述で求めるものであった。

(2) 学習者用ルーブリックの作成過程

ルーブリックは、先に教師用（表6-2-1）を作成し[3]、それをもとに学習者用のものを再構成した。その際は、生徒に学習目標を明示するという機能に重点を置き、次のような工夫がなされた。

①教師用ルーブリックに盛り込まれた学習目標のイメージが、生徒に具体的なイメージとして受け渡されるようにするため、学習者用ルーブリックで用いることばは生徒のパフォーマンス（記述）をもとに決定し、難解にならないようにした。

表 6-2-1　教師用ルーブリックの一部（川上 2004 を一部改変）

レベル	記述語	アンカー	評価
5	社会科の学習内容を完ぺきに使いこなすことができる。 ●与えられた問題状況の様々な場面を自らの経験に基づいたことばで十分に表現し、しかも、その問題状況に対して様々な場面を総合し、多くの立場の人間が納得できる対策や、明らかな自己の意思決定を、学習した用語を積極的かつ適切に用いて行うことができる。	（略）	
4	社会科の学習内容を活用して意思を述べることができる。 ●問題状況の理解 与えられた問題状況に相当する特定の場面を、自らの生活経験になぞらえたことばで比較的詳しく述べることができる。または、その特定の場面を学習活動や学習内容に基づいたことばや用語で述べることができる。 ●問題状況への対応 多くの立場の人間の納得、または同様な経験や立場を持つ人間の共感が得られる対策や自己の態度の表明を、学習した用語の一部もしくはそれに相当することばを用いて、具体例を示したり、因果関係を示したりする表現を用いて述べることができる。	（略）	A

（以下、略）

②学習に見通しをもたせつつも、生徒の思考・判断の発展性を阻害するものとはならないようにするため、ルーブリック中の例示は、記述のポイントとなる一部分のみを示すようにした。

③パフォーマンスを採点するだけのツールにならないよう、レベルを表す表示は避けた。

④記憶にとどめやすいものとするために、生徒に身につけさせたいパフォーマンスに対し、教師用ルーブリックを作成する過程で現れたキーワードに基づき4つの観点を定め、簡潔な見出し語（「場合」「経験」「知識」「意思・行動」）として提示した。

以上より、教師用とは全く異なる図 6-2-1 のような学習者用ルーブリックが完成した。求める機能を優先した結果、ルーブリックの標準的な様式には従っていない。なお、生徒に対しては『ガイドライン』という名称を用いた。

> 「ガイドライン」　君はどこまで達成できるか！　社会科の考える力
>
> 　社会科の学習では，みなさんが現実の社会生活を送るために，次の4つのようなポイントで，様々な問題に対し，じっくち考えることができることを目的としています。授業で考え，表現した言葉や文章を自分たちで評価してみよう。不足したポイントは，次回に挑戦！
>
> > 考えのポイント
> > 1 【　場　合　】
> > 「○○の人は……，△△の人は……」「○○のときは……，△△のときは……」
> > いろいろな人や場面について考えた上で応える。
> > （そう考えたことがわかる表現があればわかりやすい。）
> > 2 【　経　験　】
> > 「…自分で…をしてみて…」「…私が…をしたときに思った…から…
> > 自分のこれまでの経験（趣味，遊び，学習，手伝い，その他の家庭生活での体験）をもとに述べる。
> > 3 【　知　識　】
> > 「…1950年代後半から，生産・消費が急激に進み社会が豊かになり…」
> > 「…日本人が食べている食料の多くは，外国で生産されており…」
> > 学習で得た知識を正しく使う。
> >
> > 「1950年代後半から，高度経済成長が進み…」
> > 「…日本の食糧自給率は低くなっており…」
> > 学習で使った社会的用語を正しく使えばなお良い。
> > 4 【　意思・行動　】
> > 「…だから，自分は…が必要だと思う」「…なので，私は…をしたい」
> > 自分のはっきりとした考えや自分がとる態度・行動を述べる。
> > 具体的な理由とセットにして述べる。
>
> ポイント1～4のうち，いくつ達成したかを検討してみよう。
>
> （以下，好ましくない記述例などは略）

※実際に生徒に配布したものは，上記にイラストの挿入やレイアウトの工夫を施している。

図6-2-1　学習者用ルーブリック（川上2004を一部改変）

（3）単元および授業の設計

　単元の最初には、ルーブリックの活用法に関するガイダンスの時間を設けた。以後の授業では、毎時間の最後にその時間のまとめに相当するものとしてパフォーマンス課題を実施し、生徒には自分の記述をルーブリックにより自己評価するよう求めた。その際は、ルーブリックの内容や利用方法に関する生徒間の理解の差を埋めるため、グループ単位で実施することとした。また、各授業時間の開始時には、前時の自己評価を確認する時間を取った。さらに、学習者用ルーブリックの4つの見出し語を印字した大きめの用紙を前

方の黒板横に掲示し、学習目標の想起・共通理解を促した。
(4) 本事例にみられる教師のわざ
　まずは、パフォーマンス課題やルーブリックの作成過程で現れたわざがある。「命題として記述されている学習目標を、その目標が達成された時の生徒の行動として的確に想定し、記述ができること」、「その行動を引き出すのにふさわしい課題場面を構想・選択できること」、「教師用ルーブリックから学習者用ルーブリックへの再構成に見られたように、ねらいを実現するための教材開発ができること」などが挙げられる。
　次に、単元設計におけるわざがある。「学習者用ルーブリックという新規な教材やそれを使った学習方法に生徒がスムーズに適応できるよう、単元の最初にルーブリックの活用法についてのガイダンスの時間を設けたこと」、「学習目標の転移可能性を高める概念化と、学習方法としての定着を企図して、学習者用ルーブリックによる自己評価活動を単元の中で繰り返す設計としたこと」などが相当する。
　さらには、ルーブリックの利用に際してグループ単位で取り組ませたり、黒板に見出し語を掲示するなど、学習形態や学習環境面においても「生徒の実態に応じた細やかな手だてを講じていたこと」がある。一斉指導上の工夫と並行して、個人差へも配慮した方策を打っていたと言える。

3. 事例2：学習過程の外化に着目した授業づくり
　次に、概念地図法による思考力・表現力の育成をめざした西川（2008）の小学校社会科における実践を検討する。西川は、思考の内容やプロセスをできるかぎり「外化」し、自己モニタリングや他者モニタリングを通じて自分の知識構成や学習過程を評価することが思考力・表現力の育成に効果的ではないかと考えた。そこで、外化のツールとして概念地図を用い、知識の構造化による社会認識形成を図りながら、それを基盤とした思考力・表現力の向上を目指した授業づくりを、6年生の単元『全国統一への動き』（全5時間）を対象に行った。
(1) 授業や教材の設計方針と指導方略
　児童の学力や学習活動に関わる実態を踏まえ、授業展開や教材について検

討を行い、それらの設計方針や指導方略を次のように定めた。

①概念地図は自由に描かせるのではなく、単元や授業の目標に応じた構成となるよう、項目の階層関係を考えて描くことやリンクワードを意識して書くことなど、記述の条件を指導する。

②個人学習と全体学習の間に、グループで概念地図を媒介とした話し合いをする場面を設定し、見方・考え方を深められるような相互作用の展開、自分の考えを他者に説明することに対する苦手意識の軽減などを期待した。

③各自の概念地図は、単元を通して加筆・修正しながら継続して用いることとした。そのことで、児童に自分の知識構成や学習過程について継続的な自己モニタリングを促し、知識の構造化の促進や概念地図を使った学習方法の習得をねらった。

④学習目標に対する授業時数や授業形態上の制約、児童らの個人差等を考慮して、概念地図の作成にあたっては、学習問題に関するキー概念を設定し、それを中心に記述を行う定型のワークシートを用いることとした（図6-2-2）。

⑤学習方法の習得をねらい、独自の資料教材（『調べる学習（資料の活用の仕方）』学び方ガイド、『考える学習（概念地図の描き方）』学び方ガイド、『話

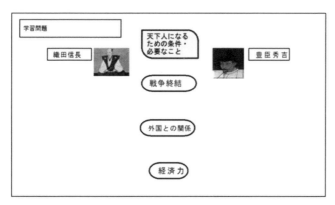

※中央のキー概念（戦争終結，外国との関係，経済力）の欄は，実際は空白で，児童が記入するようになっている。

図6-2-2　概念地図作成用ワークシート（略図）（西川 2008）

表6-2-2　単元『全国統一への動き』の単元計画（西川2008を一部改変）

時	過程	学習活動
1	学習問題把握	長篠の戦いの様子から、武士の戦い方が変わってきたことを読み取り、天下人になるための条件・要素（キー概念）を考え、学習問題「信長と秀吉、天下人にふさわしいのはどっち？」をつかむ。
2	個人学習	信長、秀吉の業績・政策を調べ、概念地図により天下人の条件・要素と関連させながら、それらの意図を考え、推薦文を書く。
3	グループ学習	前時の個人学習の成果（概念地図）を活用して、グループで話し合いを行い、2人の業績や政策と天下人の条件・要素とを関連させながら、その意図を考える。そして自分の考えを深めたり見直したりし、どちらかの推薦文を書く。
4	全体学習	前時のグループ学習の成果をもとに、全体で話し合いを行い、自分の考えを深めたり見直したりして再構成する。最終的な意志決定をし、推薦文を書く。
5	応用・まとめ	信長、秀吉の政策と家康の政策を比較しながら、家康の政治について考える。3人の武将が全国統一に果たした役割・意味を考える。

し合う学習（グループ学習の進め方）』学び方ガイド）を作成した。

(2)　単元計画

　上記を踏まえ、①目標分析により到達目標と学習問題を設定する、②単元全体の「知識の構造図」を作成することにより、児童に身につけさせたい「知識の構造」とキー概念を設定する、③以上をもとに具体的な単元計画を立案する、というプロセスで授業（単元）設計を行った（表6-2-2）。

(3)　本事例に見られる教師のわざ

　まず、教師のもつねらいの実現に向けたツール（概念地図）の使い方に関するわざがある。「各自の概念地図作成用ワークシートを、単元を通して加筆・修正しながら継続して用いることにより、自分の学習過程の継続的な自己モニタリングを児童が必然的に行う『しかけ』を組み込んだこと」、「他者との相互作用を通じた学習効果をねらい、概念地図を媒介としてグループで話し合う機会を設定したこと」、「その話し合いを効果的・効率的に行わせるために、キー概念を中心においたワークシートの様式を定型化したこと」が挙げられる。

　次に、教材研究におけるわざである。「『事象記述』『事象解釈』『時代解釈』

といった歴史的知識の質と構造に即して本単元の『知識の構造図』を作成し、教師自身が単元の全体像をしっかり捉えた上で、児童に身につけさせたい『知識の構造』を明確化したこと」、「児童の思考を焦点化し、概念地図の作成に有用であり、かつ今後の学習にも汎用可能なキー概念を設定したこと」がそれにあてはまる。

　また、単元設計のわざとしては、「単元の1時間目に児童とのやりとりからキー概念を引き出す構成にしたこと」、「他者との相互作用を通じて概念地図の作成が進むことにより、認知面はもとより、学習意欲や自信の高まりなど、児童の情意面への効果も考えた展開（個人学習→グループ学習→全体学習）としたこと」がある。

　さらには、学習方法の習得を目的としたガイド資料の作成、話し合い時の説明の仕方や推薦文の書き方への支援など、「児童の実態に即して、つまずきや苦手な部分を見越した手だてを講じていたこと」も挙げられる。

4. 授業づくりのわざを支える認知の特徴

　以上、授業づくりに関する二つの事例を挙げて、そこに見られる教師のわざの抽出を行った。ここでは、上記のようなわざを可能にする教師の認知の特徴としてどのようなことが考えられるかについて、一般にわざを持っていないと仮定される教員志望学生の状況を引き合いに出しながら、それとの対比を通して二つの点から考察を試みたい。

　一つは、授業設計の際に、学習者の視点からのイメージを形成する、すなわち「学習者になる」ということである。認知科学における「視点」研究では、仮想的自己を他者の内へ「派遣」して、その他者の視点を捉える（その他者の眼で世界を見る＝その他者になる）ことにより、イメージとして生成したその人物の「みえ」を媒介にして相手の状況や心情を共感的に理解すること（視点の内側の理解）が可能になるという考えが示されている（宮崎ほか1985）。この考えに基づけば、仮想的自己を子どもに派遣し、子どもの「みえ」を生成することで子どもの内側の理解が進み、授業づくりにおいて有効に作用することが想定される。川上ほか（2017）は「みえ」の生成による他者（子ども）理解方略の利用について、現職教師と教員志望学生との違いを探索的

に検討している。その結果、現職教師では子どもの「みえ」の生成によってその子の内面理解を図ろうとする方略利用が認められたのに対し、学生からは子どもの眼から世界がどのように見えているかを推測しようとする意識はほとんどうかがえなかった。大浦（2000）は、受け手が存在する専門領域では、熟達化に伴い、対象への働きかけに関する表象を形成する際に、受け手の視点に立つことができるようになると述べている。換言すれば、当該の実践を設計する際に、受け手のメンタルモデルを構築し、それを利用するということである（大浦 2002）。このことからも、授業づくりにおける教師のわざを支える認知プロセスとして、(比喩的表現ではなく)学習者の視点に立ち、「学習者になる」ことでその思考や心情をトレースする、という可能性のあることが考えられる。

　もう一つは、授業を構成する多様な要素について、その関係性を構造的に捉えている、ということである。学生が実習等で授業をする際に、進行の具体的なイメージを形成しようとして教師と子どもの想定発言を細かく記した細案を作成することがある。しかし、それによって記述通りの進行を子どもに無理強いするような展開となり、かえって授業が上手くいかなかったというケースによく遭遇する。それは細案が、時間軸に沿って台詞が並んでいる「台本」として機能することに原因があるのではないかと考えている。そこでは、「系列」が強調され、「構造」は見えがたい。しかしながら、授業づくりにおいて重要なのは多様な要素間の有機的な関係性、すなわち「構造」を捉えることであるため、「系列」だけを意識していても上手く運ばないことが考えられる。吉崎（1991）は、授業設計者としての教師に求められる力量として、「授業目標と教材と子どもとの関係を頭の中に描きながら、授業展開をシミュレートできる力量」と「本時と単元、さらには授業文節と本時との関係といったように複眼的視点から授業を捉えることができる力量」を挙げているが、いずれの力量においても「関係」を捉える重要性が示唆されている。学習目標の達成に向けて、種々の制約のもとで様々な要素を調和させながら組み合わせ、授業としての最適化を図るには、構成要素間の関係性を俯瞰的に構造化して認知していることが必要になると思われる。

　以上、授業づくりのわざを支える認知の特徴について考え得ることを二点

述べた。上述の二つの授業づくりの事例からも、それぞれの教師においてこのような認知が行われ、個々のわざにつながったと推察することは可能であるが、今後、授業づくりにおける教師の認知的機序について、より系統立てた実証的な検討の蓄積が求められる。 〈川上綾子〉

注
1) 授業中、教師が刻々と変化する状況に応じて臨機応変に教授学習過程を展開していく行為を「授業づくり」と呼ぶことも可能であるが、本節では授業実施前に行う設計活動としての「授業づくり」に焦点をあてて論じる。
2) 研究当時（2002〜2003年）に定められていた観点別学習状況の評価における観点である。
3) 教師用ルーブリックの作成過程については、川上ほか（2005）を参照されたい。

第3節　国語科の授業づくりと教師のわざ
　　——一人の国語科教師の歩みを事例に——

　教師の「わざ」とは、実践を通して課題を発見し、それを解決しながら自らの教育実践理論を作り続ける過程で得られるものであると考えている。この過程は、後述する「フレーム」による省察が関わる。筆者は、小学校教師として国語科授業の改善を求めてきた。本稿は、筆者自身が小学校での実践を振り返ることで、国語科教師の歩みの一事例として提示するものである。

1. これまでの国語科教師の専門性研究

　国語科教師の専門性に関する研究は大きくは二つに分けられる。一つは、教師の実践的力量（技術・意思決定等）の内実を明らかにし、理論化し、教師の実践改善に役立てようとするものである。もう一つは、実践的力量がどのように育まれていくかを探ろうとするものである。特定の授業実践を対象とせず、長期的視点で実践者の変容をもたらした要因は何か、次の実践にその要因がどのように関わってさらなる変容をもたらすかを明らかにしようとするものである（細川 2013）。本稿は後者に位置づけられる。後者の研究を若木（2017）と細川（2013）から見てみよう。

　若木は、教師の熟達研究として、「技術的合理性アプローチ」の問題点を指摘する。「技術的合理性アプローチ」とは、「集積した知識、技術、理論（学術的に産出され、周知されている理論）を大学等で学び、それを具体的場面に適用」するものである。その問題点を「様々な特性を持つ教師個々の内面を考慮したものでない」と指摘する。この背景には、ショーン（Schön 1983）が提起した「反省的実践家」モデルがある。若木は、「技術的合理性アプローチ」に対して、「教師個々の内面に着目し、これまでの経験基盤として教師個々の内面を発達させることを重視」する必要性を主張する。教師個人の内面に生成される関心や価値観、意味づけなどの集合体が、実践する教師の内面で行われる選択、思考、判断にどのように関わるかを探ろうとするものである。これは、ショーンの「フレーム分析」[1]を発展させたものと

いえよう。

　細川は、「フレーム」を「教師の学び」という角度から捉えたものとして、コルトヘーハン（Korthagen 2001）（筆者注:F, コルトヘーハン『教師教育学』2010・武田信子監訳・学文社）を紹介している。コルトヘーハンは、教師が自分の行為に対して、「なぜそうなのですか？」と問われたとき、三つの段階があるとする。一つは、その質問自体に驚き、「だって、そういうものなんです。」と答える段階で、これを「ゲシュタルト段階」と言う。即ち、自分の行為自体に対して無意識のままの状態である。次の段階は、自分の述べたことが的を得ていることを明らかにするために例を上げ説明できる段階で、「スキーマ段階」という。即ち、頭の中にある一定の枠組みが作られている段階である。最後に、なぜそうしたかということを論理的に説明することができる段階で、「理論段階」という。教師の成長は「フレーム」の精緻化の過程とも言えよう。

　以上の二人の議論をもとに、以下、「フレーム」を教師が実践を通して、信念や実践に対する思いを含めた実践知の集合体とし、実践への省察を繰り返すことで精緻化され再構成され続けるものとする。「フレーム」は、教師個々の教育実践理論構築の基盤となり、教師個々の「わざ」を生み出すのである。

2.「教育実践理論構築」過程の事例
（1）本事例の記述方法

　筆者（梅澤）は、大学卒業後公立小学校に4年間、東京学芸大学附属大泉小学校（以下、「大泉小」）に18.5年間、計22.5年間小学校教師であった。本稿は、実践者が筆者であるため、客観化の担保として当時発表した論文・記録をもとにする。

　「フレーム」の形成には、当然ながら、同僚や先輩の授業実践や授業に対する様々な指導・助言、所属する学校の教育風土、科学知が関わる。しかし、それら全てを語ることは不可能である。そこで、現時点から筆者自身が、実践者としての成長に大きな影響を与えたと考えられるものを次の三つに焦点化し、時系列で取り上げる。「信念の形成」、「科学知の導入」、「総合学習の開発」である。「信念」も「科学知の導入」も、国語科教師としての私の「フレーム」

に大きな影響を与えたものである。また、小学校教師は、特定の教科を指導するだけではない。国語科以外の実践もフレームに影響を与える。「総合学習」の実践も「フレーム」を改変するきっかけとなり、その後の国語科授業へ影響を与えたものである。

(2) 信念の形成と実習生の指導を通して
①斎藤喜博・武田常夫を目標に

「よい授業」をしたいと思い続けていた教師2年目、斎藤喜博と武田常夫の著書に出会った。斎藤喜博は、群馬県島小学校で校長として歴史に残る教育実践を生み出した。武田常夫は、斎藤喜博を師として授業を追求した。

斎藤（1969）は、「人間は誰でも、（中略）自分をより豊かに成長させ拡大し変革していきたいという願いを持っている」とし、教育という仕事はそこから始まるとした。また、斎藤（1976）は、「教師の創造力は、教師が絶えず知的発見の喜びにひたり、自分を成長させていっているかどうかによってきまってしまうものである」と言う。このことばは、子どもと教師の仕事に対する私の身構えとなった。

武田（1979）は、自己の授業を省察し、「その方法は、あくまでもそのときぎりぎりのものとしなければならないのだ。それを毎年同じようにくり返していてはならなかったのだ。ある授業で、子どもたちを存分に動かし、子どもに新しい発見や創造を実現させえたとき、わたしにかならず、新しい発見や新鮮な解釈があったときなのだ」と語る。武田のことばは、斎藤のことばを国語科授業に具現化したものとして私に伝えた。島小学校で斎藤の指導の下、武田が語る授業実践のこのことばを授業に対する省察の姿勢として読んだ。二人の授業を実際に見ていない私には、二人の著書で語られた授業に対することばが自分の目指す授業であった。私にとっての「よい授業」とは、子どもたちが学習問題を自分のこととして取り組み、友だちの発言を自分の考えの中に取り込んだり、反論したりしながら考えを深めるものとしてイメージしていた。こうした子どもの姿を創り出したいというのが、私の実践課題となり、斎藤と武田のことばを自分の授業を評価する観点とした。

甲斐（2012）は、大学2年生の時に大村はまの『教えること』に出会った[2]。その時の感動を次のように語る。「震えるような感覚は忘れがたい。世の中

にはこのように厳しい姿勢で仕事に向かっている人がいる」と。ところが、院生時代、大村はまの授業を参観した時のことを「確かに子どもたちは集中し、黙々と何やら読んだり書いたりしている。しかし、この状況のどこがすばらしいのか皆目わからない」と述懐している。当時の私に、斎藤と武田の授業を参観する機会があったとしても、甲斐と同様、実践の事実を「みる」ことはできなかったであろう。

ともあれ、私の授業の追求は、著書のことばから二人の授業を勝手にイメージし、二人の授業を具現化したいという思いがあるだけであった。文学的文章の読みについて書かれた二人の授業記録の発問を、同じ教材を使用して試してみることを続け、その繰り返しの中で、授業の展開方法を身につけようとしていた。それは、師匠とする二人の「形」をまねるだけであった。生田（2014）は、「形」と「型」を区別し、「型」は表面的部分的「形」の模倣を超えたものであるとする。斎藤と武田をまねながら、二人の実現した授業とはほど遠いことを自覚しつつ、自らの実践の意味を問い直し続けている「形」の時期であった。

②教育実習生の授業からの学び

大泉小は、大学の附属小学校ということで、毎年教育実習生を受け入れる。実習生の授業は、私自身の授業を合わせ鏡のように見せてくれた。

実習生は教師の一方的な教え込み授業を否定し、児童が主体的に考える授業をしたいと願い、熱心に教材を研究し、発問に頭を悩ませる。しかし、熱心に指導すればするほど、子どもはどんどん意欲を失っていく。そして、結果的に教師自身の『読み』を児童に押し付けることになる。そんな実習生の授業記録を実習生と分析し指導した内容が次の記述である（梅澤1992）。

「教え込むということがどんなことであるかの実際を自分の授業の中に分析的に捉え、その認識を明確にし、教え込みに対する禁欲意識を育てることが必要」である。「文学作品の『読み』の授業で『教師の解釈』の絶対視とそれを児童に求める『読み』へ向かうことに歯止めをかけること」。その意識化は、「安易な指導技術への依存を抑止し、テクストを児童とともに変容させていこうとする教師の創造的な取り組みへと向かわせる原動力となる」。

これは、斎藤・武田の授業を目指しながらも、「教え込み」になっていた

当時の私自身への課題を語ったものと言える。

(3) 認知科学・認知心理学への接近——子どもが「みえる」ことを目指し

　斎藤（1969）は、教育や授業では「みえる」ということが「すべてだ」という。「みえる」とは、子どもが今何を考えているか読み取れることであり、子どもの発言を生成した起因を推測できることだと考えていた。それなくして、子どもをゆさぶることも反論することもできないし、授業を展開することもできないと考えていた。しかし、「みえる」ために教材研究の重要性は理解しながらも、自分の教材研究に自信をもてなかった。「みえる」ために、子どもの「読み」の推測をより確かなものとする方法と知識が欲しかった。

　一方、学習活動として「話し合い」を多用しながら、それが、子ども個人の読みにどのように関わっているかが見えなかった。武田が実践で実現した異なる読みとの相互交渉を通して深まる読みが実感できなかったのである。そうした問題意識の解決を認知科学・認知心理学の知見に求めた。教師になって15年が過ぎていた。

　認知心理学は、1980年代大きく進展し、国語科教育にも少しずつ影響を与え出していた。認知心理学の知見である「スキーマ理論」を中心に、子どもは読みの過程で表象がどのように作られていくかを探り続けた[3]。

　一方、認知科学の知見を国語科教育へ援用しようとする研究も進んできていた（岩永 1996）。認知科学には、表象主義（認知主義、情報処理的アプローチ）と状況論（生態学主義、社会・文化的アプローチ）という二つの大きな流れがある。

　茂呂（1994）によれば、表象主義とは、「人の知的な営みを個人の頭の中の演算過程とみなす」が、状況論は、「頭の中というよりも外の歴史的、社会的な『状況』を強調」する。つまり、表象主義が、個人の頭の中にいかに知識が構成されるかを捉えようとするのに対し、状況論は、個の中に知識が構成されることよりも言語活動が埋め込まれた状況、その社会・文化的な状況との相互交渉を重視することになる（茂呂 1994）。

　この二つの流れは、茂呂が指摘するように研究の「流儀」の違いであり、知識における捉えの違いであり、それぞれの知見をそのまま授業に持ち込む

ことはできなかった。状況論を重視すれば、社会・文化的な活動のない学習は単なる知識の注入ということになるし、表象主義の立場から見れば、活動があって学びがないということになる。国語科授業では、表象主義と状況論の知見を二律背反的に捉えるのではなく、授業における学習者（児童）の「学び」という観点から、表象主義と状況論それぞれの知見を止揚しなければないと考えた。しかし、この認知科学からの知見を国語科授業に取り入れるには、私には総合学習の実践が必要であった。

(4) 総合学習の単元開発の思考過程と意思決定

　平成7年から2年間、大泉小は、総合学習の開発研究に取り組んだ（教師になって20年たっていた）。平成10年の学習指導要領改訂で「総合的な学習の時間」が導入されるが、その先駆けであった。この研究は、それ以後の私の国語科授業における単元設計と実践への新たなフレームとなった。

　大泉小の総合学習開発は、「豊かな学力」の育成を目指すカリキュラム研究として取り組まれた。教科の枠にとらわれず、目標も内容も仮設してスタートし、大泉小教師集団で試行錯誤しながら作り上げたものであった[4]。

　以下、筆者が行った総合学習の実践（梅澤 1999）と、同僚の総合学習の授業における実践中と事後へのインタビューをもとに、単元設計と授業における教師の思考と意思決定がどのように行われたかを述べる（梅澤 1998a, b）。この単元設計を「実践的循環型単元設計」と名付けた（図6-3-1）。

　「実践的循環型単元設計」における思考過程は大きく5つの段階に分けられる。(1) 第一段階（図の①〜⑤）は、総合学習に取り組む以前に形成されている教師個人の「学力観・児童観・学習観（授業観）」をもとに、仮設した「総合学習の目的・方法・内容」（①）と「子どもの実態」（②）との間を往復しながら、「総合学習の目的・内容・方法」をイメージする段階である。今までに形成された「学力観・児童観・学習観（授業観）」が、新たに総合学習を考えることによって、それまでの自分の実践と対比しながら、教科の枠を外して「子どもの実態把握」「教師の思い（願い）」の捉え直しが行われ、「総合学習の目的・内容・方法」が具体的にイメージ化され（③）、暗黙のうちに形成されていた「学力観・児童観・学習観（授業観）」を問い直し（④）、「総合学習の目的・内容・方法」を経由して「教師の思い（願い）」がより鮮

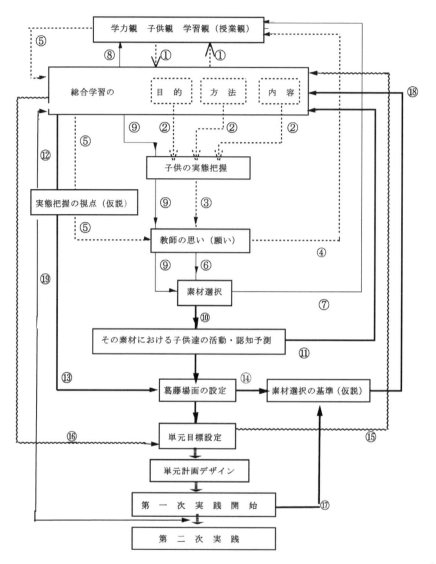

図 6-3-1　実践的循環型単元設計

明にされる（⑤）。

（2）第二段階（図の⑥〜⑨）は、「教師の思い（願い）」が「素材選択」に向かい、その素材に対する考え方を従来の「学力観・児童観・学習観（授業観）」と「総合学習の目的・内容・方法」を往還しつつ吟味する段階である。「素材」とはまだ「教材」になり得ていないとの意味である。

（3）第三段階（図の⑩〜⑭）は、「この素材で実践しよう」という意思決定後、「その素材における子どもたちの活動・認知予測」が活性化される（⑩）、それは「総合学習の目的・内容・方法」に照らし妥当かと思考する（⑪）。さらに、自己の「実態把握の視点」の妥当性を確認しつつ（⑫）、「葛藤場面の設定」に向かい（⑬）、総合学習の「素材選択の基準」が仮説され、「これでいこう」という意思決定がなされる（⑭）。

（4）第四段階（図の⑮〜⑯）は、「素材」から想定される活動や、子どもたちに認知される内容と「葛藤場面の設定」の可能性を考え、「単元目標設定」に戻るという思考を往還させ、授業をシミュレーションする段階である。

（5）第五段階（図の⑰〜⑲）は、単元の導入段階である。選択した素材が学習者の興味関心を喚起するとは限らない。興味関心を示さない素材にこだわって授業を続行しても学習は成立しない。このまま進めるかの意思決定をするのが「第一次実践」である。その評価は「素材選択の基準」「総合学習の目的・内容・方法」に戻ることになる（⑰⑱⑲）。

第一次以降の授業における意思決定は、主に次の4つでなされた。

ａ素材と学習者との距離（関係）、ｂテーマ（目標）と追究との関連性、ｃ葛藤場面の生成、ｄ相互交渉の成立、である。

ａは、設定された問題は子どもたちにとって、自らを関わらせる対象として意識されているかを観点とするものである。ｂは、子どもたちの問題追究が設定されたテーマ（ねらい）に向かっているかという問題追究の方向性からのものである。ｃは、このまま進んで行くと子どもたちの葛藤を引き起こすことになるかというものである。ｄは、問題を追究する過程において子ども同士の意見を交流させる時期や方法に対するものである。

「実践的循環型単元設計」とは、素材と学習者とを相手にした教師の問いと追究である。それは、教師のそれまでの「観」を意識化し、子どもと教材

の関係と、自らの実践自体への省察を促す対話であった。単元設計での教師のこの対話が、授業では、教材を追究する子どもとの対話に持ち込まれた。子どもにとって、授業で発せられる教師のことばもともに問題を追究する仲間の一人としてのことばとなり、対話が成立する。それは、教師の「観」の再構築を促した。

こうした考え方に至るきっかけとなった「蚕」を教材とした単元（3学年）を例として紹介する。この単元では、蚕から糸をとることを最大の葛藤として想定した。子どもたちは、自ら育てた蚕に愛情を感じる。その蚕を殺さねばならない時、それまでの学習が凝縮され決断がなされる。その葛藤のために、導入は糸をとることを目的としない蚕の卵との出会いを設定した。子どもたちは、蚕を育てるために資料を集め、話し合った。そうした学習をした単元の最後、糸をとった子どもたちに「その糸はどう？」などと安易な発問はできなかった。そう問えば、子どもたちは、「細い」「きれい」といったことばで返すであろう。そう答えた瞬間、子どもたちの学びは霧散し、日常のありふれた体験と同質なものへと変質させてしまうと思ったからである。この思いは、これまでの発問と評価という関係に次のような反省を促した。「評価」とは、教師が教えたことへの「安心」を得るためのものでしかなかったのではないか。そうした評価の意識をもった発問は、子どもにとっての学びにも学習の振り返りにもならない。この実践は、そのことを感受させ、改めて授業におけるコミュニケーション（対話）を振り返らせた。

(5) 総合学習から国語科授業へ

この総合学習の実践は、私の国語科授業を振り返る新たなフレームをとなり、「実践的循環型単元設計」での「対話」を国語科授業に取り入れることが実践課題となった。

「国語科授業で育てる力」「文学的文章の読みで育てる力」を暗黙のうちに学習指導要領の目標と内容に置き換えていたことへの問い直しである。それは、学習指導要領を否定することではない。学習指導要領の目標と内容から授業設計をスタートさせるのではなく、子どもと教材と教師の学び（教師が獲得している知）から、授業設計を考えてみるということである。それは、「その教材から子どもたちは本当に自らの学習問題を生成することができるの

か」、「現実の世界へとのつながりを感じることのできる学習活動になるのか」と、教材と子どもを相手に対話し、目標を捉え直しながら授業を設計することであった。

　こうした授業設計での教師の対話が授業に持ち込まれる時、これまでの授業のコミュニケーションの形「発問―応答―評価」は違う意味を発現する。発問は、共に追究する仲間への語りかけとなり、「こう考えられないか」という思考方法の提起となる。子どもの応答に対する「評価」は、教師が事前に設定した目標への距離を測るものとしてではなく、先の総合学習での意思決定のa～dが、次の展開を考えるものとして機能するものとなる。

　子どもたちは、教材を読む目的に必然性を感じた時、追究過程で自らの既有知識や体験を関連づけようとする。そして、それを仲間に表出することの意義を感じ、同時に、友だちの表出が自分の追究の情報となることを理解する。教師の語りかけも友だちの表出と同じく、自分の追究のための情報の一つとなる。即ち、教師と教材、教師と子ども、子どもと子ども、子どもと教材、それぞれの対話が、授業の追究過程でシンクロされ増幅される授業となるということである。

　武田（1978）は、「文学の授業をささえるものは、結局、作品に対する教師の愛情ではないだろうか」と述べた。その「愛情」とは、教師が教材と対話し、さらに、それを読む子どもと対話をすることによって、子どもは「自分をより豊かに成長させ拡大し変革していきたいという願いを持っている」存在であるとの実感をもったとき、生まれてくるものではないだろうか。

3. まとめ

　ここまで、自らの実践を振り返り、形成されたフレームを語ってきた。

　平成29年の学習指導要領改定では、「主体的・対話的で、深い学び」という考え方が掲げられた。このことばを実践に取り入れるためには、教科指導で何を目的とするかを問う教師の主体性と、教材と子どもと教師自らの実践を相手に教師が対話し続けねばならない。それがあって初めて、「主体的・対話的で、深い学び」は成立するであろう。

　斎藤（1976）の次のことばはそれを物語るものと解釈する。「教師の技術

は大へん人間的なものであり、教師の人間にくっつき、教師の人間から生まれてくるものだ」。 〈梅澤実〉

注
1) ショーンは、専門職研究の「フレーム分析」を「実践者が問題と役割に枠組みを与える方法についての研究」と定義する。
2) 甲斐は原稿執筆時、東京都港区赤坂中学校に勤務。その後 28 年間教師の道を歩む。
3) 例えば、「物語スキーマ」「説明文スキーマ」とは、物語文、説明文の展開構造についての知識であり、「物語スキーマ」は「説明文スキーマ」に先行して形成される。そのため、4年生の段階で説明文の内容が読み取れない児童の中には、既に獲得している「物語スキーマ」を使用して読んでしまうという実態があった（梅澤 1998c）。また、物語文では、情景を捉えさせる指導法が開発されてきたが、高学年では、物語文中に設定された視点を意識し、その視点に自らの視点を設定しながらの情景読みが成立してきていることがわかった（梅澤 1993）。
4) この研究過程は、『東京学芸大学附属大泉小学校　大泉の教育（二）――平成期の教育――』（2017）に、まとめられている。

第4節　教材の開発と教師のわざ

1. 教師の教材開発活動——素材の教材化

　教材とは何かについては、学術的にも実践的にも明確な定義は難しく、多義的である。益子は、学校において「教材」として扱われうる次の複数の定義について述べ、その意味を考察している（益子 2016）。

　《定義1》ものとしての教材：教材整備指針に述べられている、体育のハードル、社会科の地球儀のように「学校に必置の備品」（古村ほか 1978）としての意味で用いられているもの。

　《定義2》教科用図書：「ものとしての教材」であるが、「学校に必置の備品」ではなく、教育的機能を考慮して教科内容が編集されたもの。

　《定義3》教育を媒介する素材：「大人と子ども、あるいは子どもと子どもがつくりだしている教育関係のなかに登場し、教育の媒介となるすべての文化財」（中内 1978）、という定義に見られるように、教師と学習者、学習者間の対話の内容も含むあらゆる素材を教材とみなすもの。

　《定義4》教育内容：教科書、問題集、資料集などに吟味され掲載される個別の内容（例えば国語の特定の読み物や、算数の特定の例題）に対する共通イメージを意味するもの。波多野は物質化した教材を「teaching materials」と呼ぶこともあるとしている（波多野 1964）。「教育内容」は非物質の内容そのものを指すことから、教材の意味は、図 6-4-1 のように整理することができる。

　教師は教材開発にあたって、学習効果を予測しながら仮説を形成・検討・選択するが、その過程では、「教材」となりうるもの、例えば実験用器具、

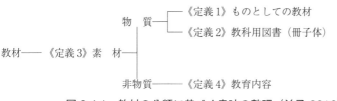

図 6-4-1　教材の分類に基づく意味の整理（益子 2016）

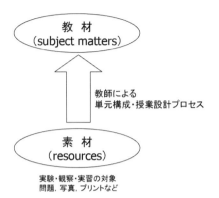

図6-4-2 単元構成・授業設計プロセスにおける素材の教材化（益子 2005）

実習で加工する材料など《定義1》、あるいは教科書・副読本・資料集に掲載されている図表《定義2》、そして学習の過程における児童生徒が生み出した発言や感想《定義3》など全てが検討対象とするはずである。

検討対象となりうるもの全てを「素材（resources）」《定義3》とすると、教師は教育課程において想定されている目標を考慮し、当該単元の一連の学習活動・学習形態などを設計する際に、担任している学習者の状況や展開可能な学習活動などの諸条件を考慮しながら、具体的な発問や効果的な素材の提示方法などを考案し、素材を具体的な授業においてどのように利用するかを決定していると考えられる。この過程を「素材の教材化」と呼ぶことにする。この過程は教室レベルの教育内容《定義4》を実際の教室で具現化する、教師の専門性が発揮される過程であり、図6-4-2のように図式化することができる。

2. 素材の教材化事例の考察

次に、二つのタイプの教師の教材開発活動を検討する。

(1) 熟慮的教材開発活動

教科の単元・授業が決定した上で新しい教材の開発に取り組むことは、日常的に行われる教材開発活動である。この場合、教育内容・目標・実践日程などが定まっているため、先行開発教材の情報収集と検討、学習展開に合わ

せた素材選択、実践までの時間などの制約が存在する。この制約の下で教師は様々な素材を熟慮的に探索し教材を開発することになる。

例えば図 6-4-3 は小学校 6 年理科の「物の燃え方と空気」単元、全 13 時間のために開発された教材である（本授業は、まだ焼却炉が残る学校が見られた 2004 年に実践された）。

この単元導入の素材選択にあたり教師は、それまでの自身の複数の実践を想起しながら、次のような素材の検討を行っている（渡邉 2005）。ここで検討対象の素材とは、単元導入時に学習者が探究活動を展開する対象のことを意味している。第一の検討素材は、宿泊学習の飯ごう炊飯である。飯ごう炊飯の経験を想起させ、薪の組み方、木の太さ、あおぎ方などと火の勢いとの関わりを探究する。この場合、活発な学習活動を展開できるものの、その後に続く単元の課題設定や実験との関係性が薄く、導入時の学習と単元の学習との乖離が予想される。次の検討素材は、ペットボトル下部を切断した蓋とロウソクを組み合わせたものである。ペットボトル下部を切断したものを蓋

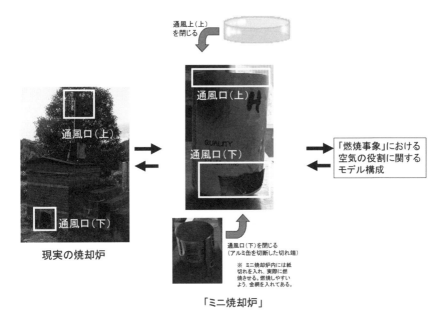

図 6-4-3　ミニ焼却炉教材の「つなぐ」役割（渡邉 2005）

にして燃焼しているロウソクにかぶせたり、横穴を空けたものに替えたりしながら空気の流れを制御する活動を展開し、単元導入時にロウソクがよく燃える条件を探究する。この場合、導入時の探究対象と単元内の実験との連続性は保証されるが、実生活との関わりを十分に考えることなく学習が終了することが予想される。そして第三の検討素材が焼却炉である。単元導入時に現実の焼却炉でゴミが燃焼する様子を観察した後、理科室で酸素や二酸化炭素について調べる実験へと展開する前に、現実の焼却炉と理科室での実験をつなぐ教材「ミニ焼却炉」によって空気の性質（ものが燃える時には新しい空気が使われ、古い空気ができること）を理解するための実験を実施する単元構成としたのである。「ミニ焼却炉」開発にあたっては、素材として空き缶を選択し、班毎に教材を提供するための価格面も考慮した素材選択が行われている。

　この例に見られるように、単元・授業が定まった条件下での新教材は、教師の実践経験や先行開発教材のレビューに基づき、複数の素材候補を検討しながら、上位の素材選択（話題や題材）から下位の素材選択（具体物）へと階層的に検証活動が進行し、より質の高い学習経験を提供することを目的に教材開発が行われると考えられる。

(2) 即時的教材開発活動

　単元・授業決定後ではなく、特定の状況が教師の教材開発活動を誘発することもある。

　島小学校で見つけ出された定石（ある教師が持つ教育技術の中でも、他の教師も使えたり、他の教科の指導にも使えたりして、子どもたちの力を高めていけるような手）として、船戸氏の「〇〇ちゃん式まちがい」がある。算数の時間に間違った計算をしている子どもにその方法を説明させた後、どうして、どこで間違いをしたのか皆で議論し明確化する方法であるが、議論を通じて、本人もほかの子どもたちも、この間違いを自分たちで創り出したものででもあるかのように感じ、他の教科でも応用されていったと言う（斎藤1958）。この定石は、教室の中で特定の学習者の誤ったパフォーマンスを素材としてとりあげ、教室全員で対話しながら原因を特定していく教材と考えることができるが、その教材化の過程は明確ではない。記述内容から推測す

ると、この教材化には次のような条件が存在するだろう。
① 教育目標に沿った価値判断：「(他の子どものノートを見ると) さかえちゃんと同じ方法で計算している子が、他に何人かいることを見つけ出しました。」「船戸さんは、『はじめて二けたのかけ算が出て来たのだから、ここでしっかり覚えさせておきたい』と思いました。」との記述から、誤ったパフォーマンスが典型的であること、学習の進展状況を考慮した目標設定したことに基づき、その場で素材の教育的価値を認めたと思われる。
② 基盤としての教室の雰囲気形成：「この子どもたちは、前からまちがいを出しっこしようと話し合ってきています。自分のまちがいを、はっきりと人の前に出すことは、だれでもいやがるものです。けれども、お互いがまちがいを出しっこするということは、みんなの中からまちがいがひとつひとつ消えていくことになるのです。このことは学習の基本でもあるはずです。」との記述から、誤ったパフォーマンスを教室で報告する活動はこの教室で特殊な活動ではなく、日常的なものであったことが推察される。
③ 相互了解：「(話し合いにより原因が特定された後) その時、船戸さんが「これは『さかえちゃん式まちがい』だね」と愉快そうに言って、すばやく子どもたちの反応を見ました。するとちょっと船戸さんを見た、子どもたちは、どっと嬉しそうに笑ってさかえちゃんを見ました。その子どもたちの目は、さっきさかえちゃんがまちがいを出した時の目とはちがった、柔らかに光った目でした。さかえちゃんも、はずかしそうな、でもちょっと嬉しそうな顔で笑っていました。」との記述から、教師は学習者の名を組込んだ提案が学習者に受入れられるかどうか、学習者の反応によりその場で検証したことが示されている。

この素材選択・教材化は授業中即時的に行われたものであるが、熟慮的教材開発活動とは異なり、教師の日常的な（意識下の）素材選択・教材化活動がこれらの条件を備えた文脈により誘発されたものと考えられる。

3. 教師の教材開発のわざを支える知識

教材開発活動は授業づくりと同様、教材設計段階において様々な仮説を生み出し、その仮説に合致する適切な素材を選択し教材化する活動である。

クラークとピーターソンは、授業実施段階における教師の思考とのレビューを行い、授業中に教師が考えている内容の検討を行っている（Clark and Peterson 1984）。6つの研究をレビューしたところ、教育目標（14％以下）や学習内容（三つの研究で5％から14％）に関する報告は相対的に低く、教授過程（教授手続きや方略を含む）が相対的に高い割合を示している（大体20％から30％）ことを報告している。さらに、最も大きな割合を占めているのが、学習者に関する内容（39％から50％）である（表6-4-1）。したがって、授業設計段階の教師の教材開発活動において生み出される仮説についても、正確な予測が困難なのは学習者に関する仮説と言えるだろう。教材開発にあたって教師は、学習者に関する設計段階の仮説が豊かになればなるほど、より効果的な教材開発活動を展開できると考えられる。

ショーマン（Shulman）によると、教師の知識を整理すると、①教育内容に関する知識（content knowledge）、②汎用の教育方法に関する知識（general pedagogical knowledge：学級経営や子どもの組織化）、③カリキュラムに関する知識（curriculum knowledge：学習プログラムや教具）、④

表6-4-1 6研究における授業中の教師の思考内容（Clark and Peterson 1984）

Marx and Peterson (1981)		McNair (1978-79)		Colker (1982)		Marland (1977)		Conners (1978)		Semmel (1977)	
カテゴリー	割合	カテゴリー	割合	カテゴリー	割合	カテゴリー	割合	カテゴリー	割合	カテゴリー	割合
教育目標	13.9	教育目標	2.9			目標目標	2.7	教育目標	5.4		
教育内容	6.5	教育内容（事実とアイデア）	13.6					教育内容	5.5		
教授方法	30.9	手続きと課題	28.8			教授法術	23.5	授業展開	21.7	教授法・教科書	19.2
教材教材	6.1	教材教材	8.8								
学習者	42.2	学習者	39.1	学習者	41.4	［学習者全体］	50.0	［学習者全体］	44.1	学習者	59.6
						学習者情報	6.8	学習者情報	9.7		
								学習者仲裁	1.3	行動の反復	21.2
						認識	15.6	認識	15.8		
						［学習者］	14.4	［学習者］	12.6		
						解釈	11.9	解釈	16.8		
						［学習者］	11.6	［学習者］	15.2		
						予測	8.6	期待	4.3		
						［学習者］	5.6	［学習者］	4.3		
						省察	18.8	気づき	7.7		
						［学習者］	11.6	［学習者］	1.0		
						他の情報	6.1	他の情報	1.0		
								信念	4.3		
						感情	5.9	感情	6.5		
				学習者以外	58.6	空想	0.1				
		時間	6.6								

教育的内容知識（pedagogical content knowledge）、⑤学習者に関する知識（knowledge of learners and their characteristics）、⑥教育上の文脈に関する知識（knowledge of educational contexts：教室のグループ活動から校区の学校予算、文化的特性まで含む）、⑦教育の目的・目標・価値およびそれらの哲学的・歴史的基盤に関する知識（knowledge of educational ends, purposes, values and their philosophical and historical grounds）という7つのカテゴリーに分かれるという（Shulman 1986）。特に教育的内容知識は、教師の専門性にとって重要な知識であり、ショーマンは「他者が理解可能な教育内容の表現・定式化の方法、ある特定の話題の学習を容易にしたり難しくしたりするものの理解、異なる年齢・背景の学習者が学習に持ち込む概念や前概念などの知識」としている（Shulman 1987）。

特定の教科・単元の教材開発のためには、当該の「教育内容に関連する知識」を広く・深く理解することが重要である。例えば竹中は、昭和14年に奉職した小学校での昼食時（職員室に教師が集い弁当を食べていた時代）の出来事を次のように述べている。「そういう昼食時のあるとき、校長さんが、『Y君、アメリカの金門湾の湾内はどんなになっているんだね』と質問された。たぶんその日校長さんが行った授業で、子どもたちからそれに関係のある質問を受けられたのであろう。するとY先生が箸をおいてすぐ立ち上がった。そして職員室の黒板にすらすらとみごとな地図を書いて、くわしい説明をされた。それは駆け出し教師の私にとって驚くべきことであった。私はY先生の実力に舌を巻いた。とともに自分もY先生のように勉強をしなければならないと心ひそかに決意した。」（竹中 1967）。教育内容に関する専門的知識や関連する幅広い教養を知ることの重要性は、竹中の言うように教師の教材研究活動として一般に認知されている。一方、ショーマンの主張は、教師自らがもつ「教育内容に関する知識」に加えて、「教育的内容知識」を駆使することにより学習者に豊かな教材を提供できることを指摘しているのである。

教材開発活動において豊かな仮説形成を可能にする「教育的内容知識」は、現状では、実践経験に基づいて獲得されることが多いのではないだろうか。実際、益子はベテランの小学校教師を対象として、新しい教材を開発する際の活動についてインタビューを行っているが、そこでは「子どもって、引っ

かかるところあるじゃないですか。つまずきが。だから、そのつまずきを教材化するんです。」「（学生にできるか、という質問に）それは難しいですよ。一度は授業の経験がないと。」と、実践経験を通して獲得した教育的内容知識の重要性を指摘する発言が観察されている（益子 2014）。先の渡邊のミニ焼却炉教材の開発に至る過程でも、「ものの燃えかたと空気」単元の導入段階において、学習者の日常生活と実験内容がうまくつながっていないことを複数の実践経験から蓄積していたこと（つまり、具体的な教育的内容知識）が、新教材開発の手がかりとなっていたと言えるだろう。

4. 教材開発のわざの成長

　教師が教材開発のわざを磨くためには、日々の実践の中で様々な教材開発事例を研究することが最も重要であるが、環境の変化やベテラン教師との対話により成長の手がかりが得られる場合もある。ここでは学校内・学校間の異動、ベテラン教師の教材観に触れる事例について検討する。

（1）異動に伴う学習者の変化を手がかりにする

　学習指導要領改訂に基づく学習内容の変化や、授業対象の学習者の変化に伴って、教師が経験知として蓄積した教育的内容知識が再構成される場合がある。例えば伊藤は、現代国語の教材である「山月記」の教材解釈が、非進学校（調査対象者Ａ：経験年数21年、同校勤務11年）と進学校（調査対象者Ｂ：経験年数33年、同校勤務3年）の高等学校国語科教師間でどのように異なるかをインタビューにより調査している（伊藤 2009）。

　図6-4-4に示したのは、「山月記」の最も中心的な主題が書かれている段落の2名の教師の授業モデルである。この段落は李徴が自ら変身前の自分自身の内面を分析し、虎になった理由として、自身に「臆病な自尊心と尊大な羞恥心」が存在し、それがコントロールできなくなって虎に変身したのではないかと発言する場面である。多くの国語科教師が、この主人公李徴の内面を分析する授業を展開する段落でもある。

　調査対象者Ａ（非進学校）の授業は、「臆病な自尊心と尊大な羞恥心」という心の中の矛盾がコントロールできなくなってそれが虎に変身した要因のひとつだということは授業で説明するが、より重点を置いているのは「人間

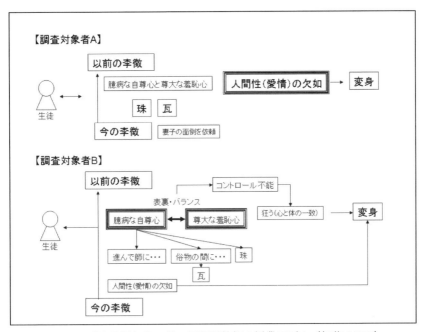

図6-4-4「山月記」第4段の国語科教師の授業モデル（伊藤 2009）

性（愛情）の欠如」である。この段落の最後に、李徴が袁傪に妻子の世話を依頼する場面がある。本当は即興の詩を詠むよりも、このことを先に依頼すべきであり、このような人間的な愛情が欠けているから獣に身を落とすのだと李徴自身が気付く場面でその解釈がなされる。

　調査対象者Aはこの段落ばかりでなく、「山月記」冒頭から李徴の人間性や悲しみに焦点を当てて教材解釈を行っており、「臆病な自尊心と尊大な羞恥心」とともに虎に変身した二大理由としてこの「人間性（愛情）の欠如」を挙げているのである。そして、そのような教材解釈をしている理由を次のように説明している。「矛盾する心と、プラスその人間性の欠如というところのそのふたつが、彼をそういう運命に導いた原因だというようなとらえ方をさせます。いくらこの（臆病な自尊心と尊大な羞恥心が）矛盾をはらんでるって話を、例を挙げて話をしても、ふーんという感じなんですが、自分のことを奥さんや子どもが食べることとかね、着ることとかよりも、（自分の

ことを）気にしたから、それって人間としてどうよってなると、そこらへんの方がよっぽど心に響くみたいで、そりゃあひどい、そりゃあ虎になるっていう感じで、あの、食いついてくるので、そこ、わりと最後感想を書かせると、えー、そういうひどい人だったけど、最後袁傪に奥さんと子どものことを頼んだので、虎になって心を入れ替えてよかったとかっていうような意見はわりと出て来るので、そこを押さえています。」調査対象者Aは以前の勤務校では「臆病な自尊心と尊大な羞恥心」の分析から李徴の内面に迫る授業を展開していたが、学習者の反応を読み取りつつ、数年前から教材の扱いを変化させているという。そして、そのような教材解釈の変化は他の単元にも及んでいるものと推察される。

　一方調査対象者Bは、他の教師が出版している教材解釈文献も参考にしつつ「臆病な自尊心と尊大な羞恥心」の微妙な解釈を中心に授業を行っている。「進んで師に就いたり、求めて詩友と交わって切磋琢磨に努めたりすることをしなかった。」という部分や「おれは俗物の間に伍することも潔しとしなかった。」という部分が「臆病な自尊心」によるものなのか、「尊大な羞恥心」によるものか、どのように解釈すべきかにこだわり、主題を正面から取り上げる授業を展開しているのである。

　教師には、調査対象者Aとは逆の方向、すなわち非進学校から進学校への異動もありうる。また小学校・中学校の教師にとっても、学校内・学校間の異動による担当学習者の変化は、教育的内容知識の再構成を促すことになる。この再構成は、調査対象者Aのように、教材設計のあり方そのものが見直されるケースも存在し、教師が学習者の変化に対応した教材設計を行うことは、教材開発のわざをより豊かなものとする機会になっているはずである。

(2) ベテラン教師の指導観・教材観に触れる

　前田ほか（2016）は、教職経験10年目までの若手教師を対象とした熊本市教師塾「きらり」における師範授業の効果を検討している。教師塾「きらり」に入塾を希望した教員は「塾生」となり、優れた授業力をもつベテラン教員である「師範」から指導を受ける。その一環に師範授業がある。彼らは、師範授業を参観した後の授業研究会において、塾生が何を学んだのか、提出

されたレポートの分析を試みているのである。

対象とした師範授業は、小学校第5学年社会科・水産業の学習であり、目標は「カツオに関するモノに興味関心をもって思考判断し、これからの学習課題を持つことができる」というものであった。授業は、「かつおのぼり」や「6種類の釣り針」などの実物を使って学習者の興味関心を高めるように工夫されており、学習者も意欲的に活動し、授業の目標を十分に達成していた。

分析にあたって、授業後に師範と4名の塾生によって行われた授業研究会における師範の発話内容を分類し、カウントしたところ、師範の発話内容は、表6-4-2に示すような5種類、396件であった。

次に4名の塾生が授業研究会後に提出したレポートに、師範のどの発話内容が含まれていたかをカウントした。すると、「B指導理念」は4名全員が引用し記載件数も11件と最も頻度が高く、次に「C教材研究の態度」は4名中3名が引用し記載件数は5件であった。「A指導に対する問題意識」「Eその他」はレポート内の引用件数がゼロであった。また研究会後に師範に、校内研修と今回のような校外の後輩教員との対話による指導の差異を尋ねた

表6-4-2 師範の発話内容の件数と具体例（前田ほか 2016）

コード	件数	具体例
A 指導に対する問題意識	45	A1：今の子どもたち、感動しないんですよね。 A2：知識っていうのは、定着しないんですよ。
B 指導理念	43	B1：水産業を学習したら、水産業をやってみたいなあと思う子どもを育てないと、ぼくはダメだと思いますよ。 B2：僕は、農水産業をしながら、社会の常識とリンクを張っていかないといかんかなって思います。
C 教材研究の態度	135	C1：私にとっては、何でも教材研究かなって。 C2：写真というのは社会科でいうと「命」かなと思います。
D 指導方法	138	D1：5W1Hで機械的に問題づくりをしようという形で進めています。 D2：「写真から分かること」を9マスのマスにしてやっています。
E その他	13	E1：これじゃあ、あんまりだっていうことで買い直したんですよ。

ところ、「通常の校内研修ではこんなことはやったことはありません。皆で研修しあうのではなくて、曲がりなりにも師範から塾生へという明らかなコンセプトがあるからできることだと思います。そうでなきゃ、おこがましくてできないでしょう。」という回答であった。

　教職経験10年目までの若手教師にとって、「かつおのぼり」や「6種類の釣り針」という具体的な教材ではなく、授業参観だけでは得られない見方・考え方、例えば表6-4-2に示されている師範の「水産業を学習したら、水産業をやってみたいなあと思う子どもを育てないと、ぼくはダメだと思いますよ。」など、師範が教材を開発する背景にある見方・考え方に大きな関心が向けられたことが示されたのである。これは、相互に目的意識を持った塾生と師範の授業研究会だからこそ得られたものであろう。師範の回答に見られるように、勤務校内で行われる一般の授業研究会は、力量を備えた教師が意欲のある後輩に全力で指導技術や理念を伝える場にはなりにくいからである。

　若手教師は、力量を備えた教師の教材活用場面を参観する機会を、積極的に作っていくことが求められるだろう。そして、授業参観から個々の教材の開発技術を学ぶだけではなく、力量を備えた教師の教材設計活動を支える理念を知る機会を同時に得ることは、教材開発のわざを向上させるために有効と言えるだろう。

〈益子典文〉

第7章 「わざの伝承」を科学する

第1節　教師の「わざの伝承」

　熟達教師のわざは、経験と勘に支えられた名人芸と言われるように、暗黙的で伝えることが難しい。そのため、日本の学校では、校内授業研究などの公的な研修のみならず、授業の資料を印刷するとき、お茶を飲みながら一息つくときなど、過密な業務に挟まれた時間に、子どものこと、学級のこと、授業のことを教師同士で語り、熟達教師のわざや知恵を継承しようとしてきた。教師のわざの伝承機会を表7-1-1に整理する。

　しかしながら、近年は学校現場の多忙化や教師に求められる資質能力の高度化に伴い、徒弟的に学ぶ機会や時間的余裕が減り、それを補うべく定型化された研修が増加し、制度化される傾向がある。そして、若手のための研修が増え、若手を指導する人のための研修が増え、その指導者を指導する人のための研修が増え…それでも、伝えたいことが、必ずしも伝わっているとは言い難い。ベテラン教師からは「最近の若手教師は覇気がなく、伝えたくても伝わらない」「昔は先輩を見て技を盗んだもんだ」といった嘆きが、若手教師からは「教えてもらいたいことを教えてくれない」「教えてもらっていないことを求められても困る」といった呟きが聞こえる。授業や研修が整備されたにも関わらず、どうしてわざや知恵が伝わっていかないのだろうか。

　畑村（2006）は、技術を伝えるということについて、次のように述べる。「技術というのは本来、『伝えるもの』ではなく『伝わるもの』なのです。結果として相手の頭の中に伝えたい内容を出来させることができなければ意味がないし、そうではなくては伝えたことになりません。このときに伝える側が最も力を注ぐべきことは、伝える側の立場で考えた『伝える方法』を充実させることではありません。本当に大切なのは、伝えられる相手の側の立場で

表7-1-1　教師のわざの伝承機会

	教員養成	現職教育
フォーマル （公的・定型的）	・講義、演習、ゼミ ・教育実習 ・授業研究、模擬授業	・法定研修 ・職務別研修 ・校内研修、公開授業
インフォーマル ノンフォーマル （非公的・非定型的）	・研究室内外の談話 ・学生同士の自治組織	・同僚間の談話 ・サークル、研究会 ・メンターチーム

考えた『伝わる状態』をいかにつくるかなのです。」
　つまり、「伝える」と「伝わる」はイコールではなく、「伝えた」ことが「伝わる」場合もあれば、「伝わらない」こともある。一方、「伝えていない」のに、「伝わること」もある。「わざの伝承」について、講義や研修のプログラムを加算的に増やし、体系化・制度化することに終始するのではなく、わざが「伝わる」ための仕かけや環境、デザイン等について、考えていく必要がある。
　教師の「わざの伝承」を考えるにあたって、「伝承」をいかに捉えるか。広辞苑に、「①伝え聞くこと。人づてに聞くこと。②伝え受け継ぐこと。古くからあったしきたり（制度・信仰・風習・口碑・伝説などの総体）を受け伝えてゆくこと。」と記されているように、伝承とは「伝える人」と「受けつぐ人」との間で行われる相互交渉をさす。伝統芸能やスポーツ、職人など、伝承に値するような「わざ」が形成されている世界で用いられる。そこでの伝承は、学校教育的に「教える者」が「学ぶ者」に「わざ」を教授することとは異なる伝わり方が存在する。金子（2002）は、運動伝承の視点から、伝え手と受け手が双方向の運動感覚交信による相互の出会いの中で、運動技術が相互に理解されていなければならないと言う。また、生田（2011）は、様々な領域におけるわざの伝承活動を分析することを通して、「教える者」と「学ぶ者」の間での場の共有に基づく、Achievementの感覚の共有が不可欠であると指摘する。すなわち、教える者から学ぶ者への教授による一方向的に伝える方法と、教える者と学ぶ者が相互に共感・共有し、擦り合わせるような方法があり、教師のわざの伝承を考える上で、両者を射程に入れる必要がある。
〈姫野完治〉

第2節 「わざの伝承」に関する研究

1. わざの解明とトレーニング

　教科担任制をとる学級で授業を参観すると、教師による授業力の差を実感する。もちろん教科による特性もあるが、子どもの個性を生かしつつ、仲間とともに学ぶ環境を作り出す熟達教師の授業には、教師固有のわざが隠されている。熟達教師のわざは、経験と勘に支えられた名人芸と言われ、暗黙的で伝承が難しいとされてきたが、このような教師のわざを、授業を科学的に分析することによって解明し、初任教師や教育実習生等に効率的に教育しようとする研究が進められてきた。

(1) 伝えるべき教授スキルの解明

　教育工学等の諸科学が発展した1960年代以降、工学的な観点から定量的・客観的なカテゴリー分析や教授行動の分析を行うことを通して教授スキルを解明し、その教授スキルをマイクロティーチング等によってトレーニングする取り組みが推進された。

　カテゴリー分析については第3章で言及したように、教師と子どもの発話コミュニケーションの遷移過程に注目した数多くの分析方法が開発された。それにより、教育実習生や初任教師と比べて、経験豊かな教師の授業では、反応・応答への解明行動が多く見られること、その解明行動には、学習者の応答を単純に解明するものだけではなく、応答を助けるための解明や掘り下げるための解明、そして再焦点化のための解明があることが明らかにされた（小金井 1988）。このような調査研究をふまえて、説明のスキル、発問のスキル等の基礎的な教授スキルが明示され、その要素や効果的に用いるための留意点などが検討された（井上 1988）。

　教授スキルを解明しようとする研究は、可視化しやすい「言語」によるコミュニケーションを主な対象としていたが、しだいに言語以外にも対象が拡大された。その一つが、情報機器の進展によって普及した教育メディアである。OHPやテレビといった映像の提示スキルだけではなく、コンピュータを活用する際のスキル等が研究された。また、非言語のうち沈黙に焦点をあ

てた研究もある。浅田（2002）は、発問後の待ち時間に焦点をあて、経験教師と新任教師の授業において、発問後の待ち時間を分析し、経験教師と比べて新任教師は発問後の待ち時間が長く、バラつきが大きいことを明らかにしている。

(2) 教授スキルのトレーニング

　授業は、教師と子どもの相互作用で成り立っている。十分な教材研究をふまえて指導案をつくり、子どもたちの理解を促す教材・教具を綿密に準備したとしても、実際に授業を行うことはとても難しい。子どもの意欲を高め、授業に引き込み、授業を活性化させるためには、発問や説明の内容を吟味するとともに、子どもたちの表情、発言、挙手などをもとに子どもの状況をみとり、誰に発言してもらうか、もう一度説明を加えるかなどを瞬時に判断しなければならない。だからこそ、授業場面を事前に想定して、あらかじめ教師と子どものやりとりを試行し、柔軟に対応する方法を考えておくことが重要になる。このような授業のシミュレーションおよび教授スキルのトレーニングの方法として、マイクロティーチングや机上授業が開発された。

　マイクロティーチングは、1963年にスタンフォード大学で開発された研修方法である。たくさんの要素が複合的に関連している授業を縮小・単純化することにより、教授スキルを習得しやすい状況を作り出す点に特徴がある。

　例えば、クラス規模を5〜6人に減らす、授業時間を5分〜15分に圧縮・分割する、身につけたい教授スキルを限定する等により、効果的・効率的にトレーニングするのである。わが国では、1980年以降に教育実習を充実させるために導入された事前事後指導において、マイクロティーチングを取り入れたプログラムが開発・実施された。また、Sakamoto（1980）によって開発された机上授業は、授業者役と児童生徒役のカードを準備し、授業をイメージしながら動かすことにより、授業をシミュレートする方法である。授業者役や児童生徒役の特徴を想定して役割演技（ロールプレイ）を行うことにより、授業中の予期せぬ状況のイメージ化に寄与することを目指している。

　一方、このような縮小・単純化したマイクロティーチングや机上授業では、児童生徒が起こす様々な状況に対応することが難しいといった課題もあった。そこで、実際の授業環境を再現し、臨場感のある模擬授業を提供するための

方法も開発されている。佐久間ほか（2015a）は、「学力水準」と「指導の通りやすさ」を各々3段階に分け、それを組み合わせた9通りのカードを作成している（例を図7-2-1に示す）。児童生徒役を担う学生が、引いたカードに応じて模擬授業に参加することにより、臨場感のある授業を実施することを目指している。この実態イメージカードを用いて模擬授業を行うことにより、教師役は授業の状況に応じて最適化することや、個別児童への対応力を高めることに寄与することが実証されている（佐久間ほか2015b）。

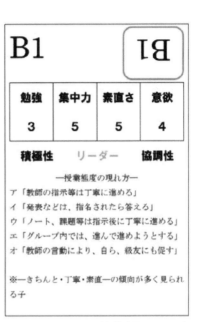

図7-2-1 イメージカード例（佐久間ほか2015a）

2. 授業研究によるわざの伝承

日本の学校現場では、教師同士が徒弟的に、あるいは協働で授業を研究する場を設け、教師のわざや知恵を伝えようとしてきた。このような学校内で行われる授業研究に諸外国からの注目が集まり、現在はLesson Studyと呼ばれて世界各国で実践されるようになった。

日本における校内授業研究は、明治時代から140年以上にわたって、学校という場で教師同士が語り合うことにより創り上げられ、受け継がれてきた。群馬県島小学校における授業研究の様子を写真7-2-1に示す。戦後に教育を高度化しようとする動きと相まって、研究者が学校へ介入し、行動科学的なアプローチによって授業を研究した時期もあったが、学校現場はこうした科学的な授業研究と適度な距離を保ちつつ、教師同士の対話を重視した授業研究を大切に育んできた。

では、校内授業研究において、熟達教師のわざはどのように伝承されているのだろうか。土田（2007）は、新任教師が校内授業研究に参加する中で、熟達教師との相互作用を経て、授業を省察する力量を獲得する過程を調査し

写真 7-2-1　高い授業を目指して行われる授業研究

ている。そして、新任教師が授業を語るスタイルが徐々に熟達教師のスタイルに類似するようになったこと、回数を重ねるにつれ、熟達教師から新任教師へという一方向的な学びではなく、互恵的に学び合う関係が認められること等を明らかにしている。このような熟達教師と新任教師の間の学びだけではなく、教職経験年数と学校在籍年数に着目した研究も推進されている。坂本（2012）は、小学校における校内授業研究会の事後協議会の談話を分析し、教職経験年数の長い教師は、豊富な知識に基づいて、授業の解釈や代案を提示する発話が多いこと、学校在籍年数が長い教師は、当該校の授業に対する視点や授業理念に関する発話が多く、他の教師から引用されやすいこと等を指摘している。

　このように、校内授業研究による学びが解明されてはいるものの、校内授業研究を行えば熟達教師のわざや知恵が伝わるかというと、そう単純ではない。「三人寄れば文殊の知恵」と言われ、複数人が集まることによって、個人では思いもよらない知恵が創発される場合もあるが、かえって相互が依存的になってしまう場合もある。熟達教師のわざや知恵が伝わるための仕掛け

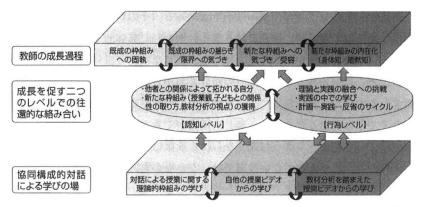

図7-2-2 対話による授業研究における教師の成長モデル（丸野ほか 2008）

が重要と言える。丸野ほか（2008）による教師の成長モデル（図7-2-2）に示されているように、協同構成的な対話を踏まえて、認知・思考レベルと実践レベルを往還しながら、新たな枠組みを構築してくような学びのプロセスを位置づけていく必要があるだろう。

その一つの方法として、昨今の学校現場で拡大してきたワークショップ型研修がある。ワークショップという用語や活動自体は古くから存在し、主に企業内教育等で用いられてきたが、学校内外の研修に村川（2005）が援用したことによって、学校現場においても頻繁に用いられるようになった。授業研究の際に気づいたことをカードやノートにメモし、それをもとに検討を行うことにより、各々の考えを可視化でき、また学校カリキュラムなど教育活動全般の改善・開発へつなげられる点に特徴がある。

また、情報技術が急速に進展する昨今において、その技術を授業研究に活用する取り組みも進みつつある。これまでも、ビデオカメラを用いた授業研究は行われてきたが、熟達教師のわざや知恵を明示化、共有化するシステムも開発されてきている。小川ほか（2012）は、授業風景を撮影した動画に、熟達教師の吹き出し（アノテーション：動画に対して関連する注釈を付すこと）を挿入する授業研究支援システム VISCO（VIdeo Sharing System for Supporting COllaborative lesson improvement）を開発し、熟達教師と経験

図 7-2-3 動画アノテーションシステム VISCO（小川ほか 2012）

の浅い教師の相互作用を促している（図 7-2-3）。

　熟達教師のわざを伝承するための授業研究法が開発されている一方で、多忙化や世代交代に伴って授業研究が形骸化しているという指摘もある。また、「省察」⇒「事後に振り返ること」⇒「PDCA サイクル」⇒「事後報告書」といった関連で捉えられることにより、「事後報告書」を義務づけることに終始してしまう場合も少なくない。深い省察を促すとともに、熟達教師のわざを共感・共有するための方法論の開発が求められている。

3. わざの伝承に向けた環境構成

　教育における成果の数値化と標準化が、世界中で拡大しつつある。教育水準の向上を目指して共通のスタンダードを設け、それに基づく評価体制とア

カウンタビリティ制度を構築することによって、一定の質を保障しようというのである。こうしたスタンダードによる教育改革が教師教育にも波及し始めている。とりわけ、教師の力量向上のための研修の体系化、義務化が急速に進み、初任者研修や 10 年経験者研修、役職や専門別の研修、教員免許更新講習など、多様な研修が提供されている。2018 年度からは、教員育成指標の作成が義務化され、その指標に合わせた研修制度の見直しが進められている。

　一方、教師個人を対象とした、研修の受講によるインプットでは、熟達教師のわざを伝承することが難しいことから、フォーマルな研修以外の学びの場をいかに構築するかも新たな課題となってきている。そこで注目されているのが、日本の学校現場で古くから受け継がれてきた教師コミュニティの再構築である。冷暖房設備が整い、パソコンに向き合う時間が長い今の職員室では、昔のようにダルマストーブの周りに集まったり、喫煙スペースで一服しながら対話するという機会は少なくなっている。だからこそ、研修などのフォーマルな場以外で、教師同士が語る環境づくりに力が注がれており、その一つとして、メンタリングの手法を用いた支援が広がりつつある。

　メンタリングとは、経験を積んだ専門家が新参の専門家の自立を見守り、援助することを意味している（岩川 1994）。初任教師へのメンタリングは、主に拠点校指導の教師と配置校指導の教師が行うことが多い。しかし、横浜市では、学校内の複数の若手教師によるメンターチームで初任教師の支援を行うことで、垂直的な関係ではなく、先輩と後輩といった斜めの関係として位置付け、実践知の伝承だけではなく、精神的な支援を行うことも意図されている（図7-2-4）。しかし、こういったメンタリングによる徒弟制が、常にうまく展開されるとは限らず、機能不全に陥る場合も少なくない。制度としてメンタリングを導入したことにより、インフォーマルに実践知を学びあう関係性が崩れてしまう場合もある。また職人技と言われるような経験と勘によって獲得されるような実践知は、メンタリング制度を設けたからといって、即座に伝わるわけではないため、実践知を共有する仕組みをいかに設けるかが課題となっている。

　教師と同様に、熟達者の暗黙知が解明されにくい領域においても、師匠や

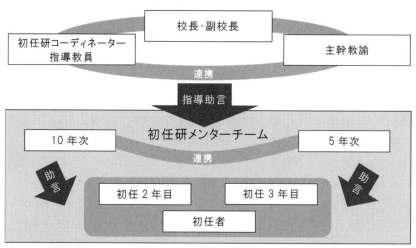
図 7-2-4　メンターチームの組織例（横浜市教育委員会 2011 をもとに作成）

指導者から弟子へいかに知が伝えられるのかが課題となっている。生田ら（2011）は、伝統芸能やスポーツ、看護等の領域において、ことばにできない知を伝えるための「伝えられないことを伝えようとすること」、「語りえぬことを語ること」に着目し、「身体感覚の共有」を促す媒介物として「わざ言語」を位置付ける。「わざ言語」とは、科学言語のようにある事柄を正確に記述、説明することを目的とするのではなく、相手に関連ある感覚や、行動を生じさせたり、現に行われている活動の中身を改善したりするときに用いられる言語であり、卓越者の Achievement（達成状態）についての感覚を学習者自らが探っていくように誘う役割を担っている。例えば、日本舞踊において「天から舞い降りる雪を受けるように」、声楽において「目玉のウラから声を出しなさい」といった特殊な比喩表現が使用される。授業研究に置き換えて考えると、授業を見たり、記述したりする方法をベテランから初任に教えるというのではなく、ベテラン教師の授業や子どもの見え方を共有することと捉えられる。学校現場では、「押す・引く」や「子どもの心にささる」といった「わざ言語」が教師同士の知の共有に用いられている。授業研究においても、授業や子どもの学びを語ることばを明らかにしていく必要があるだろう。

4. 教師のわざの伝承が直面する課題

　昨今の教育政策では、「学び続ける教員像」がキーワードになっている。しかしながら研修の体系化、義務化が進み、教師の学びが狭い範囲に限定されるきらいがある。研修を制度化することが悪いわけではないが、制度化することが主眼になってしまい、「学び続ける教師」ではなく「学ばされ続ける教師」になっていると揶揄されるほどである。

　これまでの教師教育では、新しい能力が求められると、新しい授業科目を設けて補完しようとする加算的能力観により養成・研修カリキュラムを開発してきた。しかしながら、教師の学びは、このような能力観のみで捉えられるものではない。次節以降では、講義や研修のプログラムを加算的に増やし、体系化・制度化することに終始するのではなく、熟達教師のわざや知恵が「伝わる」ための仕かけや環境、デザインを取り上げる。　　　　　〈姫野完治〉

第3節　熟達教師の「みえ」を伝える教員養成の取り組み

　大学における教員養成では、新任・若手教師の高い実践力の育成を目指し、学校および教育行政機関との連携強化や学校インターンの導入などといった教職課程の改革が急速に行われ、これに伴い、学生が学校現場の授業を参観する機会が多くなっている。この機会が単なる体験に終わらず「わざの伝承」の場になることは、学生が将来、学び続ける教師として歩むための基盤形成にとって重要である。そこで本節では、教員養成において、「みえ」に焦点をあてた授業研究による「わざの伝承」の取り組みについて紹介する。

1. 教師の年齢構成

　教師は、大量退職・採用時代を迎えている。1970年代の第二次ベビーブームで生まれた団塊ジュニアと呼ばれる世代の教育を担うため、1980年代に教師の大量採用が行われた。この世代が現在の50歳代後半にあたり教師数全体の多くを占め、ここ数年間かけて大量に退職していく。これに伴って新規採用数が増加し、教師の年齢構成が大きく変化している（図7-3-1）。教師の年齢層を50代のベテラン層、40代および30代後半の中堅層、30代前半および20代の若手層の3層とすると、ヒョウタンのようなアンバランスな年齢構成となっている。この中、中堅層のベテラン層と若手層の世代間ギャップを仲介する役割が重要となってくる。しかし、中堅層は学年主任や教務主任などの各部門の主任クラスの仕事を担うようになり非常に多忙化する。そのため、世代間の橋渡しをするまで手が回らず、結果、ベテラン層が培ってきた「わざ」が若手層へと伝承されず消失してしまう可能性が懸念されている。

2. 学校および教師の発達

　畑村（2006）は、組織の世代間でこれまで培ってきた技術が伝達された場合と伝達されない場合の組織としての発達の違いについて示している（図7-3-2）。技術が伝達されると、先代から技術を受け継いだ世代の人たちは、

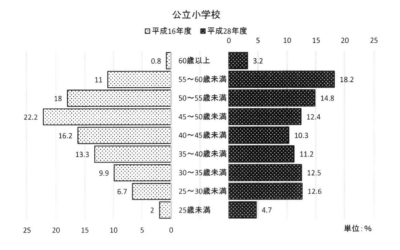

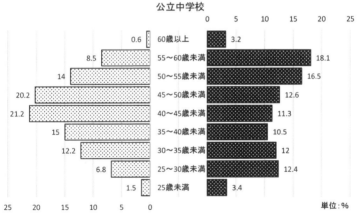

図 7-3-1 公立小中学校の教員の年齢構成（文部科学省 2017 を基に作成）

先代の知恵や経験をベースに実践を始めることができるため、先代のレベルに早く到達し、さらに高いレベルを目指すことができる可能性が高まる。そして、それらがさらに後の世代へと引き継がれていくと、世代が移り変わるとともに組織としてのレベルが高まる。一方、技術が伝達されないと、次世代の人たちは先代の人たちと同じスタート地点から出発しなければならない。

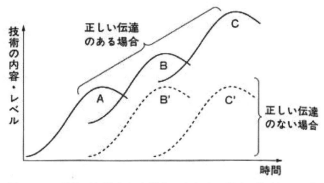

図 7-3-2　技術が伝達された場合、されない場合（畑村 2006）

そうすると、次世代の人たちが先代と同じレベルに達するためには、これまでと同じ時間と労力をかける必要がある。結果、組織としてのレベルが一向に上がることはなく、また、世代交代時にレベルが下がる場合もある。

教師の専門職像には、「技術的熟達者」モデルと「省察的実践家」モデルがある。これらは二項対立的に捉えられることもあるが、二つのモデルが両輪として駆動することで、教師は「学問する教師」として教職を高度化していくことができる（石井 2013）（図 7-3-3）。教師が「技術的熟達者」および「省察的実践家」として成長し続け、学校が組織として成熟するには、授業研究などを通した各コミュニティにおける日常的な世代間の「わざの伝承」が欠かせない。まさに、世代の大きな転換期を迎えている今、「わざの伝承」が今後の学校力の盛衰にとって鍵となる。

3.「みえ」を伝える授業研究
(1) 授業研究の方法

教員養成課程の教科教育法に関する講義において、学校現場での授業参観を含めた授業研究を行った。授業は、北海道教育大学附属旭川中学校の関健太教諭に中学校技術分野の授業を行ってもらい、教員養成課程の中学校技術・家庭科を専攻する 2 年生 21 名が授業を参観した。授業は、中学校 1 年生を対象とし、技術分野「生物育成に関する技術」について、よりよい生活の構築に向けて技術を評価し、新たな発想に基づく技術革新について考える

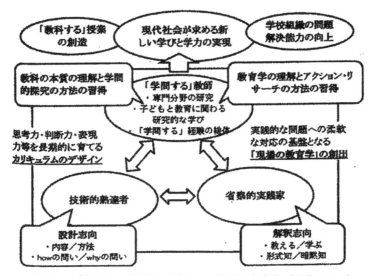

図 7-3-3 「学問する」教師を軸にした教職の高度化（石井 2013）

ことをねらいとした。授業研究の手順を次に示す。

①中学校にて、関教諭にウェアラブルカメラを装着し授業をしてもらい、授業中の「みえ」を録画する
②学生は授業参観しながら、気づいたことやわかったことなどを記述する
③大学の講義にて、関教諭にウェアラブルカメラで録画した「みえ」の映像を流しながら、授業中の思考判断や行為の意図などについて語ってもらう（写真 7-3-1)
④学生は「みえ」の映像とそれに関する関教諭の語りを視聴しながら、気づいたことやわかったことなどを記述する。

(2)「みえ」の視聴による学びの変容

　中学校での授業参観時および大学での映像視聴時における学生の記述の変容について見た。

　まず、個々の学生が記述した文を1命題1単位に分割した。そして、分割した命題の中で、授業の実践知に関する命題を抽出した。抽出の基準として、金井ほか（2012）の実践知を支える4つのスキルを参考にした。金井らは、

写真 7-3-1 「みえ」の映像と授業者の語りの様子

　実践知を支える4つのスキルをテクニカルスキル、ヒューマンスキル、コンセプチュアルスキルおよびメタ認知スキルとして整理し、さらに、それらを支える省察、批判的思考および経験から学習する態度を含めて図式化している（図7-3-4）。テクニカルスキルとは、専門的能力で、仕事のパフォーマンスの手順やスキルである。ヒューマンスキルとは、対人関係能力であり、集団の一員またリーダーとしてのスキルである。コンセプチュアルスキルとは、概念化能力であり、状況や問題に応じて全体のビジョンや戦略を立てるスキルである。メタ認知スキルは、メタ認知能力であり、自身の認知活動をモニターしコントロールするスキルである。

　これら4つのスキルを、授業の実践知を支える4つのスキルとして転換した。すなわち、テクニカルスキルは授業の展開を支える手順やスキル、ヒューマンスキルは生徒との関係を築く意識やスキル、コンセプチュアルスキルは教科および授業全体のビジョンや戦略を立てるスキル、メタ認知スキルは授業の状況に応じて自己をモニターしコントロールするスキルである。そして、四つのスキルに沿って抽出した命題の数および命題数に占める各スキルの割合について、授業参観時および映像視聴時において比較した。

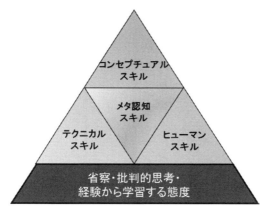

図 7-3-4　実践知を支える 4 つのスキル（金井ら 2012 を一部変更）

　はじめに、授業参観時および映像視聴時の実践知に関する命題数について表 7-3-1 に示す。授業参観時の記述は、授業中に起こった出来事とそれに対する感想に留まる記述がほとんどであり、その出来事が起きることに影響したスキルに気づくことは難しかったようである。中には、実践知に関する命題数が 1 もしくは 2 という学生も約半数おり、学生の多くが授業参観では実践知についてほとんど学べていないことが伺えた。一方、映像視聴時では、学生の実践知に関する命題数は授業参観時に比べ平均して約 4 倍増加した。また、学生全員が授業参観時よりも多くの命題数を記述しており、中には、約 10 倍の命題数を記述した学生もいた。これらより、学生は、授業者の「みえ」と語りを視聴することによって、実践知を支える多くのスキルを学ぶことができたと推察された。

　次に、命題数に占める各スキルの割合について図 7-3-5 に示す。授業参観時では、テクニカルスキルが 85.2％と大半を占め、ヒューマンスキルが 13.6％、コンセプチュアルスキルが 1.2％であり、メタ認知スキルに関する記述はなかった。授業参観時には、学生は外面的に行為として見えるテクニカルスキルしか学ぶことができず、他のスキルへの気づきはほとんどなかった。一方、映像視聴時では、テクニカルスキルが 35.4％、ヒューマンスキルが 13.1％、コンセプチュアルスキルが 46.5％、メタ認知スキルが 5.1％であった。授業

表 7-3-1　実践知に関する命題数

学生	授業参観時	映像視聴時	学生	授業参観時	映像視聴時
A	8	14	L	4	22
B	2	14	M	5	14
C	4	20	N	7	24
D	5	13	O	2	17
E	2	10	P	5	12
F	2	12	Q	6	19
G	5	9	R	5	22
H	1	10	S	2	19
I	2	9	T	3	11
J	2	8	U	5	19
K	5	17			

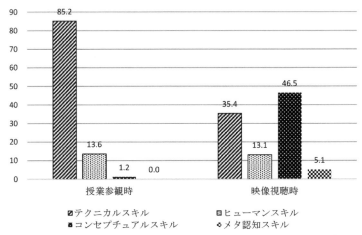

図 7-3-5　実践知に関する命題数に占める各スキルの割合（％）

参観時と比べて、各スキルに関する記述数および記述した学生数は大きく増加した。特に、授業参観時では、1名の学生の記述しかなかったコンセプチュアルスキルに関する記述が最も大きな値を示し、また、授業参観時には記述がなかったメタ認知スキルに関する記述も見られた。以上から、授業者の

表 7-3-2　実践知に関する命題数

	授業参観時	映像視聴時
テクニカルスキル	・問題設定を具体的かつ詳細にしている ・デジタイマーで生徒の活動時間が分かるようにしている	・導入は7分以内で終わらせてメインの活動時間を確保する ・生徒が予想しない発問を通して、既習事項を違う角度から引き出す ・導入で本時のキーワードとなることを生徒から引き出せるように対話する ・生徒と対話しながら発問の難易度を少しずつ上げる ・生徒がワークシートを記入している間に次の活動と残り時間を伝える ・難しい活動の説明をした後は、伝わったかを手を挙げて確認しておく ・グループではまとめることが難しい問いを設定することで多角的な意見の言い合いを促す
ヒューマンスキル	・生徒の発表を大切に肯定的に受け止めている ・身振り手振り、声の抑揚など表情豊かに生徒とコミュニケーションをとっている	・誰一人時間を持て余さないように生徒を動かしている ・プリントを読んでいるように見せながら、生徒が困り感のある表情をしていないかを確認している ・生徒のそばでしっかりと見ることで安心させようとしている
コンセプチュアルスキル		・単元がストーリーになっていて、自分がその登場人物になることで主体的に問題解決できる ・個の意見をしっかりと持った上でグループワークに入ると思考が拡がって面白くなる・パフォーマンス課題をロールプレイングを通して解決することで、わかるだけでなくできる学びになる ・わかる、できる、使えるまでにすることが技術の授業 ・まとめは、感想を書くのではなく、新たな問いにチャレンジする時間にする ・技術的な視点から問いを立てることで、社会科や総合学習とは違う技術科の問題解決学習を行う ・グループワークは個から始まり個で終わることで思考が拡がり深まる ・先端技術に関するキーワードを紹介し、よりよい社会に向けた技術の評価・活用に目を向けるきっかけをつくる
メタ認知スキル		・対話しながら次に生徒が疑問に思いそうなことを考えて、この後の生徒に合った思考の道筋を整理している。 ・指導案を後ろから確認すると、この後の流れと時間の計画を立てやすい ・技術の視点から思考できるように、発問の修正をしようとしている

「みえ」と語りを視聴することによって、参観者としての「みえ」だけでは学ぶことが難しかった、授業者の生徒への気遣い、教科に対する信念、学習状況に対応した即興的な発問の修正といった行為の背景にある、授業者の内面的なスキルについて学ぶことができたと考えられる。

以上の事例として、学生Lの記述の変容を表7-3-2に示す。学生Lの実践知に関する記述数は、授業参観時の4から映像視聴時の22へと大きく増加した。授業参観時では、授業者の生徒の発言に対する共感的で寛容な態度や生徒の思考活動を活性化させる手立てについて学んでいた。映像視聴時では、テクニカルスキルとして、特に、導入での授業者が生徒と対話をしながら既習事項を確認している場面における、緻密な時間配分や発問に隠された教師の意図を学んでいた。また、思考活動の活性化を図る手立てについて授業参観時に加えて気づきを得ている。ヒューマンスキルとして、授業者が生徒全員の学びを保障するため、教室の動線のレイアウトや教師の立ち位置な

ど細かな配慮があることを学んでいた。コンセプチュアルスキルは最も記述が多く、ストーリー性のある題材構成、技術科としての問題解決学習の在り方、ロールプレイングやディベートを活用したグループワークの意図など、本時だけではない授業および教科の本質に迫るためのスキルを学びとっていた。メタ認知スキルとして、生徒の学習状況に合わせて授業の流れを変えたり、発問と本時の問いとのズレを修正したりと、授業中に省察と改善をしながら即興的に授業を創りなおしていることに気づいていた。

(3) 教員養成において「みえ」を伝えることの可能性

　教員養成において「わざの伝承」の場をどのようにコーディネートするか。その一つとして、熟達教師の「みえ」と省察を核にした授業研究を行った。斎藤ほか (1978) は、技術は見えることと一体になることで成立し、子どもの事実が見えて感動することから生まれた技術こそが活きる技術になると述べている。本授業研究では、ウェアラブルカメラの活用によって、熟達教師の見えていることを根拠にしたわざを学生に伝えることをねらった。

　その結果、学生は、映像を視聴することで熟達教師の「みえ」を体感し、熟達教師の語りを聴くことで、そこに隠された実践知を支えるスキルを多く学んだ。学生Lの記述に「先生は、授業の中でこんなにも多くのことを考えているとは驚いた。桁違いですごいと思った。やらないといけないことは無限にあるが、少しずつスキルアップしたい。」とあった。これは、単に授業参観するだけでは気づけなかっただろうし、従来のような外部から撮影した映像だけでは、「みえ」と一体化したわざとして学ぶことは難しかっただろう。学生が、評論家ではなく実践者として成長することに「みえ」を核にした授業研究の大きな可能性を感じた。一方、本授業研究の課題も見えてきた。本授業研究の特長の1つは、授業者の「みえ」に沿って、授業中の感情の揺れや迷いに対する即興的な対応、いわゆる、メタ認知スキルを学べることだと考えた。授業者がこれについて語る場面は多々あったが、学生のメタ認知スキルに関する記述は少なかった。今後は、ストップモーションによって授業者の内面の動きを丁寧に見るなど、場面に応じたファシリテーションが必要である。

　授業者の関教諭は「授業をしてから1週間たったので思い出すか不安でし

たけど、映像を見ているとその時のことが蘇ってきました。改めてこうやってみると自分の授業はまだまだですね。やり直します。」と言っていた。関教諭は、主観的な映像を通して、授業で起きていた子どもの事実を想起した。そして、自身の「みえ」から、自分の授業を批判的に省察し、その経験から学び、次の授業に活かそうとしていた。まさに、実践知を支えるスキルの基盤となる省察、批判的思考、経験から学習する態度を実践していたのである。このような教師の、子どもにとっての最適解を常に問い、よりよい授業を探究し続ける真摯な姿勢も伝わる教員養成の取り組みを目指したい。

〈小泉匡弘〉

第4節　授業研究における VR の活用

1．授業研究と記録メディアの関係

　授業研究は、よりよい授業を創るために授業を対象化することである。対象化するには授業を分析可能な形で把握する必要があり、授業の記録は授業把握の基礎的手法であるとともに、研究を決定づける重要な機能をもつ。これまでの記録する方法として次のようなものがある。

(1) 文字による記録

　これまで授業の記録は文字で紙に記録する手法がとられてきた。手軽で簡便なことから現在もこの手法は主要な記録法である。授業研究では授業記録を基に授業者、参観者、指導者などが意見を交換する。参観者は授業の記録メモと記憶をもとに意見を述べるが、そこには、各自の授業観、児童・生徒観、教材観、学級経営観などなどが反映されている。

(2) 音声による記録

　音声記録は、授業検討会でその音声情報をすぐに活用することは殆どない。むしろ、後日、記録されたコミュニケーションの音声を文字による授業プロトコルとして記述し、言語を手がかりにコミュニケーションを分析する際の素材データとして活用されることが多い。

(3) 写真による記録

　カメラにより授業の場面を静止画で記録する方法である。写真による記録は、文字や音声では表現できない、表情などを記録するメディアとして早くから注目されてきた。教育界では『写真集未来誕生』(川島・斎藤 1986)は島小学校の記録としてつとに有名である。授業研究では、写真だけを利用することは少ない。文字での授業記録に写真を添付することで、授業場面での子どもの表情や様子を視覚化し、文字記録の弱点を補完している。最近は携帯電話などのカメラ機能で写真を撮ることが多い。子どもの活動とともに板書やノート、作品や、グループ活動、実験の様子などなどを、カメラにより記録し活用する。

（4）ビデオカメラによる記録

　ビデオカメラが容易に使用できる今日、音声が同時に記録されることから、授業の動画記録として利用される。運動、実験、製作、グループ活動など、子どもの活動が動きを伴い記録できる。映像の記録は、時間経過によるコミュニケーションが学級全体として再現できることから、授業研究にとって画期的メディアと言える。成果発表などでは特徴的な場面を提示することで、参加者の理解を促すことができる。

　以上の記録方法は、授業を客観的に記録し授業を分析することに主眼を置くものである。

（5）360°カメラによる記録

　360°カメラによる授業の記録と活用は始まったばかりで、ヘッドカメラでの視野との研究（姫野 2017）、VR の授業での活用研究（生田・内山 2018）もあるが数は少ない。授業 VR の最大の特徴は、視聴者が自分の視野を自由に移動させることができることにある。これが従来のビデオ記録と根本的に異なる点である。これからは、VR による非同期的授業研究と再現の活用に期待できると思われる。

（6）授業の記録と分析における主観性

　これらの記録は一見客観的のようであるが、記録者の対象への「みえ」（主観）がそこには反映されており、一般的な意味での客観性は弱い。検討会では授業の特定事象が議論されるが、その事象の選択そのものにすでに主観が働いている。たとえその場に文字や写真、ビデオの情報があったとしても、どの事象が問題であるかは、見る人の「みえ」（価値観）に拠らざるを得ない。文字でのセリフが同じでも、あるいは楽譜が同じでも（客観性）、現実の舞は異なり演奏が異なる（主観性）ように、事象の解釈、意味づけ、行為は主観的とならざるを得ないのである。とりわけ文字によるコミュニケーションの記録は、分析者によって主観的に対象化されて初めてその意義が出てくる。

　記録サインの特性としては、文字は一般性抽象性を示し、音声情報は声色・抑揚・テンポ・口調、などの表情を表現し、写真は児童生徒のその瞬間の姿形が固有の意味をもつ。そこにはいわゆる客観性などはない。記録者の立ち位置はあくまでも記録者によって決まり、記録する視野も当然記録者が決定

するわけで、他者がこれを見ても、記録者の視野と視線に視聴者の視線は従属し、その枠内で思考することになる。これは何も映像に限ったことではなく、文章においても書き手の表現形式に読み手は従属する。読むとは己を読むことと言うが、それは書き手の表現形式の範疇で己を見ていることであり、その枠で思考し判断し批判したりするわけで、枠を外れて思考することはできない。この意味で、映像は記録者の主観に依拠し、これを授業研究で利活用する際もそれを免れることはできない。

　授業研究の基本は主観が基盤となり、その授業が授業者や参観者にとってどのように見えて行動したかを知ることにある。これまでの授業記録は「みえ」と「意思決定」を記録するものではなかった。「わざ」は、教師の「みえ」に始まる意思決定の過程の総体と言える。みる人の主観性と多様性を前提に、授業で教師は何を見、どのように見えて行動するのか、を知ることが、教師の成長や教師の力量形成にとって基礎となると考える。

2. 授業研究へのVR授業の活用
(1) 同期型と非同期型の授業研究へ

　これまでの授業研究は校内の授業を校内外に公開する形で行われ、授業後、授業者・参観者を交えて検討を行う形態であった。そこでは、授業の場と時間をリアルタイムで共有する同期的条件のもとで授業研究が行われてきた。リアルタイムでの授業過程は一過性で再現性はなく、授業に関わった人の記憶を主に検討がなされてきた。また、固定カメラでの再生画像をもとにストップモーション法、あるいはビデオ中断法、再生刺激法的などで、「みえ」を語る手法もあるが、これらも素材の映像は視野が一定で、リアルタイムでの授業参観のように自由な視野の選択を可能とするものではない。

　授業をみる時リアルタイムでの視野の自由さこそが最大の特徴である。360°カメラによる授業のVR化は、従来の同期的状況下での授業研究の特性を保有しつつ、その課題を克服できる可能性をもつ（写真7-4-1はVR映像の一部である）。したがって、VR授業映像が授業研究において意義を持つとすれば、それがリアルタイムでの視野の自由度をどの程度保証するかにかかっていると言える。

写真 7-4-1　VR による授業映像

(2) 非同期的授業研究

　360°カメラによる VR 授業映像を用いて非同期的環境で授業参観することにより、従来型のリアルタイムのそれとの違いを検討した。
①授業実践研究の試行

　授業の実践と授業研究の手順は、① 360°カメラによる授業の記録と VR 映像（非同期）、②公開視聴環境での VR 授業参観（非同期）、③スカイプでの授業検討会（同期）の三段階により実施された。
②授業記録と対象授業

　授業は小学校 4 年生（少人数 6 人学級）で算数で、360°カメラはコの字型の机配置の内側に設置した。
③ VR による授業参観

　非同期的参観：VR 授業は 10 日間、視聴者限定でネットで視聴可能とし、参観者は個別に自由に視聴する非同期的参観であった。参加地は北海道から岐阜の 6 地点で現職教員、教育行政関係者、大学教員など 15 名であった。
④「授業検討会」（同期）

　授業検討会は、VR 視聴後スカイプを用い新潟会場をベースに各会場を繋ぎ、従来検討のスタイルで、授業者の説明を受け参観者からの質問（既習との関連、ねらい、課題設定、発問、子どものとらえ）と質疑応答が行われた。

(3) VR授業映像の可能性と課題
① VR授業とリアルタイムでの授業参観
　参加者は初めてのVR授業であり、感想として「VRでの臨場感を伴う参加であること」「実体験に近い体験を伴ったこと」が報告されるとともに、「既習との関連」「ねらい」「課題設定」「発問」「子どものとらえ」など従来の授業研究で提出され主たる内容が提示された。このことにより、VRがリアルタイムでの参観に類似した体験であることが示されたといえる。
② 非同期による授業研究の可能性と課題
　教育委員会の参加者からはVRにより「指導主事の学校訪問の減少」「指導内容や方法が変わる」などの可能性が指摘された。非同期の特徴の一つは、時間と場所、参加範囲などの束縛からの開放である。このことで、非同期による授業研究は、校内研究や研究校などで可能となろう。しかし、VR授業は視聴の非同期性は確保できるが、その後の検討を非同期でどこまで保証できるかが課題となる。視聴による意見や疑問は参加者の授業認知をもとに意見を交換してこそ検討の意義をもつ。これを非同期的状況で時間差をおいて行う場合には、知りたい、伝えたいとの動機が遅延される。コミュニケーションの時間差を最小とするICT社会の中で、非同期によるタイムラグでのメリットとデメリットの問題は状況に応じて検討すべき重要な課題である。
③ 視野と主観
　VR授業視聴での自由な視野の移動は、VRの最大の特性であり、リアリティに近い感覚をもたらす。視野の自由度は、参観者の主観と連動しており、授業を「みる」のは、見る視野が自分の意思で「みえ」、同時に認知と判断が働き思考が作用すると理解できる。したがって、VRの授業研究での活用を、教師の「みえ」の観点から検討するなら、授業検討会の意見は、各自の「みえ」に基づく思考を、VRの各自の視野の映像をデータとして示し、検討することが必要であり、VRはそれを可能とする。これは、みえの研究に関わる重要な観点と言える。
　これまで「みえ」の伝達や共有化の手段にことばや文字あるいは固定視野の映像を用いてきた。さらに、VR授業の活用が可能となれば各自の「みえ」を直接的にエビデンスとして示すことが可能となり、その伝達や共有化を飛

躍的に推進する手段になると考えられる。

3. VR授業によるオンゴーイング認知の検討

　授業中の教師の行動は、授業事象が「みえ」、それに伴い「判断」があり、「行為」が為さる意思決定過程とされる。オンゴーイング法（生田 2002）はリアルタイムでの認知を観察者の発話のプロトコルと授業記録のプロトコルで記述する方法であるが、リアルタイムよる授業での「みえ」の把握に、その時限りの一過性の特性と限界がある。

　VRで授業を観察者が自由な時間に視聴できることは、同期的条件での時間と場の制約の課題を克服でき、授業認知をある程度リアルタイムに近い形で把握できることになる。本事例ではVR授業の視聴で、オンゴーイング発話をVR画面と同期し把握分析することを目的とした（生田・内山 2018）。これにより観察者の自由な時間にオンゴーイング認知を把握できることになり、授業省察の手法が新たになる。

（1）VRオンゴーイングの方法

　使用したVR授業は上記のJ小学校4年算数「概数」のVR映像54分で、大学教員（数学）と小学校教員（算数）の2名にゴーグルで視聴してもらい、視聴中のオンゴーイング発話を記録しデータとした。このVR視聴視野映像とオンゴーイング発話を同期させ合成し観察者の発話視野と授業場面を新たな映像で構成した。この映像

写真 7-4-2

をもとに、授業プロトコルと発話を文字化し、基礎データとした。

（2）大学教員と小学校教員の認知

①同事象認知と異事象認知（授業過程でのオンゴーイング発話）

　対象者は大学の数学教育の教員と小学校教員（算数を研究教科）である。発話回数は大学教員が51回、小学校教員が135回で小学校教員の発話回数は大学教員の約2.5倍である。授業事象を導入・展開・まとめの段階にわけ、事象をAからMに区分した。ちなみに導入部分はA、Bで展開部分はCからK、まとめはL、Mである。表7-4-1は、事業の事象に対応する視聴者の認知の同類と異類の状態である。

この表に見られるように、導入段階の事象A、Bは異類認知で、展開は異類が混在するも中盤でのG、H、Iは連続して異類であり、展開である授業の中心部分に両者の認知に違いがあることがわかる。

②事象による発話回数の変化

図7-4-1は、事象ごとの発話頻度の全体に対する割合を示してある。全体的なパターンは両者それほど極端な違いはなく、展開の事象Eで低くなり、G、Jで高くなり、まとめで高くなることがわかる。

小学校教員の発話回数は大学教員の約2.5倍であるが、全体のパターンはほぼ同じである。これを夫々の発話総数に対する事象ごとの割合で示すと、両者で頻度の割合の差が大きいのは、導入では事象A、展開ではF、G、Jでまとめではである。差が大きい事象での、異類認知はG、Jである。

表7-4-1　授業認知

授業過程	事象	同事象	
		同類	異類
導入	A		○
	B		○
展開	C	○	
	D		○
	E		○
	F	○	
	G		○
	H		○
	I		○
	J	○	
	K	○	
まとめ	L	○	
	M	○	

このうちG事象についての異類認知をみると、大学教師は、

「お金が足りるかどうかは、3000円を子どもはぜんぶ足していくのではないか。そうすると、概数にすること、概算にすることが、第一ステップの概数は使えなくなるのではないか」「概数で考える、足りると考えるならば、100円玉で払うとして子どもたちの考えを持っていく方がいい。」「第一ステップでの1970円の学習をまとめていないのがここで影響が出ていますね。」「ここで、大部分の子どもが全ての数を足していることがわかる。概数していないということが分かる」「子どもが216円、750,850円をどうやって概数にしているかを子どもに問うことはないのですね」

との発話で、第一ステップでの概数の扱いが不十分であり、それが第二ステップの概算に影響することを早い段階から読み、指導の基本的枠組みを一貫して問題視し、指導の構造的課題と指摘していることがわかる。100円玉で支払うようにしたらとの提案も、オンゴーイングで出ており、それがこの

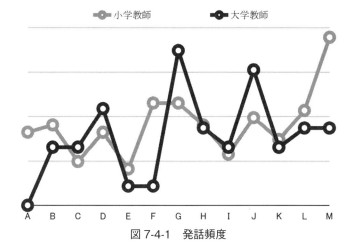

図 7-4-1　発話頻度

場面で顕著に現れている。

これに対して、小学校の教員は、

「足して四捨五入する方法です」「ここまでは、足してから繰り上げるか、四捨五入しか出ていないが、他の子はどんな考えだったのか、わからない。ノートに何を書いたのか知りたい」「先の問題では、足してから概算する方法しか出ていないので、ここで概算にして足すという方法が出るか、わからない」「全部たりるでしょうかという、発問で、(子どもは) 何を考えているのか」「子どもには、ことばと式がわからないのではないのか」「何を求められているのかわからなくなっている」

などである。小学校の教師も概算と概数の関係を気にしてはいるが、子どもがその時何を考えているか、その時々の思考に関心があり、教師の発問の意図の不明確さを、子どもの理解と繋いで指摘し、子どもの個別的事項への意識が高いと言える。これらの内容の発言が、大学教員との発話数に大きな差になって現れている。まとめの段階では、両者の発話率は大きく異なるが、概算がこどもによく理解されなかった点を指摘しており、同類であった。

本事例では同じ授業を VR で視聴し、オンゴーイング認知を授業事象と連動して両者を比較してみた。発話数の差とともに発話言語の違いもかなり出ておりデータで示していないがそのほとんどは、当然であるが、両者の発言

内容の違いであり、現場の教師は徹底的に個々の児童の関心意欲、思考と学習の成立を刻々と変化する授業事象に即して認知しており、この認知状況が鮮明に把握できたといえる。他方、大学教師は、個々の児童への認知もあるものの、授業の構成、単元の算数としての概念へのアプローチの構造をいち早く認知しており、認知のほとんどがこれを軸としたものとなっている。

　切り取った両者の認知の特性はその一部である。シャベルソン以来、授業中に表出する教師にとってのキューが教師の認知の課題とされ、reflection in action の重要性が指摘されているが、in action でそれを具体的に把握する研究方法は模索の状態であった。筆者のオンゴーイング法はリアルタイムでの手法であり、同期的状況での限界を超えられなかった。こうした中、VR は視野の主観性をある程度確保しつつ、時間と場の制約を乗り越え reflection in action を可能とすると考える。授業中での認知を把握する手法としての VR の可能性が幾らか開かれたと思うのである。

4. VR の認知とリアルタイムの認知

　今後 VR が日常化されてくると、対象との視野の構造が変わると思われる。授業の見え方、子どもの見え方が変化するのに応じて、観察者（授業者も VR では観察者）の位置も変化し、リアルタイムでの「みえ」も変化する。VR での視野の移動が自由になるほど、事象認知の様態、偶有性が変化する。つまり認知の有様、様態の変容である。そうだとすると、授業の認知はリアルタイムでないと本物ではないとは言えなくなる。授業過程を文字化したプロトコルも、写真やビデオなどでの記録情報も授業を表現していることには変わりない。これらの情報から授業をイメージし、授業を分析してきている。リアルタイムでの授業経験と記録メディアによる授業再現での経験は、授業認知の形成にどう影響するのであろうか。

　　VR の世界はリアルタイムでの状況を離れるものの、その視聴はこれまでの思考を再構成する。それは子どもと教師の一期一会を生きる世界を離れて、再現メディアを介して授業という世界の意味を再構築することでもある。VR というメディアは、授業研究に新たな教師の主観性と成長とを開いてくれることに期待したい。

〈生田孝至〉

第5節　斎藤喜博の求めたわざが受け継がれるとき

1．斎藤喜博のわざとは
(1)　なぜ斎藤喜博なのか

　わが国では理論と実践の関係は、外国の理論を学校の実践に取り入れる theory into practice の時代を辿り、理論を優れた実践を介して求めようという theory through practice の時期を経て、今、理論は実践そのものにあるとの theory in practice に至っている。実践そのものに固有の論があり創造があるとする theory in practice こそが、これまでにない教育実践の論である。

　今日、斎藤喜博の名前を知っている人はそれほど多くないと思う。それは、彼が活躍した時代が1960年代の頃でありかなり前の時代であることによる。しかし、群馬の境町にあった島小学校での実践は当時はもとより今日においても全く色あせていない。今日の「主体的で・対話的で・深い学び」を標語とする教育が、すでに島小の教育活動として存在したのである。島小の公開研究授業は、現職の教員も研究者、評論家、マスコミ関係者も参集し、そこに展開される授業と子どもの活動に魅了され、全国的に広がったのである（写真 7-5-1）。

　斎藤喜博にとって教育は子どもを解放し、教師を解放し、保護者を解放することでもあった。授業を公開し、また、多数の他の学校の授業の指導を自ら行い、「解放された」子どもを育むことに全力を傾けたと言える。戦後の教育で、教科書制度の策定に関わった木田宏は「教科書を教える」から「教科書で教える」への教育観の転換で教科書作成に当たった[1]。斎藤喜博はまさにこの教育観を実践したのは言うまでもない。

(2)　「みる」と「みえる」

　斎藤喜博のわざをどこに求めるかと言えば、それは「みる」と「みえる」にあり「教師にとって見えることが全てである」との言に凝集されている。斎藤は「みる」と「みえる」について、「『みる』は目をこらしてよく見、そのなかから努力して見つけ出すことです。『みえる』の場合は、意識しなく

写真 7-5-1　教室に入れないほどの参観者が押し寄せた公開授業研究会

とも見えてくる、向こうが呼びかけてくることです。」と端的に示している（斎藤 1979）。

　吉田は「みる」と「みえる」の関わりを、それぞれが相互に転化しつつ発展していく能動性と受動性との関係として捉える。「みる」は能動的働き、「みえる」は受動的働きとみる。努力して「みる」が、努力せずとも「みえる」に、さらに、見ようとしなくても「みえてしまう」に転化していく、「みる」の発展進化の過程と関わると説明している（吉田 1982）。

　授業は開始されるや刻々の過程で子どもを瞬時にみとり判断し対応行動をとる意思決定過程とみなされる。そこにはじっくりと「みる」のではなく「みえる」ことでの認知が働いている。努力して「みる」のは、授業以外で教材や勉強会などを通して「みる」を鍛えることで、月見草の開花をじっと観察してその瞬間を見る、などが示される。これが努力して「みる」ことで、こうした「みる」姿勢が「みえる」の基礎をなして授業での瞬時の「みえる」を形成している、ということである。そうであるとしても「みる」と「みえる」は、直ちには理解し難い。それを見透かしたように斎藤は「それはその

人の経験とか、知識とか教養とか、ねがいとかがもとにあって、すぐれた勘として結集された結果出てくるものです」と、その奥深さに追い打ちをかける。わざの伝承の困難さがこの言に現れている。

吉田は「斎藤喜博における『みる』と『みえる』とは、斎藤喜博が自らの自我を掛け、長い年月を掛けて、自らの力でその世界を形成し、その世界における『みる』と『みえる』として形成してきた、その『みる』と『みえる』なのだ」と解説してみせる。その上で「その『みる』と『みえる』を私たちが『学ぶ』ということは、それらの形成過程を『学ぶ』ことを通じて、私たち一人ひとりが、また、それぞれに自らの『みる』と『みえる』を自ら鍛え、自らの自我と世界を形成して行くことではないか」とも言う（吉田 1982）。現象学の立場から斎藤教授学を研究している吉田の説明から、わざ、を技術や術、技では表現しがたく、ましてハウツーや法則化などでは明示しきれない、哲学的で人間的な自我の在りようとして捉えられていることが伝わってくる。どのように「みる」と「みえる」や「わざ」は伝わり、伝承できるのか。どこかに、わざを学ぶステップや段階や形式、スタイルなどがありはしないかと探求することは、ここに至り表層的で形式的な問いになる。

(3) 意思決定過程での「みる」と「みえる」

「みる」と「みえる」は授業の意思決定過程での「認知—判断—決定—行為」に係る。授業過程は、教える—学ぶの連続体でありそれが螺旋的に積み重なり次の過程を創り出している。したがって「みる」における意思決定過程と「みえる」における意思決定過程とがあるわけで、「みる」が積極的で「みえる」が消極的であろうとも、認知—判断—決定—行為のどれかにおいて「みる」と「みえる」は重心を置く位置に違いがあるだけであろう。多分に、「みる」は授業実施以前の位置での認知—判断に重点があり、「みえる」は授業の実施過程に位置づき、暗黙性、身体性、臨床性などを媒介とする瞬時の意思決定と行為である。生田久美子は「わざ」を to be の状態、そうならざるを得ない状態と表現しているが、それはまさに「みえる」状態である。教師の意思決定過程という授業過程は、このように意識の意図的過程と無意識的認知過程とによって重層的で動的な創造的過程と言える。

さて「みえる」が重要なのは「みえて、手を打つ」に即連動するからであ

写真 7-5-2　授業を研究する若い先生たち

る。吉田は「授業者は、自らが「みえる」ことを、即座に「みる」こと、そして、それに対応して、即座に自らが「できる」ことを「する」のでなくてはならない。」「授業は限られた時間内に行われる。その時間内には「みえない」という場合には、その時間内での「する」に「できる」を結びつけることが達成されず「できる」は活かされないでしまう。つまり授業の目的論的構造に制約されて、機能的に、構造化されるのである。」と授業時間内の制限された現実での「みえる」「できる」の厳しい関係を示す。筆者は授業の認知と行為の関係を以下のように捉えている。

 a 見えないので、手を打たない。
 b 見えるが、手を打てない。
 c 見えて、手を打つ。

これは、教師の発達過程でもあり1時間での授業過程でもあるが、斎藤喜博が述べているように「みえる」ことが全てであり、見えた状態に応じて手を打つのではあるが、実際には「みえて」いて「手が打てない」認知の状態こそが、わざを求め悩み学ぶ過程でもある。

2. 川嶋環が受け継いだわざ ——詩「春」の授業より——

　わざの伝承は、授業者も研究者も己の「みる」「みえる」を自我をかけてその世界を創り続けることであるとすると、これは容易ではない。客観的で、明示的で外的に可視化できて、技術として伝えられることだけではわざは形成されず、伝えられない。そこで、斎藤喜博のもと島小学校で初任となり、教師生活の最後を「春の詩の授業」で終えた川嶋環の授業を通してこれを見てみよう。

（1）何故、春の詩の授業なのか

　斎藤喜博が校長であるとき、島小で他の教師の授業を見て、川嶋はいつか自分もこうした授業ができるようになりたい、と思い続けたと言う。そして教師生活最後の授業として、坂本遼の春の詩を選んだ。筆者もその授業に参加しビデオ撮影を担当した。川嶋は「この詩の授業はやりたいとずっと思っていたが、怖くてできなかった」と言う。やれば自分の授業者としての力が全部出てしまうのだと言う。それが怖いのだと。春の詩の授業はこれまでも先輩のものを見た。自分には力がなくこうした授業はできないとの思いがあったが、最後に、これを6年生に伝えようと、決意したとのこと。斎藤先生から学んだすべてを掛けてみようと。いうなれば斎藤喜博のいう自我の形成をかけたわざで最後の授業に臨んだと言える。これが、何故、春の詩かの答えである（川嶋 2016）。

　一つの作品を軸に、その作品に出合えたよろこびを、子どもと教師が共有し合う授業を求め続けながら、手ごたえもなく、定年が近づいてきて、川島は最後の6年生への授業としてこの春の詩を迷ったあげく、選ぶ。

（2）指導案に子どもを「みる」を見る

　指導案は教材の春の作者、詩の意味から始まり、取り上げた理由、学級の実態の後、本時の指導案が示される。本時指導案は中心となるコアの部分が「めあて／教師／子ども／留意点」の4枠に簡潔に1ページ程度に記されているだけである。細案などはない。斎藤喜博の言う「みる」「みえる」のわざの背後にある教材の解釈、教材への思い、読み込みなどが前提となり授業が構想され、本時の指導案が作成されていることは言うまでもない。

　授業は全8時間で、本時は8/8の最後の授業で目標は「"おかんがみたい"

という気持ちに同感できる」である。本時の指導案に子どもをどう「みて」いるかが示されている。子どもの欄に、子どもが出すであろう疑問が氏名入で下記のように記されている。これは授業者が見るその子どもの資質である。

  疑問
  おかんは離れて暮らしているのか。（板橋）
  ぴょっくり何が浮いているのだろう。（星野）
  どうして牛の余韻に耳を傾けているのだろう。（中道）
  大きい春って何だろうか。（原田他多数）
  なぜ春に年をとるのか。（竹田）
  かなしいのになぜおかんがみたいのか。（氏名なし）
  "みる"を辞書で調べる。（金子）

(3) 授業の展開のわざ

 授業展開のわざの骨格は「初期の朗読A」→「疑問による意味」→「後の朗読B」のプロセスにある。この詩は3連構成の詩で、1連、2連、3連ともに、朗読を読みの評価尺度と位置づけ、初期の朗読Aでその時点での読みを診断し、次に意味が分からない所を疑問として出させ、見方考え方を出し合い学級全体で検討させ共有化した後、再度朗読Bをさせ朗読の変化を感性に訴えてその質的深まりと広がりを評価している。これは教師だけではなく、朗読する子どもとそれを聞いている子どもたち全員が、読みの変容を体感しているのである。このように詩の朗読を、文字では表現できないその質的で内的な理解の診断に位置づけることで、文字による詩の世界の学びに、朗読とゆさぶりを中心とする固有のわざが組み込まれ授業が創られている。このわざは、斎藤喜博自身のこの詩の授業においても、また、介入授業での細田の授業においても、見られる基本的わざである（斎藤1977）。
① 「みる」「みえる」と指名
 川嶋学級の児童は6年生36人で、この授業で指名したのは31人である。83％の子どもを指名し対話している。その総回数は101回を数える。図7-5-1は指名の回数と被指名者の数と対話の数のグラフである。横軸が指名

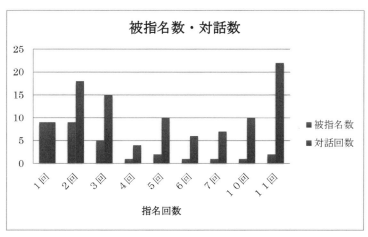

図 7-5-1　指名の回数と被指名者の数と対話の数

回数で1回から11回まで（8、9回の指名は無し）である。指名1、2回はそれぞれ9人で3回は5人であり、これで対話全体の42％を占める。他方、一人で11回も指名されるのは2人に限定され、10回、7回、6回指名された子どもは各一人であり、指名回数の多い子どもは少人数であるにも関わらず、対話全体の45％を占めている。これはこの授業での対話の50％弱が5人程の少数の子どもと為されており、残りの半分はできるだけ多数の子どもに参加させる意図でなされていると捉えることができよう。

同じ教材で細田の授業で斎藤は度々「同じ子ではなく、ちがう子の意見を聞くように」との指導を行っている（斎藤 1977）。それは多くの子どもから多様な意見を引き出し、比較させることで、思考を広め深めるためである。指名は発問や説明などと連動しており、授業展開の核となる要因で、川島はそうした指名の基本が身についているとともに、全員が授業に参加できるようにとの願いでの指名も考慮に入れている。「あまり発言しない子なのでここで参加させる」「口が重く意見を言わない子が挙手した時は見逃さず絶対に指名する」「ぼんやりしていたので注意をうながす」など、夫々の指名の意図が記録の「教師の意図」の欄に記述されていることから、わざの意図を示すことが身についていると思われる。

②予期しない事態でのわざ

　どんなに教材を解釈し、思いを込めて準備しても、実際の授業が計画通りに行くわけではない。予想外の事態への認知と行動こそが reflection in action の中核である。この授業で「春が回ってくるたんびに、おかんの年が寄るのが目に見えるようで悲しい　おかんがみたい」の３連の解釈で、「おかんが死んだ」とする子どもの発言がでて、死んだとする意見と、死なないとする意見が続き、他の子どもに波及していく事態で、教師には予想外のことであった。授業者は「この発言で授業がそれはじめる」と認識し判断している。

　川嶋は子どもに死ぬ、死なないの意見を出させつつも「先生も死んでないのよ」と自分の判断を示し、この事態への収取を図るが、「春に死んだのは、おかんではなく、お父さんが死んで、それをおかんが思い出して悲しんでいる」との別の発言がでる。これに対して「死んだ死なないはちょっとおいといて」と話題を切り「春になるとおかんはどうして年を取るのか」の問いに変える。この時の対応を「授業の方向が脱線しそうなので早めに打ち切る」との判断をしたと記している。

　この打ち切りの認知・判断・決定・行為は、斎藤が教師のみえは、授業の目的、目標を常に視野におき、そこに向かって進むべきである、と"わざ"が目標と一体で機能し創造されていくことの重要さを示しているが、この事態での川嶋のわざもこれに類するものであった。

③「みえ」の見え、メタ認知としてのわざ

　この詩で「おかんがみたい」の、みたい、が漢字ではなくひらがなで書いてあることへの問いは、どの授業者も計画に入れる定番の箇所である。本授業では見るの漢字をあげさせ、どれが良いかを発言させてきたが、最後にある子どもが「全部入るから漢字にかけないんだと思う」と応える。授業者はこれを受けて先生もそう思うと、当てはまる漢字を次々に挙げて説明した。この時の対応行動を「この子の発言を軽くとらえすぎた。教師がもっと感動し、全部の中味を追求すべきであった」との反省を記している。これはこの時点での自分の「みえ」が弱かったとの自己評価であり、こうした自分の「みえ」のメタ認知ができるのは、わざのわざと言える。

④ゆさぶり、としての問い

　斎藤喜博の出口論争で「ゆさぶり発問」が有名となった。この問いは、斎藤教育を受け継ぐ者にとっての大事なわざの一部である。春の詩の授業では、詩全体を朗読した後、だれが、何を、どこで、どうしてるか、といった「閉じた」発問で答えさせた後「全部わかったじゃない」「これで全部わかったと思うよ」と働きかけ、子どもが返答に困っていると「それでも何かまだわからない所ある」と聞いて「どうしてもわからないところのある人は立って」「どうしてもだよ」と念を押して、どこがわからないかを意識化させている。この働きかけ問いを、川嶋は「アウトラインでわかった気になってしまう子どもがいるので、ゆさぶってみる」と解説している。これは「出口」での介入のような咄嗟の「みえ」、認知ではなく、多分に計画的なゆさぶりであるが、子どもの平板な思考をゆさぶり、思考を活性化させ広げ深めることには変わりはない。

　以上、川嶋環の春の詩の授業でのわざを、部分的に切り出して検討を試みたが、わざ、そのものが「みる」「みえる」、と一体化しており、いわゆる客観的に可視化できないことであり、わざの表現として不確かであることは否めない。子どもに感想を書いてもらい学びの一つのエビデンスとすることは可能ではあるが、関心・意欲・態度を包含する学びそのものは多様に把握する努力が求められる。この春の詩も、文字という記号で授業の過程を記録し、子どもの朗読についても「平凡・淡々と・平板な読みから、豊かな・感情が入った・深い・思いがこもった」などのレトリックで朗読の質を表現してはいる。しかし、朗読に見る読み手の表情や音声や声色スピード、間、テンポ、表情などをとっても映像と音声の記録には文字以上の表現される質の豊かさや多次元性がある。教師の、わざ、はどの表現コードを駆使すればうまく伝わるのであろうか。

　今回、川嶋の春の詩の授業の対象化を試みたのは、筆者もビデオを撮り、動画として全時間が記録され、文字情報としてのプロトコルも活用可能で、わざの記述を授業者自身がこの双方のメディアを駆使して記してあることによる。それでも、わざはうまく表現できず伝わり難いとすれば、それは多分に教師のわざの特有性、固有性と独自性にあると思われる。それに向かうの

は、わざを科学で対象化しようとする不可能に近いと思われる試みを通すことで、アプローチのパラダイム転換を模索し、来るべき道を開拓したいとの願いからである。

3. 現職には春の詩の授業がどう見えたのか

　川嶋の春の授業ビデオと文字記録の授業プロトコルを使用し、現職の教師（高等学校と小学校）の「みる・みえる」をオンゴーイング法により検討した（生田ほか 2017）。授業のプロトコル、授業映像を視聴しつつ授業のプロトコルに感じたことを自由にメモし、視聴後、内容の説明と意見交換を行い、その過程を録音文字化してデータとした。本節では上記で示した想定外の事象での現職教員の認知について述べる。

　この場面で観察者Sと観察者Mは対照的な認知を示している。観察者Sは「お母さんは死んだのではとの、とんでもない意見がでて、教師は修正できていない」「賢い子にまとめて欲しいと指名したのに、とんでもない意見で修正できないまま、最後は上手に逃げた」と認知している。他方、観察者Mは「死んでいるいないより、この表現がグッとくるところがあるのだが、あなたも死んじゃったの？などの発言をしつつも、これに巻き込まれないで、それはちょっと置いといて、戻した。子どもの意見は聞いて、その上で巻き込まれずに、軌道修正した」との認知である。

　両者ともに軌道修正の用語を用いているが、観察者Sはここまでの授業は「教師は思い描いていた授業が思い通りに働いている」と語っているところから、軌道は授業者の描く路線で進むことであることがわかる。この児童の発言はその軌道を外れており教師にとっては想定外と、観察者Sは認知しており「ここが一番面白かった」とも発言している。そして路線修正ができないまま「最後は教師は上手に逃げた」と自分の「みえ」を説明している。これに対して観察者Mは、教師の当初の路線ははっきりしており、死んだとの意見はそれに外れるが、これに巻き込まれないで当初の路線を維持したとみている。実際の授業者の行動は「死んだ死なないは別にして」「先生も死んでいないよ」と自分の考えを明確に示し、おかんは死んだのでは、との児童の考えの変容を促そうとしたが、その子の思考はその後どうなったか

は把握しないまま、次に展開している。これを観察者Sは「うまく逃げた」と認知し、観察者Mは「軌道修正」できたと認知している。授業者は「授業が脱線しそうなので、早めに打ち切る」と判断を明確に下している。観察者の利用した授業記録には授業者の判断の欄はカットされており、知らない状態である。

　このことから、観察者Sと観察者Mの「みえ」が対照的に異なっており、観察者Mは授業者に近い認知・判断であると言える。この両者のみえの違いは、高校教師Sと小学校教師Mの校種での経験の違いによると思われる。参観後の全体での話し合いで、高校教師Sは「私は授業を目標達成とみなし、そこに向けての教師のスキルで見てきた。逃げたと思ったのは目標に向けての路線を諦めて、軌道修正したと判断したからである。しかし、他の人のみかたを聞いて、自分の見方が限定的で、子どもの発想や発言の自由さと柔軟さで軌道もゆったりと幅をもっており、そのことに意識が向かっていなかったことがよくわかって勉強になった」との言は、このことを物語っている。このように授業映像のオンゴーイングで「みえ」を把握でき、それを手がかりに対話しつつ自己のわざへの思考を促す可能性に触れることは示せたが、伝承の支援には程遠い。

　最後に「『みる』と『みえる』を『学ぶ』とは、すでに形成された『みる』と『みえる』を模倣することではなく、自らもそれを形成することである」との吉田の言を引用し、教師のわざを研究する者の課題としたい。

〈生田孝至・後藤康志〉

注
1) 岐阜大学付属カリキュラム開発センター（1996）本田宏教育資料1、昭和初期

第8章　教師のわざを科学するということ

第1節　教師のわざと型

　教師のわざの概念については1章を参照いただきたいが、本節では教師のわざを、技術哲学、社会技術から問い、わざを技術や技や術と距離をおくために、能の型に触れることで、その縁を見てみたい。

1. 技術の哲学からの問い

　技術を哲学から問うた一人にハイデッガーをあげる論者は多い。とりわけ Ge-shtell という挑発性概念による近代技術に対する固有の批判論は特異とも言われる（加藤 2003）。そこには、近代技術により人間が自己を喪失して機械の部品になり、技術が自然のもつ真実性を破壊することへの警告を、社会に組み込まれている挑発性という形のない体制の問題としたのである。この近代技術への批判は、科学史、科学哲学から多角的に論じる村上（1986）も科学が自然界の中の真理の探求であり、技術は科学の応用でといった観点から科学と技術を区別する論を論破し、科学技術という両概念が一体となる現代においては、科学と技術は区別しがたいとする。むしろ科学技術の進歩は自然破壊などの負の側面が出現し、人間性阻害の最たるものとして科学技術は批判されるようになったとする。

　村上は1980年代からの情報化時代になると、バイオテクノロジーのような生命系を扱う技術が人間の尊厳にまでも関わってきていることを指摘する。同じく加藤（2003）もまた、ハイデッガーの技術論を批判的に考察するなかで、こうした人間の生命の倫理に入り込む技術について、ハイデッガーは言及していないことを厳しく指摘している。このように現代は、科学技術自体が人間のコントロール不可能な事態にあり、こうした時代にあっては、技術

の使用を差し控える責任と倫理の重要性を認識し、根本的な問いを「不可避な不確実性とどのように共存していくか」に措定すべき（村田 2009）との主張もある。現代の技術に対する核心をなす課題であり、解はまだない。村上は考えあぐねた挙句に、科学をもたない人間は考えられるが、技術を持たない人間は想像不可能であるとして、homo faber を挙げる。ここに至り、社会科学の側面から、人間の存在から、哲学的知見から、科学技術の在り方を見直し、それをコントロールする社会の体制を構築すべきとの論が求められる。教育技術の上位概念である技術には、こうした人間性阻害への側面をもっており、この技術が社会過程と一体化する中で、工業社会、脱工業社会へと社会が変革しているが、社会も、学校も、教師も家庭もこの流れの中にある。学校や教育がこれらから独立しているわけではない。この理解の上で、教育技術、教師のわざを検討してみる。

2. 城戸、海後が問うたこと——社会的技術からの問い

わが国で戦前戦後の時期に、教育技術を正面から論じた研究者として城戸幡太郎（1939）と海後勝雄（1947）があげられる。城戸は教育学の原理を教育的価値の判断学に見出し、文化創造としての教育を教育的価値の実現に向けた統制学とみなし、人間の科学的改造が教育学であり、教育学はその意味で「人間工学」であるとみなす。ここに、制御としての工学、技術の考えが明確に示されている。その目的は「存在のうちに規範をみいだす」とし、教育はそうした社会の課題を改革する手段として新たに教育の科学的研究を発展させる。教育の科学的研究により課題を解決しようとする城戸の考えかたが示されている。ここでの科学は主として城戸のバックグランドにある心理学的な研究方法を意味している。

城戸が目指す教育技術は、現実の社会を教育で変革しようとするもので、当時はまだ教育学は先験的理念的にとらえられているなかで、文化や生活は技術と不可分であり文化の基盤として技術を見据え、社会変革の過程として教育学を教育技術として捉えている。

他方、海後は人間は対象に働きかけこれを変革するもので、この意味で技術的存在であるとする。教育を理論的行為と実践的行為にわけ、後者を技術

的として検討している。実践の反省的所産として理論が形成されるが、教育の技術に自己を体現することによって、新しい教育への発展が可能とする。理論と実践の関係を「技術よりいでて技術への再帰」として教育技術の特質を示している。技術を自然的技術と社会的技術に分けて考察し、教育技術を社会的技術の範疇に位置づけるが、それまで教育技術を授業での技巧として目的に従属するものとして見なされていたが「教師と被教育者の間で行われる、特定の歴史的段階における、実践手段の体系」とし、教育を技術から再考している。当時の教育学が形而上学の性質をおびていたのに対して、技術としての教育を提唱することで、歴史的社会的存在としての教育を技術から見直し、城戸と同じく、社会の改革の視座から教育技術を位置づけたのである。

　城戸も海後も教育を技術過程とみなし、伝統的な教育学から実践的な教育技術に重点を置き、新たな教育技術を駆使した教育方法により社会変革を志向した。両者ともに、放送教育に着目し教科書重視の時代にあって、近代技術としてのメディアの活用を、教育技術から推進している。海後は物的手段として校舎、施設、教科書から読み物、学習帳、教具を教育技術の対象に具体に至るまで論じている。これらは今日の教材教具からICTまでに相当する物で、制作物としての技術を重視した。

　海後の教育技術論は、三木（1967）の技術論の影響を受け社会変革への技術のありかたを具体的に示していると言われる。教育により、教育技術により、パトス（感性）とロゴス（理性）を統一することで、実践的に行動できる人の育成を目指そうとした。教育技術としての映像メディア論では、波多野（1955）が感性的認識と理性的認識論でパトスからロゴスへの関係を論じている。

　こうした教育技術による社会改革は現実には困難であったが、教育技術を教育理念から独立させ、社会技術としての在り方を問いかけ、教育技術の独立と独自性を求めた意義は貴重である。

3. 判断知、創造知としてのわざ

　技術を哲学的に論じたのはアリストテレス（Aristotelès 1971, 1973）の「ニコマコス倫理学」と言われ、そこでは精神の働きを「技術」「科学の知」「思慮」

「哲学の知」「理性」にわけ、「技術」を独立した働きとして位置づけている。カント（1999）は、悟性は自然、理性は自由、判断力は技術にその適用をみており、『判断力批判』において技術を判断の知と論じている。三枝（2005）は『技術の哲学』で歴史的に技術論を考察しているが、判断知としての例としカントが示した医師の判断知としての「あてはめる力」に言及している。判断の知は、医師のもつ専門的知識（法則的知識）のみではその知ではなく、病状に法則的専門知を「当てはめる」という判断を働かせる点が判断の知として固有とする。この判断知は創造的であり技術の知の特徴とされる。教育技術は、授業過程での教師の認知 - 判断 - 決定に関わり、暗黙知も含めて教職の専門知の高度な知とされている。カントの示した判断の知は、今日の専門職としての教師の知を考察する上で示唆的である。ただ、教育過程での教師の判断知においては、教育内容・学習者特性・教授法が複雑に交差しており、関わる専門知が未だ研究として積み重なっているとはいえず、今後の体系化が期待される現状にはある。しかし、教育は学習者の成長を軸とする「開いた系」であり、教師の判断知が固有の領域としてわざとして独自に究明される必要がある。

　判断知は、オンゴーイング過程でのリアルタイムでの判断の知である。それは教師のわざの主要な一部ではあるが、わざは技術としての要因もある。これは教師の外に技術として客観的に在るもので、技術を扱う技でもある。教科にはそれぞれ固有の知があり、客観的な情報を媒介に、その世界の意味を学習者が固有に学ぶ。この時の教科の知を学ぶ技は、教科固有である。その世界を、教科や教材を媒介に、子どもが意味づけるように、創造するように、教師は多様なわざを適用して働きかける。そこには教科を超えたわざとしての判断知の総体がある。その総体としてのわざが、授業を創り、子どもを成長させるのである。教育の目的、教育の内容、カリキュラムの運営、学級の経営をコーディネートしつつ、わざが対象とするのは、授業という事象での教師の判断の知である。教師のわざは、自分の判断知の状態を知り、それをさらに向上させる授業実践の過程にある。アクションリサーチはその過程の対象化の一つである。ここでの判断の知としてのわざとは、授業実施過程における教師の「認知（みえる）・判断・決定・行為（手を打つ）」の総体をいう。

わざという語は、技術とも術とも技とも記されるが、教師のわざの概念規定はまだ検討の途上にある。本節では、わざの語の内包的意味を「型」を手がかりに考察してみる。

4．型としてのわざ
(1) 型とわざ
　我々は日本の伝統的なわざとして、伝統芸能を始め匠の技など師匠から弟子に伝承されてきた（生田 1987 など）。技の伝承には、守破離のプロセスがその世界のことばとして知られてはいる。教養を「カタ」で迫るユニークな教養論（葛西ほか 2008）の議論を聞く機会を得た筆者は、古今東西の文化の基盤にある「カタ」（日本の「型」を含む）の奥深さを驚きを持って受けとめた。それ以来「型」とわざとの在り方が筆者の課題となっている。教師のわざは「型」の世界からみると、どうみえるのかを問うてみることにする。
　「型」の代表的な世界は能であろう。世阿弥が能のわざを伝承するために書いた「伝書」は多くの論者が研究しているが、西平（2009）は、それはわざの伝承を「できなかったことをできるようにさせる」マニュアルではなく、「出来るようになった者」がその芸境を省察するときに読むものとする。文字言語による申楽芸の伝承がなかった時代、何故世阿弥はことばを残したかに迫っている（西平 2009）。この論を参照しつつ、教師のわざを検討してみる。
　西平は「型」を中心に具体的な「形」と抽象的「理念」とを左右に配置し、形－型－理念の円環関係を説明する。それによれば形－型の円環で形から型が取り出され、型から形が生じるとする。型は、具体的な形の個別性に対しては背後にひそむ理念として振る舞うが、抽象的な理念に対しては、型は実際の出来事の世界に属する具体的イメージとして働く（西平 2009）。
　教師のわざを考察するに際し、この観点は極めて示唆的である。教育の理念は一般的抽象的に説明されるが、それは、理念であって教師のわざではない。他方「形」に相当するのは、個別で具体の授業そのものである。そのさい、教育の型、授業の型はどのように在るのだろうか。授業では「形」として具体的にわざは現れ働く、そのとき型はその具体の形としての授業のわざを背後で理念として振る舞う機能をもつとはどのように理解すればよいので

あろうか。
　概念的には、子どもの個性的で健全な成長発達の理念が理念としては位置づく。理念は型を方向づけるが、単なる抽象的理念で留まるのではなくはなく、具体的な授業の様態として、型が機能するということであろう。抽象的理念が即個別の授業に繋がるのではなく、型は現実の授業の中に、わざの総体として現れると理解したいのである。
　このように能の型を援用し教師のわざの型を位置づけるとして、能の稽古のプロセスは既に明確である。つまり①型を習い始め、②伝承は師弟の人間関係のなかで行われ、③型が身につき、④型に縛られ、そして⑤型から離れるとされる。いわゆる守破離である。能の型による稽古の発展プロセスにはこうした状態が明確に示されていることが分かる。教師のわざは、まだこうした修得のプロセスは明らかではないが、初任者のわざと熟達者のわざの形はある程度把握されてきている。

(2) わざの学習における師の在り方

　型の稽古で師は決定的である。弟子は型を知らない状態で、型を有する師から直伝される。学びの原型である。教師のわざの学習では、この師に相当する個別的存在は特定されない。そもそも、教師のわざを持つ師に相当する人が存在するかも問われる。しかし、経験的に教師には熟達したわざを持ち優れた授業を展開する人がいることも分かっている。師のありかたは、それぞれの世界で異なり、伝承の在り方も同一ではない。教師のわざの学習において、師をどのように捉えるかは極めて重要で、教師のわざの型をも決定づける。型と師の関係は、其れ其れのわざと型の関係と、型の形成過程の違いにより、一定ではない。現実に優れたわざをもち授業を展開する教師の存在があり、この事実から教師のわざに迫ることとしたい。これは、師を個人の属人的わざとするのか、専門職としてのわざにするのかによっても異なるが、その議論は別の機会としたい。
　次に、伝承が師弟の人間関係のなかで行われることが強調される。内弟子などはこの典型であろう。ビデオや写真で形を真似ることはできるが、その背後に在る「型」を学ぶことはできないという。ビデオや写真という形から型を読み取ることができるのは、既にその型を知っている人だけで、既にそ

の型を身につけた人の目には、形だけが映るという（西平 2009）。この見解は、映像メディアを教師のわざの伝承に活用し科学的なアプローチを試みている筆者には、重要な課題となる。ここでいうビデオや写真で形を真似るのは、学習者である弟子であり、弟子には形は真似ても、型は学べないことへの警告である。最近、坂東玉三郎は歌舞伎で自らの舞をビデオに収録し、それを再生しながら、舞の動きとその意味を自ら解説している[1]。坂東は、舞の伝承を「文字やことばでは芸は伝えられない。映像とその解説で伝えたい。」と自らの伝承体験をもとに語る。映像という技術で自らの舞を投射し、それを解説して、次のまた次の代に伝えるという。これは、世阿弥の伝書を現在の映像技術を駆使する現代版伝書とでも言うべき特筆すべき手法と筆者には思える。坂東にしかできないやり方ともいわれるそうであるが、これは正に科学技術的手法であろう。映像に映る形は、坂東は自らの舞であるから当然読むことができ、さらに形の背後にある型そのもの、そして理念をも語ることができるからである。筆者（生田ほか 2018）は既に360°カメラで教師の授業を VR 映像化し、授業者自ら授業のわざを語り、解説する手法を開発しており、坂東の芸の伝承へのこの手法に大いに勇気づけられた。わざの伝承における「形―型―理念」の円環は、師をめぐりその対象化の核心となろう。

(3) 型が身につく

稽古を積み型が身につくと「型を意識しなくなる」「気がついたら身についていた」といわれる状態である。これは、教師のわざでは、授業がみえる、こどもがみえる、状態であろう。教師のわざには「みる」と「みえる」があり、その機能はみるが意図的で繰り返し努力することで、やがて努力しなくとも意識しなくともみえるようになる、と言われる（斎藤 1979）。個々の授業でのわざとともに、授業を超えてどの授業においても、みえるはそうなる暗黙的な知としての型が働く状態であろう。

教師の初任のころでは「みても、みえない、できない」状態であり、やがて経験を積むと「みえても、できない」状態に気づくようになる。この状態は見えるが、対応行動がうまくはできない状態とでも言えよう。ここで、教師は認知と行為のギャップが意識され、悩む。優れた授業を見て、多くの先人から学ぶ段階がこの段階と言える。これをどう乗り切るかが課題である。

単なるハウツーとしての技法や手法、手続きを求める段階から、手段としてわざが在るのではないことを知るのはこの段階であろう。教師のわざに型があるとすれば、それは子どもが成長する学びの姿をみ、それがみえて、わざが生じ、創られる授業での様態、ということになろうか。

　教師のわざを、1時間の授業で形の現れで対象化しようとする今の授業研究の方法は、教師の長期的な発達、発展過程としてのライフスタイルからわざを質的、量的にアプローチする必要がある。現在の1校時単位の授業でのわざを対象にしていては、この型としてのわざを捉えることはできない。

(4) 型を破り型から離れる

　能においては、この安定した状態は、それまで創造性を促す働きをしていた型が、子どもの成長に伴い創造性を阻むことになる。やがて、これを経て型から離れ、より自在な境地に進むことになるが、型の習得は型に縛られる危険と抱きあわせであることが指摘される（西平 2009）。教師のわざにおいては、常に子どもの成長、発達観が理念にあり、それを背景に授業は教師のわざによって展開され創られる。教師が身につけたわざ、型、がそのままでは子どものさらなる成長を促すことに繋がらないと気づき（型に縛られる状態）、新たなわざの修得に悩む段階といえる。これは自分と子どもを鳥瞰的にみる、高度な「みえ」である。安定した、マンネリ化したわざへの見直しである。身についたわざから新たなわざへの転換は、緩やかな上りではなく、高く飛躍するエネルギーを溜め込んで一気に上昇する位相の転換とも言える（生田 2012）。教師のわざは、教師自らの表現だけの世界ではなく、子どもとの対面的身体的関わりの中で表現され創られる子どもの成長の世界である。それはまた、教師の成長の世界でもある。そこには、わざの客観的な到達はない。教師のわざに型があるとすれば、それは子どもの成長の「みえ」であろう。

5. 子どもの成長の「みえ」としての型

　能における型が教師のわざにとって極めて示唆的であるのは、型は、それ自身の内に、場の全体を含んでいて、場の全体を把握する視野や、全体の中での自分の位置の把握、予測不能な事態でリアルタイムに対応する当意即

妙にあることである（西平 2009）。教師の授業のわざは、既に述べたように、場から切り離されたわざではなく、専門職としての研究からも固有である（ショーン 2001）。とりわけ教師のわざは、授業という場を子どもの成長で全体として創りあげるところに最大の特徴がある。わざは、技術として教師の外や子どもの外に在るのではない。それは、技術の概念ではとらえ難く、子どもの成長を促す創造のわざは、型、という日本伝統の概念がよりふさわしいと考える。そのわざは、看護におけるわざとも、医療におけるわざとも異なる。教育は子どもの成長という開いた系にあり、教師のわざもその型の世界も、開いた系である。授業の事実という形が、創造という型に展開され、形成されると理解したい。

　子どもの成長が、伸びゆく可能性が抑え込まれることなく子どもの内側から発揮される、これが教育の理念であり、教師のわざの理念的基準といえる。教師のわざは、芸能のように師匠みずからが演じ創りだすだけではない。教師のわざが演じる世界は、子ども自身が演者でもあり教師と共同して創りだす授業という世界である。ここに、教師のわざの固有性が在る。教師のわざによって、子どもが内なる可能性を自主的に伸長させる、伸びていく、その状態こそが教師のわざの基準となる。したがって、教師自らの中に、子どもの成長する姿、イデーがなくては、教師のわざはあり得ない。わざの基準は、子どもの成長にあり、わざの出来不出来はすべてそこを基準に判断される。わざが身についていない教師も判断し行為し語り、見える教師も語り、それぞれが、「みえ」を語る。授業を語る場に間主観性が生起するかが、教師のわざでの型の学びの中核となる。わざの伝習は、師の在り方で様々であろう。しかし、型の学びは基本的に変わらないはずである。

　教師のわざを科学するとは、教育理念を基盤にわざの型を定める一方、授業において具体的な形で現れるわざを、型、によって映し出し確認する授業研究の作業が他方において機能することになる。

　ここでの科学するとは、わざとは何かを客観的に自然科学的に研究することではない。それは何かは当然問われるが、その問いは授業の形とそれを映し出す型による統合的検討により、わざがアセスメントされ、さらなる研修に繋がると考える。教師のわざの在り方を、授業という形において、実証的

に問い続けること以外にはなさそうである。

6. 教師のわざを問う

　教育技術を、技術一般の概念のもとで理解しようとすると、そこには技術による社会の変革の中に教育が当然位置づけられることになる。すでに城戸が言及したように、学校は建築に始まり机・椅子の類から実験器具楽器、最新のICT技術に至るまで各種技術で成り立っている。歴史的、社会的、文化的文脈にある。教える―学ぶは、こうした文脈の中で対面的コミュニケーションを前提としてきた。しかし、最近のICT技術は、情報ネットワークを介するコミュニケーション形態を日常化させてしまった。我々が問いかけている教師のわざは、その基本を対面でのコミュニケーションに置いている。みる、みえる、といった、わざの根幹は、対面での身体的な知をも伴い、暗黙的な知としても我々の前に立ちはだかっている。既に普及したネットワークを介してのコミュニケーションは、対面を前提とする教師のわざに何を問いかけるのであろうか。このような時代にあって、対面を前提とするコミュニケーションのみから、教育を、教師を、学習を問うことでよいのであろうか。教師のわざとしての判断過程、意思決定過程の本質はそれでも変わらないと言えるであろうか。

　教育を問うことは人間を問うことであるという。人は教育によってのみ人となるとの名言は、多様なコミュニケーションの共存する現代にあって、教師の在り方を根源から見据えさせてくれる。その指南はやはり哲学であると思う。

〈生田孝至〉

注
1）NHK日本の芸能（2018年3月2日放送）

第2節　わざの科学を解釈する

1．教育工学と現象学と私
（1）教育工学と現象学

　「専門分野は何ですか」と問われれば「教育工学です」と私は答えている。日本科学教育学会、日本教育実践学会やその他の学会にも所属しているが、いずれも研究の立ち位置は教育工学である。これらの学会ではいずれも研究方法として科学的方法を重視している。特に自然科学の研究方法論は、20世紀の科学技術分野において新しい知識を獲得し創造する方法として大きな成果をもたらしてきた。このような成果は人間科学の分野においても知識の客観性、妥当性、再現性、信頼性などを前提として、仮説を設定してそれを検証するということが重視されている。その時の仮説は自分の課題意識から出発して先行研究を参考にしながら、自分の研究成果を研究分野のなかに位置づけることが求められる。学問の進歩を目指すことが学術的研究の基本であるとされているので当然の方法である。そのためにリサーチ・クエッションが設定されてそこから研究計画が策定される。このようにして獲得された知識は学問の進歩を通じてほかの状況でも役立つだろうという前提がある。

　しかし、21世紀を迎えてこの状況が変化してきている。20世紀に活発であった大量のデータを処理して新しい知識を獲得するというスタイルとは違って、世界的に張り巡らされたネットワークを介して検索エンジンを活用して個を単位とした知のネットワークを利用しての経験知の交流が注目されている。一人の児童生徒、一人の教師と一クラス、一人の学生、一人の講師・教員、一つの組織、一つのシステムで当面した状況を参照することが盛んになっている。明解に記述されているならば、それがネットワークで共有されて経験を交流することができる。この場合、経験は個人的なものであり価値観を伴った主観的なものであるとしても、ネットワークによって間主観的な知識になる。このような枠組での授業研究を経験し、それを報告する枠組みを開発することが期待されている。

（2）認知症患者とともに生きる

　認知症は高齢者が患う最も一般的な疾患になってきている。従来であれば、ボケあるいは痴呆症と呼ばれて被患していることを隠したがったが、現在ではむしろ周知することによって周囲が支援したり事故を予防したりすることができると考えられている。妻美惠子の認知症が疑われたのが 2010 年暮れであり、正式に受診して診断されたのが 2011 年 5 月であるから、7 年 5 か月（2018 年 10 月現在）が経過したことになる。この間に患者と一緒の生活を営んできたが、現状は要介護レベル 5 まで進行している。ほとんどのことばが失われているが、「有難う、すみませんね、美味しい、きれい、可愛い」の 5 語は状況にあった発語ができる。その他の単語はまったく混乱している。「飲む⇔食べる、暑い⇔冷たい、温かい⇔涼しい」などは反転しており、「熱い⇒痛い」となることもある。鏡の中の自分を他人と考えて、手招きしたり話しかけたりする。美惠子には客体と自分の認知とが対応していないのである。ことばが無いので、あれとか、それとかで話しを綴ろうとするので、内容は私の勝手な解釈である。

　このような事態での研究方法はどのようにすればよいのか。研究が単なる患者の状態の記述による科学的認識ではなく、介護に資するような行為にいたる技の形成に役立つ枠組みであることが必要である。ここで「技とは価値を実現するための行為である」と作業的に定義しておく。ここで価値の代わりに「意味」としてもよいだろう、あるいは「目標」としてもよい。あくまでも作業的定義（working definition）であるので、私が考察するための定義である。認知症は現在のところ高齢者にとって不治の病であるから、患者の病状を人為的あるいは医療的に完治することはできないという前提条件を受け入れて、当面は患者の精神的幸せを実現することを価値とする。

（3）現象学から見えてくるもの——知覚と認識のはざまで

　科学的研究で目指すのは、科学的研究方法を採用することによって得られる科学的に認識された知識である。その方法はいろいろであるが、ここでは Wikipedia の項目「科学的方法」に詳しいのでそれを参考にして頂きたい。個々の方法についてはその出典が掲載されているので、そちらを参照すればよいだろう。私の研究に関わる最初の単行本は「教育学全書第 30 巻　授

業の過程」（第一法規）であった。依頼を受けたのは教育工学の視点からの執筆であったが、その冒頭で述べたように現象学の影響もあることを紹介した。教育工学と現象学とはお互いに対立し矛盾するものであると考えられがちであるが、その両者の間に身を置くことによって、両方から様々なものが見えてくる。私が研究を始めた頃、実存哲学が広く関心を集めていたが、なかでもジャン＝ポール・サルトルはわが国を訪れいろいろな場所で講演会を開いた。いまでもサルトルのアンガジュマン（engagement, 社会的政治的参加）はしばしば用いられている。しかし、私が興味をもったのは、キリスト教実存哲学の立場をとるガブリエル・マルセルであった。その後、構造主義やそれを克服しようとした解釈主義などの哲学書を少し読んではみたが哲学に深入りすることはなかった。

(4) 地平を見詰めての研究

　科学的研究では、研究者の主観をできるだけ排除しようとする。そのことは事象を直視する時には大切であるが、科学者が新しいものを開発するときには技が求められ、それは価値を実現する行為であることが忘れられがちである。科学的研究は価値観を見失ってしまうことによってこれまで大きな過ちを冒してきた。原子爆弾の開発では山中や海上への投下ではなく、市民が生活している広島や長崎を選んだ。化学兵器の開発では人体実験のために多くの中国人を犠牲にした。この時の科学者にとって開発するときの過程には関心があったものの、まだ見えていない地平に思いが至らなかったのである。

　現象学では地平という用語を用いているが、私には水平線の方が実感としてピッタリする。それはヨットで単独あるいはグループでナイトセールを数多く経験しているからである。しかも現在のようにGPSのない時代に、海図とコンパスを使って灯台を頼りに航海していたときの経験が、その後の研究の指針となった。灯台は遠方から絶えず見えているのではなく、地球は丸いので灯台のある方向の空が灯台の閃光に合わせて一定間隔で薄ぼんやりと白じんで見える。灯台の方向が推測できるのである。しばらくすると灯台の光を直接見ることができるようになるので、海図から灯台までの距離を推測できるが、それには灯台の海面からの高さが関係している。さらに自分が乗っている艇の高さと目の高さで補正しなければならない。これは無風で海面

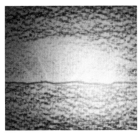

(a) 水平線下の灯台　　　(b) 水平線に見えた灯台　　(c) 確実に見える灯台
　　1980-90年代　　　　　　2000年代　　　　　　　　　2010年代

図 8-2-1 無償の高等教育の進展状況

に波がないときの話であって、現実には波があるのが普通であるので、ヨットが波頭にあるときと波底にあるときとで灯台は見え隠れする。しかしやがて高台にある灯台は確固とした不動のものとなり、自分の艇の位置と方向が確定する。

　このアナロジーはヨーロッパでの無償の高等教育への道を理解するときに役立った。国連で「経済的、社会的及び文化的権利に関する国際規約（A規約）」が決議された当時（1966年）、多くの人はそれを疑問視したと言ってもよい。しかしそれはヨーロッパの人々にとっては実現しなければならない政治的教育的課題であった。1960年代にはヨーロッパで富裕層と労働者階層との隔絶が強く意識されるようになり、家庭の文化遺産や教育制度を介して階層格差は再生産されていることが社会学者たちによって指摘されていた（ブルデュー 1960）。その当時の状況を筆者も紹介した（西之園 1968）。無償の高等教育への道を明らかにすることは、ヨーロッパの教育研究者の合意事項だった。まだ見えない灯台を水平線上に求めていたのである。

　無償の中等・高等教育を実現することの国連決議（1966）、1970-80年代の中等教育の民主化のための教育改革、1974年の有給教育休暇に関する国際条約（1974）、ユネスコの学習権宣言（1985）などがある。国際的合意事項に対応することにおいて、わが国の教育研究者はこのような課題意識が希薄であった。無償の高等教育を追求することは1988年のボローニャ大学創設900周年記念式典、1999年のボローニャ宣言と欧州高等教育圏（EHEA）の

結成から本格化した。わが国の教育研究者はいわば水平線の向こう側にあって未だ見えない研究目標を目指すことがなかった。課題解決の方法を客観的に目指そうとすると、失敗することも価値がある。その事例としては、無償の高等教育を実現しようとしたスウェーデンの Net University（2002-09 年）の事例を挙げることができる[1]。このネットワークを活用した大学は、他大学の学生には好評であったが労働者階級のニーズに応えるものではなかった。このような無償の高等教育への成功へと導く道の開発を進めている背景には、社会階層格差の現状や移民に職業能力を育成することが課題としてある。

2. 技と技術と科学
（1）技で追究しているもの

わが国では伝統文化としてさまざまな分野で技が継承されている。伝統工芸、社寺や茶室の建築、能装束、伝統芸術など、伝統のあるものの制作や所作はすべて技として継承され、常に新しい技が開発され発展してきた。職人の評価については数十年なかに数百年先の職人に委ねている場合がある。このような場合の評価基準はどこにあり、どのようなものであるのだろうか。評価基準は数十年あるいは数百年の昔から残されてきた歴史的作品であり演技であり、その経年変化を確認しながら判断している。しかしそこに至る過程での評価は制作者や演技者の知覚であり、価値観であり、経験であるだろう。このように評価はまったく主観的なものであると考える。とすると客観性を重視する科学的な研究方法はどのように位置付けられるのであろうか。

（2）近代化から生まれた職業教育と技の修練と経験

19 世紀から 20 世紀にかけての近代科学技術の発展に伴って大量生産方式が確立してきたが、そのために大量の技能労働者を必要とした。そこに生まれたのが技能単能工を育てるための職業教育であった。この時代の教師教育もまた大量の国民教育を実現するために準備教育としての教員養成を実施した。課程を修了したのちは、先輩教師による徒弟見習的な訓練が行われてきた。この場合、教師の経験についての哲学的考察が十分に行われないままで科学的アプローチを重視する方法が採用されてきたので、修業を基盤とした技の伝承は途絶えようとしている。教師の経験知を十分に汲み上げる方法論

はまだ十分に明らかになっていない。

(3) 実践における認識と行為の職業的修業の学習

　技というときには、必ず行為を伴っている。そのときの行為に至る判断はどのようになされたのか、その判断は適切であったのかを問うてみる必要があるだろう。①対象（この場合授業あるいは児童生徒）の現状、②教師の過去の経験、③児童生徒の未来にかける期待、これらはいずれも起こりうることである。この場合、①は客観的な研究対象として認めることはできるが、②と③は主観的な対象であり科学的研究の対象になり難い。

　伝統的に技を習得するためには、徒弟教育あるいは師匠に弟子入りして見習いとして修業を始めた。教師の世界でも先輩教師に指導を仰ぎながら授業の技を習得してきた。このような技の伝承は教師の主観に基づくものであり、科学的ではないと否定的に語られることもあった。ここに教師の成長に関わる主観、とくに価値観や経験についての研究が立後れた理由が挙げられる。

(4) 大学教育としての科学技術教育

　大学教育は明治期以降わが国の近代化に多大の貢献をしたが、それは社会のあらゆる分野のエリート層の形成に大きな役割を果たした。近年の大学教育は大企業に就職するための通過経路という役割を果たしている。しかしこの経路は授業料が高額であることから、家庭の経済的資産と文化的資産の蓄積を介して社会の階級化が形成されつつあることが懸念されている（橋本2018）。大学による職業教育は、工科系教育に典型的にみられるように、従来の徒弟制度あるいは見習い制度と質的に異なって、研究対象を統制する実験的研究方法を採用することができるので、基礎的研究による法則定立とその応用という枠組みで研究を進めることができる。この方式を採用すると科学技術の進歩にしたがってその成果を応用あるいは実践という形で課題解決に挑むことができる。

　それに対して実践が先導していて、科学的知識を適用することによって対象あるいは対象者を変容させることができないような状況では、相手だけでなくて自分も変容することによって問題を解決しなければならない。このような状況においての主観と客観の関係を検討する必要がある。

3. 科学を解釈するとは
(1) 主観と客観と解釈学

授業は教師と学習者が参加することによって初めて成立するものであるから、教師の主観と学習者の主観を排除することはできない。さらにこれに研究者の主観が加わると何が何だかわからなくなる。研究対象者の主観についてはアンケート調査、面接などによってある程度推測することができると仮定できる。しかし主観は絶えず変わりゆくものであるから、データを古典的統計で解析した時に変化が隠れてしまって誤った解釈をしてしまう危険がある。さらに教師の主観は経験だけでなく価値も含まれるから、それをどのように記述するかが課題になる。主観を客観に還元することはできない。

主観と客観は対立するもの、あるいは排反するものであろうか。この点では組織シンボリズムの立場が参考になる。バレルとモルゲンの考えを下敷きにして高橋正泰は図 8-2-2 のようなモデルを提唱している (1998)。主観と客観とを対立する概念ではなく、連続する軸上にありそれを結んでいるのが解釈学である。さらにフランスのアンドレ・ツァイトラ (André Zeitler 2012) は「解釈的学びと経験の構築」で解釈慣習（あるいは解釈慣習）の創出と経験の構築を論じている（西之園 2017）。この解釈慣習と経験の構築とによって個別な事例を扱うことが容易になった。解釈学は聖書を解釈する方法として発展してきたものであるが、現在では絵画、文学、民俗誌学、社会学、看護、介護など幅広い分野の解釈に適用されている。

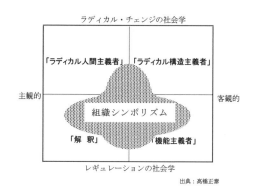

図 8-2-2 組織シンボリズムでの解釈の位置づけ（高橋 1998）

(2) 間主観による経験の交流

　教育における主観をどのように位置づけ、それをどのように共有すれば良いのであろうか。国際的な課題として「無償の高等教育」を実現するという目標が共有されているが、この事例については別に紹介している。この国際的に共有された課題に対してわが国では奨学金制度あるいは授業料減免制度によって対応するという政策をとったので研究課題にはならなかった。現在の大学制度では大都市圏集中と高額の授業料が前提条件であるから、現行の教育が社会の民主化に貢献することは期待できない。

4. 解釈的学びと経験の構築
(1) 解釈習慣と経験の構築

　解釈は自分の内面で行われるものであるから、自分にとっても他人にとっても主観的なものである。このような主観を科学的な研究でどのように位置づければよいであろうか。教師にとって経験はきわめて重要であるが、それは主観と客観とが交互に作用しながら影響を与えている。特に技においては、主観的な意図、意味、価値、目標などの実現を目指して客観的な対象を変形、加工、変容させようとするが、それと同時に自分も反省、評価を介して変容あるいは成長する。すなわち客観と主観とは対立する概念ではなく循環する関係にある。

　日本でのこの分野での研究成果を調べるためにわが国の文献検索システム CiNii で検索してみると表 8-2-1 のようになっている。

　ここに見られるように、教育分野では「経験、主観、客観」でかなりの数の文献が登録されている。キーワードとして技と技術とは重なっているが、

表 8-2-1　教育分野における「経験、主観、客観」の文献数（2018.10.07 現在）

検索語句	総数	件数					
		教育	授業	医療	看護	体育	音楽
経験 主観 客観	315	48	12	72	18	5	3
経験 主観 客観 技	86	19	8	19	5	4	0
経験 主観 客観 技術	71	16	4	16	5	2	0
経験 主観 客観 わざ	2	1	0	2	1	0	0

「わざ」を用いるか技を用いるかは考えておく必要がある。技のキーワードであれば医療や看護などの文献も参照することができる。

経験は自らの授業観や児童・生徒観など解釈的学習（apprentissage interprétatif）との関係が重要である。ツァイトラ（Zeitler, 2012：西之園 2017）は HI（Habitudes d'Interprétation）を基本概念にしている。これは分野によって解釈慣習と訳されているがここでは解釈習慣の訳を用いる[1]。

(2) 教える人のいない学習社会としての高等教育

授業を研究するときに目の前の子どもたちが将来どのような生活環境になるかについてのビジョンをもっていることは大切である。従来の教育では教えることを前提として考えられてきたが、それでは変動社会に対応できない。初等中等教育をどのように構想するかは、高等教育の将来ビジョンとも深く関わってくるが、無償の高等教育を実現するためには教えられなくとも学ぶ習慣を初等教育の段階から習得していることが前提になる。近年、初等中等教育でも大学教育と同じようにアクティブ・ラーニングが研究されるようになっているが、わが国では無償の高等教育を実現することが国是になっていないので、アクティブ・ラーニングの研究は社会的格差の是正のための国家的課題になりにくい。わが国のアクティブ・ラーニングは現在のところ教室内で、あるいは学校内での教育であり、職場あるいは社会での仕事や生活でどのように機能し評価されるのかは今後の課題である。

(3) 修業学習と生涯学習

フランスの無償の高等教育への道を紹介しようと考えて翻訳を進めてきたが、その過程で apprentissage をどのように訳すかに苦労した。仏英辞典では learning と appreticeship の二つの意味があり、初等教育段階でも apprentissage を学習の意味で使うことがある。現在の課題は16歳から25歳までの若者に無償の高等教育を提供することであるが、そのために中学校段階で職業進路指導のための「情報の日」を設けることが検討されている。情報の日は決して情報技術を学ぶ日ではなく、自分の将来の職業について学ぶ日である。中学段階（コレージュ）で職業志向の意識をもたせて高校（リセ）在学中から始まる16歳から25歳までの10年の期間に、3年間の無償の修業学習による高等教育レベルの職業能力を習得するようなシステム構想

が現在進行中である。そしてこのような学習システムは生涯にわたる職業能力の学び直しを可能にすると期待されているが、わが国は国際労働機構（ILO）で 1974 年に制定された「有給教育休暇に関する条約」に未批准である。

5. 成長過程としての技の研究
(1) 知識、生活知、行為知、自己存在知
　人は家庭、学校、大学、職場、社会に参加することによって、様々な学びを体験している。このような知識をどのように区分するかは、教育を考えるときに重要である。そこで参照資料としてフランス語での表現を紹介しておこう。フランス語では、知るということを「savoir」というが、これは知識も意味している。この savoir に関して次のようなことばがある。

　　savoir　　　　　知る、知識
　　savoir-vivre　　礼儀作法、生活知
　　savoir-faire　　腕前、実務能力、行為知
　　savoir-être　　 自己存在知

　savoir-être の être は英語の to be であり、単独では存在論を意味するので自己存在知と訳せるが、この単語は仏和辞典に掲載されていないことがある。Wikipédia で定義が試みられているが、まだ確定されていない。なかでも職業的自己存在知（savoir-être professionnel）は、中等教育の後半から高等教育での職業入門段階で習得すべき職業能力としていることは興味深い[3]。

(2) 職業的自己存在知
　ヨーロッパ諸国においては職業教育が重大な関心事である。その背後には産業革命によって生じる富の偏在の社会的課題がある。古くは生産手段であった土地の所有者と非所有者の間の利害の対立であり、つぎの工業社会では工場や設備の所有者あるいは投資している資本家と無産階級との対立であった。そして現在当面しているのは、情報技術の手段を所有している者あるいはそれを扱って生計を立てる能力をもつ者とそのような能力をもてない者との対立である。

(3) 学問のための研究と実践のための研究
　わが国においても教育研究は活発であるが、これまでの研究では学問の進

歩を志向した研究が高く評価されてきた。固有の研究対象の実態から離れて他の場所でも適用できる科学的認識としての研究成果である。このような知識を正しい知識であると認めたのが科学主義の研究であり、上記の savoir の認識論である。この枠組みは自然科学ではうまく機能したし、さらに社会学や心理学の進歩にも貢献した。

　一方、実践のための研究は具体的な課題について理性的に行為するための知識を追究することである。すなわち上記の savoir-faire である。1960 年代のフランスでは社会階層によって高等教育への進学に大きな格差が存在することが問題になっていたが（西之園 1968）、それが単なる学力差によって起こるものではなく、家庭の文化的環境にも影響されていることを示したのはフランスの社会学者ブルデューであった（1965：石井 1997）。

　1988 年はヨーロッパの高等教育の歴史にとって一つの転回点であった。実学を中心に展開してきた 1088 年創設のボローニャ大学が、900 周年記念式典を開催した際に集まったヨーロッパ諸国の学長らの教育関係者は、21 世紀を迎えるにあたっての将来像を語り 1999 年にボローニャ宣言を表明した[4]。高等教育での教育と学習との関係はこのような背景のもとに変化してきたが、その状況を理解するためには今世紀に入ってから無償の高等教育への道を模索してきたプロジェクトを理解する必要があり、フランスの実践を訳したが、それは別の機会に紹介する[5]。このような教育を実現するために中等教育はどのようにあるべきか、教師に教えられなくとも自らの職業生活を開拓できる能力を習得できるかが課題である。

6. 授業の技を変革する
(1) 技を変革する社会的要請

　技は経験を重ねることによって磨かれるが、無意識にただ繰り返せば向上するというものでもない。そこで技術を意識的に改善、改革するための具体的な枠組み事例を紹介しよう。

　この方法は 2000 年から 2007 年までの 7 年間をかけて開発したものである。大学の多人数授業のためのチーム学習の学習材の開発手法である。この授業でもっとも人数の多いときには 250 人を超えた。私はこの時期の 2005

年から2009年までに2007年を除く毎年、ヨーロッパのEDEN（European Distance and E-learning Network）の集会に参加して発表していた。自分の研究成果をまずヨーロッパの集会で発表し、その反応を見て日本で発表するという手順を繰り返した[6]。当時の日本では多人数教育を自律したチーム学習で解決するというニーズはなかった。しかしヨーロッパでは、無償の高等教育を実現することが喫緊の課題であったので、多人数をチーム学習で組織することに関心が寄せられた。

　教師中心主義の授業から学習者中心主義に授業変革することは、勇気と粘り強さが求められる。それは学習者が変容することではなく、教師自らが変革しなければならないからである。教師の多くは教育史や教育哲学からの教育理念や、教職経験から自分なりの信念をもっているから、フランスのプロジェクト42のように教師がいない学習システムには違和感を抱いてしまう[7]。しかし現在求められているのは、すべての人が生涯にわたって学習できる環境であり、場所や時間に拘束されない効果的で学習成果が社会的に評価される学習システムである。そのための教師の意識改革である。

(2) 授業の改善と改革

　授業をどのように改善するかについてはこれまで研究が重ねられてきている。しかしながら児童生徒や学生の実態、産業社会や地域社会などが変動しているときに教師がそれを受け入れること、自分が変容するための枠組みを持つことが期待されている。先に紹介した無償の高等教育を実現することについても、順風満帆で進んできたのではない。ボローニャ・プロセスを大学に導入することについても、パリ大学では大学教員の反対がありストライキにまで発展した。このような状況で実感したのは、どのような枠組みをもてば変革が可能であるかということである。

　授業を改善することについては、P（Plan）-D（Do）-C（Check）-A（Action）あるいは同等のサイクルが広く採用している。しかしこのPDCAのサイクルは実践してみるとすぐに分かることであるが、数回、例えば5回の改善を重ねると改善点は収斂してしまって、抜本的な改革にはつながらない。そこで採用したのは組織シンボリズムあるいは記号論を参考にメタファー（Metaphor）、イメージ（Image）、モデル（Model）、命題（Proposition）の

手続きで改革することを多人数のチーム学習で実践した経験を EDEN の集会で提案した（Nishinosono 2005）。PDCA モデルに対してこのサイクルを図 8-2-3 のように渦巻成長モデルと名づけた。設計者の成長である。

(3) 教師に頼らない自律学習

2000-2008 年頃に私立大学で多人数の授業についてチーム学習に取り組んだ意図は、その当時の高等教育への取り組みとして教師に頼らない自律学習を実現する試みについてヨーロッパの研究者と意見を交換することであった。その過程で渦巻成長モデルが生まれたが、このモデルを用いたときの最初のメタファーはパラシュート─パラパント─パラグライダーであったが、その後、羽ばたき飛行の鳥と固定翼滑空の鳥のエネルギーの使い方を対比した。羽ばたき飛行では雲雀や雀が代表格であり、固定翼滑空では鶴や大鷲である。雲雀や雀は餌からエネルギーを供給しているが、鶴や大鷲は太陽エネルギーによって生じる上昇気流を利用して上空高く上昇して、翼を固定して遠方まで滑空して渡りをする。この二つの違いを「教える」教育と「学ぶ」教育とに対比させた。ヨーロッパの教育が追究しているのは教師に頼らないチーム学習である。これがメタファー段階での設計である。

多人数授業を3名の教員が共同設計したが、そのときの授業イメージを共有するために、チーム学習で組織した授業の様子を図 8-2-4 (a) のようにイメージ図化した。実際の指導案は従来の様式を踏襲して作成し、授業を実施した。その授業を詳細に記録して、その記録を材料にして Excel を用いて記

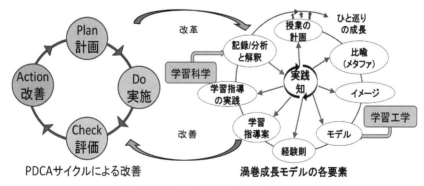

図 8-2-3　経験的改善と改革のモデル

述し、図8-2-4（c）のMACITO（当初はMACETOだったがヨーロッパでの発表後に修正）モデルに従ってその記録を解釈しながら次回の授業設計とした。このときの授業仮説は「学習者の内的条件を整えることによって、外的条件が十分でない場合でも、その困難を克服して協調自律学習を実現することができる」であった。図8-2-3の渦巻成長モデルのうちの経験則については、授業の技に相当する部分であるので判断命題と名付けたがその一部を表8-2-2に示す。半期15週の授業開発では80命題が得られた。科学的研究では命題の真偽が問われるが、技術的研究では普遍的な命題が問われるのではなく、授業の目標、学習者の実態、学習環境、授業時間などによって、適切な命題を選ぶことが授業あるいは学習材を設計するときに重要である。このような手法を用いて開発したのが『学習ガイドブック 教育の技術と方法—チームによる問題解決のために』（2007 ミネルヴァ書房）である。この開発過程では7年を掛けて授業記録をとり、その記録を解釈しながら設計の修正を繰り返した。その結果を判断命題までに整理した。設計を修正してそれによって授業を変革することを試みたが、命題にすると文章としての拘束力が強く部分的な修正にしか至らなかった。PDCAサイクルでは抜本的な変革はできないことが明らかになったので、メタファーあるいはイメージまで戻って授業を組み立て直した。このような手法をEDENのヘルシンキ大会（2005）、ウイーン大会（2006）、ナポリ大会（2007）、グダンスク大会（2009）で報告したら反響があったので、国内の学会で発表したがあまり反響はなかった。

(a) 最初の授業イメージ

(b) 最終の授業イメージ

(c) 設計のMACITOモデル

図8-2-4 多人数授業の協調自律したチーム学習の設計のためのイメージ図とモデル

表 8-2-2　授業設計での判断命題の一部

自己評価ならびにチーム内での相互評価を信頼度の高いものにするためには、評価基準を明確に示して、長期にわたって評価を繰り返し実施して習慣化することが重要である
「教える教育」においては教育目標と指導計画が重要であり、教育成果はテストによって評価され、「学ぶ教育」においては、学ぶ意味から出発し学習計画が重要であり、学習成果はポートフォリオによって評価されることを対比することは、両者の特徴を理解するのに有効である。
授業の最終目標を明確にするためには、最終のレポートのテーマと評価基準と評価方法をコースの早い時期に提示することが有効である。
方略A：学習内容と方法を学習者にまかせて自由度を大きくすると、学習成果（最終作品、報告書、レポートなど）は優れたもの（独創的な作品やレポートなど）と劣ったもの（おざなりなレポートなど）との格差が大きくなる。
方略B：学習内容と方法の自由度を小さくすると平均的な学習成果が期待できるが独創的成果は少なくなる。
方略C：独創的な学習成果を期待しながら、劣った学習成果の数を少なくするためには、学習過程に特別の内容と方法の配慮が必要である。
評価対象となる最終レポートの作成を、教師への報告というよりも社会的に通用する報告書作りという枠組みで進めたほうが、レポート作成に真剣に取り組む。
学習設計の指導にあたっては、絵、イメージ、概念（キーワード）と図式表示、モデル化、仮説命題の生成という系列によって指導することによって、仮想授業の設計能力を形成することが可能である。
主体的学習を回復するためには、学習内容を習得するような授業（教科教育）の設計に先立って、主体的な学習活動が成立するような授業（調べ学習、総合的学習、あるいは学校行事など）の枠組みを適用することに集中するのが有効である。

(4) 学ぶ意味について

　ヨーロッパでMACITOを発表したときに質問が集中したのはM（意味）の機能であった。実践した授業でも学生が直ちに自律した学習に取り掛かることはできない。初回の授業は概要の紹介、前年の授業の紹介、グループ学習に参加することの意義の説明、グループに分ける時の学生の特性の調査である。2次の授業（アイスブレーキング）は初めてのグループ活動であり自己紹介やチームでの役割分担の決定などがある。3次の授業（ベクトル合せ）はグループで学習することの意味づくりである。この意味づくりを怠ると授業が進むにつれて参加することに責任を果さなくなる。協調した学習を成立させるために学生は一人ひとりが異なる意見をもっていることを理解す

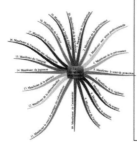

1. 企画を示す	11. 情報共有の配慮を示す
2. 粘り強さを示す	12. 機転の良さを示す
3. 職業的態度を示す	13. 忍耐力を示す
4. 心遣いを示す	14. 判断力を示す
5. 保護の配慮を示す	15. 公明正大さを示す
6. 用心深さを示す	16. 変化への対応性を示す
7. 尊敬の配慮を示す	17. 主導性を示す
8. 成熟さを示す	18. 勇敢さを示す
9. 熱心さを示す	19. チーム精神を示す
10. 自律性を示す	20. 多様性を示す

図8-2-5 職業的自己存在知として示される能力（Boudreault 2010）

るためにとった活動が「批判と非難はどう違うか」や「個性と我はどう違うか」などについての議論である。

現在、職業的自己存在知（savoir-être professionnelle）が研究されていて（Boudreault 2010）[8]、15-16歳頃から職業生活に入るために一人の修業生（apprentis）に対して一人の付添人（accompagnement）が対応する制度が研究されているが、それについては機会を改めて紹介したい。

7. 結び

教師にとって授業の技は職業生活を通じて追究すべき職能である。その技の成長は、客観的に捉えられた授業をどのように解釈するかという教師の主観に委ねられている。従来の教師観では、教師の成長は授業実践を繰り返すことによって経験が深まると考えられていた。先輩の指導あるいは指摘が重要な役割を果たしてきたが、先輩も経験したこともない地平を見詰めての研究では、先輩や行政に指導を仰ぐことができない。このようなときに世界の教師はどのような課題に取り組んでいるか、どのような方向に向かって進んでおり、さらに様々な障害とどのように闘っているかを知ることは、授業研究に国際性をもたせるために重要である。教育改革は教師の価値観の変革と経験の組織的な構築によって実現する。 〈西之園晴夫〉

注
1）ネット大学（Net University）
　（http://www.virtualschoolsandcolleges.eu/index.php/Swedish_Net_University）
2）Zeitler, André（2012）Apprentissages interprétatifs et construction de l'expérience.（訳）西之園（2017）解釈的学びと経験の構築
　（https://tosho2.kyokyo-u.ac.jp/webopac/A2n2017001._?key=EDSCKG）
3）職業自己存在知（savoir-être professionnels）
　（https://savoiretrepro.com/le-savoir-etre/）
4）ボローニャ宣言
　（http://www.ehea.info/media.ehea.info/file/Ministerial_conferences/02/8/1999_Bologna_Declaration_English_553028.pdf）
5）働きながら学ぶ―フランスの挑戦（Apprentissages selon Macron）
　（https://oj-learning.org/）
6）2005-09 年に EDEN で発表したのは次の報告である。
　Nishinosono Haruo and Mochizuki Shiho（2005）Metaphor, Image, Model and Proposition for Designing Autonomous Learning, Proceedings of EDEN 2005 Annual Conference. Helsinki, Finland. pp.41-46
　Nishinosono Haruo, Miyata Hitoshi, and Mochizuki Shiho（2006）Collaborative and Autonomous Learning and Organizational Symbolism. Proceedings of EDEN 2006 Annual Conference. pp.487-492
　Nishinosono Haruo and Mochizuki Shiho（2007）From Instruction in Large Sized Classes to Team Learning Distributed at Workplaces, Proceedings of EDEN2007 Annual Conference
　Nishinosono Haruo, Saito Kyoko and Nakamura Kunio（2009）A Collaborative Platform for Designing Ubiquitous Learning, Proceedings of EDEN2009 Annual Conference.
7）プロジェクト 42　（http://www.42.fr/）
8）Boudreault, H.（2010）
　（https://didapro.me/category/le-savoir-etre/page/1/ 2018 年 10 月参照）

第3節 「教える」専門家の「わざ」とは何か
――傾向性（disposition）から Negative Capability へ――

1. はじめに

　本論では、本書の総合的テーマである「教師の「わざ」を科学する」試みの一つとして、「教える」専門家の「わざ」はどのように解釈されてきたのか、また今後の可能性について筆者のこれまでの論考を踏まえて論じる。

　「教える」専門家の「わざ」を科学するにあたって、本論では学校教育における「教師」に限定せず、「教える」という営みに専門家として従事する者すべてを対象とした考察をする。さらに、ここで科学する対象としての教える「わざ」は、実践の場での「教える」技術の習得や熟達の「方法」に限定しない。それを超えて、熟達の「事態」を現出せしめている「わざ」の本性について四つの解釈を切り口にして論じる。

2. 「わざ」という表記は何を意味するのか

　日本語で「わざ」は、「技」、「業」、「伎」、「ワザ」などさまざまな表記をされ、しばしば「技術」や「技能」という概念に置き換えられて多様な語り方をされてきた。それは何を意味しているか。私たちは、これまで、「わざ」ということばをしばしば「技術」という概念と等価なものとして、またあるときは「技術」を超えた「技能」概念と等価なものとして、いわば了解済みのこととして、その本性については十分な分析をしないまま、言い換えるならば、「科学」しないままに慣習的な用法で使用してきたように思う。

　また、「技術」と「技能」の関係についても明瞭な共通理解がされてきたとは言い難い。一般的に辞書的な定義では、「技術」は人間が自然に働きかけて改善、加工する「方法」あるいは「手段」として、また「技能」は諸種の「技術」を行使する人間の「能力」として解釈されてきた。しかし、実際には「技術」と「技能」の関係が、「手段」対「能力」という図式に単純に置き換えられて問題にされる事柄でないことについては、すでに『「教育」を問う教育学』（田中 2006）の中で詳論した。さらに両者と「わざ」概念の

関係性の不明瞭性については言うまでもない。

　例えば、宮大工の西岡常一は、宮大工の仕事を「技術」ではなく「技法」と呼ぶ（西岡ほか 1986）。それは宮大工の仕事――筆者の視点では「わざ」そのものであるが――は「技法」という名で呼ぶにふさわしい、「技術」とは異なる性格を有していることについての示唆に他ならない。

　では、「技術」とは異なる「わざ」、西岡が呼ぶところの「技法」とは一体何なのか。本論では、「技術」や「技能」ということばでは十全に語ることのできない教える「わざ」の本性をめぐってこれまで試みられてきた四つの解釈を通して、さらなる「わざ」の本性を探っていく。

3. 傾向性（disposition）としての「わざ」

　まずは、教える「わざ」の本性を明らかにするにあたって「技能」や「技術」概念を「傾向性（disposition）」という事態として分析を試みたライル（Ryle, G.）（1987）の Knowing how 理論に目を向けたい。

　ライルは、人間の心（Mind）とは何かを問う中で、人間の理知性（intelligence）は、Knowing that、すなわち「知識の所有」によってのみ定義することはできず、Knowing how、すなわち「技能」を前者とは独立の資格をもつ「知識」として捉え、それを考慮することによって初めて定義可能であると考えた。ライルは、「知性（intellect）」と「理知性（intelligence）」の両概念を区別し、「技能（Knowing how）」それ自体が「理知性」を表すものであり、「知識の所有（Knowing that あるいは Intellect）」に従属するものでも、還元されるものでもないと考えたのである（ライル 1987）。

　ライルは、「技能」について、「技能そのものは行為ではない。すなわち、それは目撃可能な行為ではない」、また「技能というものが神秘的な、あるいは幽霊的な出来事であるということではなく、それがそもそもまったく出来事といわれる種類のものではない」と述べ、それを「一つの傾向性 disposition ないし諸々の傾向性の複合体」として解釈した。傾向性とは「ある特定の条件が実現された場合にはある特定の状態にならざるをえない」という人間の性向を意味するが、ライルは、「［それは］……ができる」ということを含意するが、その逆は必ずしも成立しない」として、傾向性を人間の

ある種の「できる」という能力と同一視することを退け、しかもそれは反射行為や習慣のような単一的な傾向性（single-track disposition）とは異なる、無限に多様な表れ方をする高次の傾向性（multiple-track disposition）と解釈したのである（生田 2011）。

4.「わざ」の２面性——Task と Achievement

では、ライルが提起した傾向性と「技能」や「技術」との関係はいかなるものであるのか。

ライルの議論の中には多様な表れ方をする高次の傾向性という概念をさらに明確にするための理論的枠組みが示されている。それは、「技能」における Task（課題活動）と Achievement（達成状態）という異なる位相についての指摘である。ライルは「われわれが人間や動物……を描写する際に使用する遂行動詞 performance-verbs の多くはたんに行為の生起を表すにとどまらず、適切な行為ないし正しい行為の生起をも表す。すなわち、それは何らかの事柄の達成 achievements を表すのである」（ライル、1987）と言う。一方、task verbs（課題を表わす動詞）は「行為、努力、作業、遂行」を表すものとして、二つの動詞を明確に区別している。この区別を芸術における「わざ」の分析枠としたのがハワード（Howard, V.A 1982）であった。

では、ライルそしてハワードの議論に立って、Task と Achievement が異なる位相として区分されたそれぞれの「技能」の学びの違いは、どのように説明することができるのか。Task という「技能」の学びはいかにしたらある種の行為ができるかという「方法（やり方）の学び」（Learning "how to do"）として言い換えることができるのに対して、Achievement という「技能」の学びはある種の行為が生起してしまう状態の「学び」（Learning "to do" あるいは "to be"）の違いとして解釈できる。ライルによって提示された傾向性という概念は、まさしく二番目の「生起してしまう（"to do"）」または「なってしまう（"to be"）」状態を表す概念であり、それは Achievement の学び、言い換えるならば「わざ」の到達状態のあり様を適切に描写している。

この枠組みに立って「わざ」の本性を描写するならば図 8-3-1 のようになる。すなわち、ある種の「わざ」が到達した状態とは、それを目指す当該の

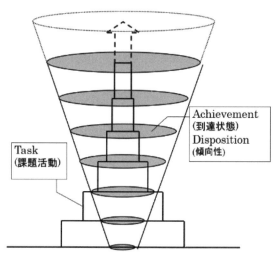

図 8-3-1　Task と Achivement の関係概念図（生田 2011）

学習者が要素的あるいは段階的な学習活動（Task）―垂直軸で表される―を経た結果、「なってしまっている」状態―水平軸（平面）で表される―であるということである。Task の学びと Achievement の学びは、論理的に異なる位相にあり、この二つの種類の「技能」を混同したり、ひとつの連続した道筋として捉えたりすることは、「わざ」の本性について「カテゴリー錯誤」を犯すことになる。

5. 省察力（reflection）としての「わざ」

　ライルの「技能」【わざ】をめぐる Task と Achievement の議論を、さらに「教える」営みの明晰化に向けている議論が省察（reflection）の議論である。
　デューイ（Dewey, J.）は「思考ないし熟慮【省察】は、われわれがしようと試みることと、結果として起こることの関係の認識」（デューイ 1987）として捉え、その一般的な諸特徴を 5 点にまとめている。すなわち、「（ⅰ）困惑・混乱・疑惑、（ⅱ）推測的予想――与えられているいろいろな要素についての試験的解釈、（ⅲ）考究中の問題を限定し明確にするものを、得られる限りすべて、注意深く調査すること（試験、点検、探索、分析）、（ⅳ）

その結果起こる試験的仮説の精密化、（ⅴ）現存の事態に適用される行動の計画として、案出された仮説に一応立脚して見ること」の５点である。

　さらに、ショーン（Schön, D.A.）は、デューイの省察に関する理論に依拠しながら、専門家が持つ「知」の特徴を「knowing in action（行為の中の知）」（ショーン 2007）と呼ぶ。彼は、科学的知識を獲得させることを優先させ、しかる後に現実の場面に応用させるという「技術的合理性（technical rationality）」に立つ専門家教育観を退け、実践の認識論（Epistemology of practice）、すなわち理論か実践かという二元論的な議論に依拠する「理論の実践化」ではなく、「実践に埋め込まれた理論」を展開した。その「実践の認識論」を構成しているのが、「行為の中の省察（reflection in action）」と「行為についての省察（reflection on action）」という二つの概念である。

　ショーンの議論をライルの Task と Achievement の議論に重ねてみると、「行為についての省察」は自分の実践を事後的に省みて、分析、吟味、探究する省察活動であるのに対して、「行為の中の省察」はまさにライルの示した Achievement という位相の「技能」であり、言い換えるならば、傾向性という概念で説明可能な「ある種の状態」を意味している。それは「行為についての省察」の結果到達した状態に他ならない。

　例えば、ショーンが例示している野球選手の「はまり所をみつけた」、あるいはそこで得た特別の感じ（feeling）についての語り（ショーン 2007）は、自らが到達した傾向性あるいは「ある種の状態」についての語りであり、その選手が語っているのは自らの「行為の中の知」のあり様であるということである。

　ライルは、「『私が行なっていることについて考える』ということは、私は唯一のことしているのであってけっして二つのことをしているわけではない」（ライル 1987）と言う。つまり、「行為」と「知」は異なる二つの事柄を意味しているのではなく、まさに「行為の中の省察」はそうした二つの事態を含みこむ状態を意味している。すなわち、「行為の中の省察」は、しばしば即興や暗黙知といったことばで表現される状態であるが、そこでは同時にそうした状態に至るためにはどうすべきか様々に探究する（inquiry）という、状態とは異なる活動（activity）が含意されているのである。

上記の「行為の中の省察」と「行為についての省察」の二種類の事態はいずれも省察と呼んでしかるべきものではあるが、図8-3-1に即していうならば、「行為についての省察」が垂直軸で記述されるのに対して、傾向性としての「行為の中の省察」は水平軸（平面）で記述されるような類の論理的に異なるカテゴリーに属する二つの事態であることに注意しなければならない。

6. Negative Capability としての「わざ」

　では、水平軸（平面）で記述されるような類の「行為の中の省察」という傾向性はさらにどのような概念で説明できるのか。現在、筆者は、「教える」専門家の「わざ」の本性に別の視点から接近するものとして Negative Capability という概念に注目している。

　Negative Capability という用語は、19世紀のイギリスの詩人であるジョン・キーツ（Keats, J.）が、卓越した詩人の特徴を描写する際に用いた用語であるが、それは文学の領域のみならず、その後、精神分析の世界においても注目されることになった。そして、今、教育の領域においても、管見ではわずかではあるものの当の用語に注意が向けられている。

　Negative Capacity ということばには様々な訳がなされている。例えば、藤井周一の分析によると、「「消極能力」「消極的能力」「消極的受容能力」「消極的可能性」「消極的でいられる能力」「消極的未発達力」「消極受容能力」「否定後から」「否定的創造力」「否定的な能力」「自己否定能力」「可否的能力」「受容能力」「ネガティヴな受容性」などさまざま」（藤井 2005）である。こうした多様な訳はそれぞれの訳者の解釈や意味づけに依存しているため、本論では原語の Negative Capability という用語をそのまま用いることにする。

　先に触れたように、この用語はキーツが卓越した詩人の特徴を描き出す折に用いた、しかも兄弟に当てた書簡の中で用いた用語である。キーツは兄弟に当てた書簡の中で、卓越した詩人の才能について次のように言う。「それは特に文学において偉大な仕事を達成する人間【the Man of Achievement】を形成している特質、シェイクスピアがあれほど厖大に所有していた特質、それが何であるかということだ――ぼくは「消極的能力【Negative Capacity】」のことを言っているのだが、つまり人が不確実さとか不可解さ

とか疑惑の中にあっても、事実や理由を求めていらいらすることが少しもなくていられる状態のことだ—たとえばコウルリッジは半解【half-knowledge】の状態に満足していることができないために、不可解さの最奥部に在って、事実や理由から孤立している素晴らしい真実らしきものを見逃すだろう。」（キーツ 2004、【　】は筆者 以下同様）と、「偉大な仕事を達成する人間」を形成している特質として Negative Capability という能力をあげている。

　キーツはさらに、「詩人というものは個体性【identity】をもたない……—詩人は絶えず他の存在の中に入ってそれを充たしているのだ」と、個体性を持たないことを卓越した、つまり文学において「偉大な仕事を達成する人間」の才能であると言う。

　キーツによれば、「個体性を持たないこと」の意味は、「動物であれ現象であれ、対象への共感的な自我を通して、想像力によって直ちにそして直感的に達せられる」（Bate 2017）ものであり、「詩的性格はそれ自体ではない—それ自体というものをもっていない—それはあらゆるものであり、また何ものでもない【everything and nothing】」（キーツ 2004）と、詩人の卓越した特質は「知的・論理的な理解」というよりも、自らの個体性を消滅して他の存在に入り込むことにより可能となる「共感的理解」の可能性にあると考えたのである。

　キーツの Negative Capability という概念や考え方に、時を経て注目し再評価をしたのは精神分析を専門とするビオン（Bion, W.R.）であった（Bion 2001）。精神科医である帚木蓬生は、「ネガティブ・ケイパビリティを保持しつつ、治療者と患者との出会いを支え続けることによって、人と人との素朴な交流が生じる」（帚木 2017）と考えるビオンに共鳴して、「ネガティブ・ケイパビリティの有益さは、文学・芸術の領域を超えて、精神医学の分野にも拡大」されたと指摘している。つまり、先述したような個体性を消滅して他の存在の中に入り込むことにより可能になる「共感的理解」は、キーツが描く詩人の特質を超えて、精神科医においても不可欠な特質であることを指摘するのである。

　さらには、教育の領域でも Negative Capability という概念は注意を向けられている。デューイ（Dewey, J）は『経験としての芸術』の中で、キー

ツの Negative Capability という用語に注目して、「【キーツは】シェイクスピアを偉大な「否定的才能【Negative Capability】の持ち主、「事実と理性に到達しようと苛立つこともなく、不確実、神秘、疑惑のなかにいることのできた」人である語っている」(デューイ 2003)と述べている。さらに、キーツの言明における二つの論点について、「その一つは、「推理【reasoning】」は目的物に向かう野生動物の運動の起源と同じ起源をもち、それは自発的、「本能的」になるが、それが本能的になるとき、それは感覚的、直接的、詩的になるという彼の確信である。この確信のもう一つの側面は、推理としての「推理」は、すなわち、心像【imagination】と感覚【sense】を排除するものとしての「推理」は、真理に到達できないという彼の信念である」と言い、「これは、幾多の論文にもまして、創造的思想の心理学を多く含む見解である」と述べている。

このようにデューイは、心像と感覚を排除するものとしての「推理」は、また「その高みにおける「理性【Reason】」も……心像に頼らなくてはならない─感情的に負わされた感覚のなかで、観念の具現化に頼らなければならない」と重ねて、キーツの見解との一致を表明している。

筆者はこれまで、教える「わざ」の本性を議論する中で、ライルの傾向性の概念、ショーンの「行為の中の省察」という概念に目を向けてきた。キーツが提示する「偉大な仕事を達成する人間」が有している特質としての、「不確実さとか不可解さとか疑惑の中にあっても、事実や理由を求めていらいらすることが少しもなくていられる状態」は、デューイが「熟慮【省察】」の特徴の第一段階としてあげた「困惑・混乱・疑惑。それは、情況の完全な性格がまだ決定されていない不完全な情況の中に人がまきこまれていることから起こる」(デューイ 1975)という要素と重なりを見せている[1]。

デューイとキーツの思想的な重なりと違いについては、今後の詳細な議論を待たねばならないが、ここではデューイがキーツの Negative Capability という概念に注目した点にのみに論をとどめておく。

鈴木忠は、Negative Capability を「何ものでもなくいられる力」と解釈した上で、鳥山敏子の学校での実践事例を通して教育の分野で現出する Negative Capability の意味について論じている。鈴木は「このような経験は、

自意識や自己概念によって把握されている「自分」を超える体験」（鈴木 2009）であるとして、Negative Capability の対語である Positive Capability では把握されない事態の教育的意義を指摘している。また、金子章予は大学が目指す「学士力」とは何かを問う中で、米国の大学において伝統的に重視されてきた「教養」に注目し、「'negative capability' と 'positive capability' の両方を合わせたものを「21世紀における教養」と呼びたい。」（金子 2012）と言い、これこそが「21世紀の教養」としての「学士力」であると述べている。さらに、大橋良枝は知的特別支援学校での愛着障害児の対応について Negative Capability にその解決の可能性を見ている（大橋 2018）。

　いずれも、教育の文脈における Negative Capability 概念の有効性を問う議論となっているが、当初はキーツによる文学の世界の中での問題提起であったものが、精神分析のみならず教育の文脈でも注目され、それぞれ個別の課題に援用されていることは、当の概念が孕む力の大きさをあらためて認識せざるを得ない。

　では、Negative Capability という概念は、「教える」専門家の「わざ」とは何かという本論のテーマにどのような示唆を提供してくれるのか。

7.「教える」専門家の「わざ」とは何か

　「わざ」概念は、「実体」を示す概念でも、「できる」という「実践能力」を示す概念でもなく、むしろ傾向性を示す概念として規定したライルの「技能」概念に近似している。しかしながら、「わざ」とライルの「技能」概念の間には傾向性の解釈について重要な違いがあることも否定できない。とりわけ、Knowing how のカテゴリーに入れる基準として知的判断や批判的判断をあげるライルの「技能」概念は、「わざ」概念そのものを説明してはいない。というのは、「わざ」を傾向性であると認めたとしても、それは、ライルがその基準として設定している知的判断や批判的判断というきわめて認知的な「傾向性」を強調する言説にはなじまない多義的な要素を含意していると思われるからである（生田 2006）。では、その要素とは何か。それは、キーツが卓越した詩人の特質として捉えた、個体性を消滅して他の存在の中に入り込むことにより可能となる「共感的理解」といった他者との感覚の共

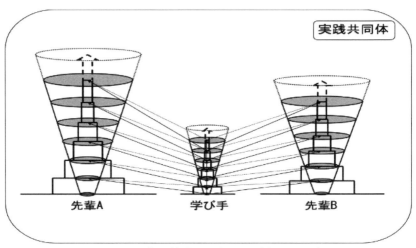

図 8-3-2 「わざ」継承の概念図（生田 2015）

有や共感といった非認知的な要素である。

　筆者は、Negative Capability という概念は、Task と Achievement 理論をより明確にすることに寄与すると考える。というのは、Achievement という状態において不可欠な要素である、他者との感覚の共有や共感といった非認知的な要素を当の概念は見事に説明してくれるからである。図 8-3-2 は、実践共同体の中で「わざ」がどのように継承されていくのか、学び手と先輩間の関係を描いたものである。

　「わざ」の継承は、厳密な指導活動にあるのではなく、むしろ、同一の実践共同体の中で師や先輩たちが示す多様な現れをする傾向性に直接触れることを通して、自己を消滅させた状態で、他者（師や先輩たち）の中に入り込み、やがて「わざ」を己のものとしていく事態を示している。この図は、単に先輩の姿を見てそれを積極的に模倣するなどの能力、すなわち Positive Capability を有することではなく、学び手が自己をなくすこと、鈴木のことばを借りるならば、「何ものでもなくいられる力」としての Negative Capability を有することで自らの「わざ」を獲得していく事態を描いている。このように、「教える」専門家の「わざ」の本性は、Negative Capability という概念を中核に置くことにより、より明確に描き出すことができると筆者

は考えるのである。

8. おわりに

　これまで、教える「わざ」の本性を四つの解釈を切り口にして論じてきたが、新たに Negative Capability という概念を導入することにより、より多元的な視点から「わざ」の本性を描き出すことが可能となると筆者は考える。

　ただ、本論では当の概念が「教える」専門家の「わざ」の本性を分析する際に有効な概念であることを提示するにとどまり、十全なる議論となっていないことも事実である。今後はさらに、この関係についての探求が必要であろう。　　　　　　　　　　　　　　　　　　　　　　　〈生田久美子〉

注
1) デューイは「推理としての「推理」は、すなわち、心像【imagination】と感覚【sense】を排除するものとしての「推理」は、真理に到達できない」というキーツの信念を評価しつつも、デューイ自身が描く「省察【熟慮】」はキーツが退けた「推理」を明らかに前提─「省察」のⅱ、ⅲ、ⅳ、ⅴを参照─とするものであり、そこに、デューイの矛盾を感じないわけにはいかないことも事実である。デューイは「芸術」における才能と、「省察【熟慮】」とを区別しているのか。そこには彼が否定する二元論的思考が見えるのは何故か。議論に値する今後の課題である。

〈引用・参考文献〉
第1章
浅田匡（1998）教えることの体験．浅田匡・生田孝至・藤岡完治（編）成長する教師．金子書房．pp.174-184.

Dreyfus,H.L and Dreyfus,S.E（1986）*Mind Over Machine: The Power of Human Intuition and Expertise in the Era of the Computer.* Free Press.（訳）椋田直子（1987）純粋人工知能批判―コンピュータは思考を獲得できるか．アスキー出版局

Dreyfus,S.E（1983）How Expert Managers Tend to Let the Gut Lead the Brain. *Management Review.* September：56-61.

波多野誼余夫・稲垣佳世子（1983）文化と認知―知識の伝達と構成をめぐって―．坂元昂（編）現代基礎心理学7 思考・知識・言語．東京大学出版会．pp.191-210.

林部敬吉・雨宮正彦（2007）伝統工芸の『わざ』の伝承―師弟相伝の新たな可能性．酒井書店

生田久美子（2011）「わざ」の伝承は何を目指すのか Task か Achievement か．生田久美子・北村勝郎（編）わざ言語―感覚の共有を通しての「学び」へ．慶応義塾大学出版会．pp.3-31.

生田孝至（2012）教師の自己成長を促進する研究．西之園晴夫・生田孝至・小柳和喜雄（編）教育工学選書5 教育工学における教育実践研究．ミネルヴァ書房．pp.121-140.

松尾睦（2006）経験からの学習―プロフェッショナルへの成長プロセス．同文館出版

中野照海（1993）教育の方法と技術の意味．教育技術研究会（編）教育の方法と技術．ぎょうせい．pp.12-19.

西之園晴夫（1999）教育実践の研究方法としての教育工学．日本教育工学会論文誌．23(2)：67-77.

野村幸正（2009）熟達心理学の構想―生の体験から行為の理論へ．関西大学出版部

大浦容子（1996）熟達化．波多野誼余夫（編）認知心理学5 学習と発達．東京大学出版会．pp.11-36.

Polanyi.M.（1966）*The Tacit Dimension.* Routledge & Kagan.（訳）佐藤敬三（1980）暗黙知の次元．紀伊国屋書店

佐藤学・岩川直樹・秋田喜代美（1990）教師の実践的思考様式に関する研究（1）

―熟練教師と初任教師のモニタリングの比較を中心に―．東京大学教育学部紀要．30：177-198.
諏訪正樹（2016）「こつ」と「スランプ」の研究―身体知の認知科学．講談社

第2章
姫野完治（2017）教師の視線に焦点を当てた授業リフレクションの試行と評価．日本教育工学会論文誌．40(Suppl)：13-16.
香川文治・吉崎静夫（1990）授業ルーチンの導入と維持．日本教育工学雑誌．14(3)：111-119.
水越敏行（1987）授業研究の方法論．明治図書
大村はま（1973）教えるということ．共文社
吉崎静夫（1988）授業における教師の意思決定モデルの開発．日本教育工学雑誌．12(2)：51-59.
吉崎静夫（1997）デザイナーとしての教師　アクターとしての教師．金子書房
吉崎静夫（2008）事例から学ぶ活用型学力が育つ授業デザイン．ぎょうせい

第3章
秋田喜代美（2012）学びの心理学　―授業をデザインする．左右社
有賀亮・岸俊行・菊池英明・野嶋栄一郎（2008）授業における教師の発話の音声分析によるパラ言語情報の抽出．日本教育工学会論文誌．32(1)：13-21.
Aristotelēs（訳）戸塚七朗（1992）弁論術．岩波書店
浅田匡・佐古秀一（1991）授業場面における経営行動の抽出とそのモデル化　―授業分析における経営的視点の導入について．日本教育工学雑誌．15(3)：105-113.
Ball.J and Bymes.F.C.(1960) *Visual Communication*. Michigan State University.（訳）宇野善康（1965）視覚コミュニケーション：理論・技術・管理．正栄社
Bellack,A.A., Kliebard,H.M, Hyman,R.T. and Smith,F.L.Jr.（1966）*The Language of the Classroom*. Teachers College. Columbia Univ.（訳）木原健太郎・加藤孝次(1972)授業コミュニケーションの分析．黎明書房
Berlo,B.K.（1960）*The Process of Communication; An Introduction to Theory and Practice*. Holt, Rinehart and Winston, Inc.（訳）布留武郎・阿久津義弘（1972）コミュニケーション・プロセス．協同出版

Brouner,J.S（1961）*The Process of Education*. Harvard University Press.（訳）鈴木祥蔵・佐藤三郎（1963）教育の過程．岩波書店

Clandinin,D.J., and Connelly,F.M.（1995）*Teachers' Professional Knowledge Landscapes*. Teachers College Press.

Clandinin,D.J., and Huber,J., Huber,M., Murphy,M.S. Orr,A.M., Pearce,M., Steeves,P.（2006）*Composing Diverse Identities*. Routledge.

Connely,F.M., and Clandinin,D.L.（1988）*Teachers as Curriculum Planners: Narrative of Experience*. Teachers College Press.

Dale.E.（1950）*Audio-Visual methods in teaching*. New York Dryden Press.（訳）有光成徳（1954）学習指導における視聴覚的方法（上・下）．政經タイムズ社

Flanders,N.A.（1968）Information analysis and In-service training. *Journal of Teacher Education*. 37：126-133.

藤岡完治（1998）自分の言葉で授業を語る．浅田匡・生田孝至・藤岡完治（編）成長する教師．金子書房．pp.118-133.

藤岡完治（2000）関わることへの意思．国土社

布留武郎・渡辺良・生田孝至（1975）認知型テストの日本語版に関する研究．国際基督教大学教育研究．18：121-149.

波多野完治（1963）授業の科学 第一巻 授業研究の科学．国土社

姫野完治（2013）学び続ける教師の養成．大阪大学出版会

一柳智紀（2009）教師のリヴォイシングの相違が児童の聴くという行為と学習に与える影響．教育心理学研究．57：373-384.

生田孝至（1982a）教育実習へのSD法、MDSの適用について．新潟大学教育学部附属幼小中教育論究．No.22：1-12.

生田孝至（1982b）ピクトリアルメディアの評価について―絵本の場合―．視聴覚教育．4：24-27.

生田孝至（1998）子どものわかりを予測する．浅田匡・生田孝至・藤岡完治（編）成長する教師．金子書房．pp.104-115.

生田孝至・斉藤陽子・有賀桐子・島袋梓・具志堅友美（2016）複数尺度による授業分析の試み．日本教育工学会第32回全国大会講演論文集：545-546.

Jackson, P.W.（1968）*Life in classrooms*. Rinehart & Winston.

香川文治・吉崎静夫（1990）授業ルーチンの導入と維持．日本教育工学雑誌．14(3)：111-119.

加藤育実・益子典文（2017）学習意欲が低下している子供に対する小学校教師の言葉かけの特徴．岐阜大学カリキュラム開発研究．33(1)：21-31.

加藤幸次（1977）授業のパターン分析．明治図書

河野麻沙美（2005）授業における「数学ツール」の使用と概念理解の検討：P.Cobbの「立ち戻り」の視点から．教育方法学研究．31：13-24.

河野麻沙美（2010）算数授業における図的表現が媒介した協同的な学習過程の検討．(博士（教育学))．東京大学

河野麻沙美（2012）教授学習過程研究における論文化の方法と課題：音声・映像データからの分析と記述（〈特集2〉質的研究テクニカル・フロンティア（展望論文))．質的心理学フォーラム（4）：80-85.

岸俊行（2015）一斉授業の特徴を探る―授業を観る，測る，考える．ナカニシヤ出版

鯨岡峻（1999）関係発達論の構築．ミネルヴァ書房

鯨岡峻（2005）エピソード記述入門．東京大学出版会

松尾剛・丸野俊一（2007）子どもが主体的に考え，学び合う授業を熟練教師はいかに実現しているか―話し合いを支えるグラウンド・ルールの共有過程の分析を通じて．教育心理学研究．55：93-105.

松尾剛・丸野俊一（2008）主体的に考え，学び合う授業実践の体験を通して，子どもはグラウンド・ルールの意味についてどのような認識の変化を示すか．教育心理学研究．56(1)：104-115.

Mehan.H（1979）*Learning Lessons: Social Organization in the classroom.* Harvard University Press

南博文(2006)ナラティヴ・ターンによって何が「転換」したのか．心理学評論．49(3)：464-469.

無藤隆（2005）質的研究の三つのジレンマ：「再詳述法」の提案による質的心理学の可能性．質的心理学研究．4：58-64.

西之園晴夫・増田久子・衣川兌子（1981）教授法術析出のための授業分析の方法論とその適用―小学校家庭科の授業を事例として．京都教育大学紀要．58：71-88.

西之園晴夫・増田久子・衣川兌子（1982）教授法術析出のための授業分析の方法論とその適用（Ⅱ）―小学校家庭科の授業を事例として．京都教育大学紀要．60：117-128.

野口裕二（2005）ナラティヴの臨床社会学．勁草書房

野口裕二（2009）ナラティヴ・アプローチ．勁草書房

野嶋栄一郎（1992）教師-生徒間のコミュニケーション分析．平成4年度科学研究費補助金研究成果報告書（代表：井上尚美　課題番号 003301107）．pp.9-26.

Ogden.C.K. and Richards.I.A.（1923）*The meaning of meaning; A study of the influence of Language upon Thought and the Science of Symbolism*. Routlede & Kagan Paul.

Osgood.C.E., Suci.G.J. and Tannenbaum.P.H.（1957）*The Measurement of Meaning* University of Illinois Press

大谷実（1997）授業における数学的実践の社会的構成．平山満義（編）．質的研究法による授業研究：教育学・教育工学・心理学からのアプローチ．北大路書房．pp.270-285.

坂元昂（1971）教育工学．放送大学教育振興会

Shannon,C.E. and Claude,E（1967）*The mathematical theory of communication*. The University of Illinois Press.（訳）長谷川淳・井上光洋（1969）コミュニケーションの数学的理論．明治図書

柴田好章（1999）話し合いを中心とする授業の分析手法の開発と適用―語の出現頻度による授業の分節構造の特徴化．日本教育工学雑誌．23(1)：1-21.

清水由紀・内田伸子（2001）子どもは教育のディスコースにどのように適応するか―小学1年生の朝の会における教師と児童の発話の量的・質的分析より―．教育心理学研究．49(3)：314-325.

髙垣マユミ（2005）授業研究の新しい視点と方法．髙垣マユミ（編）授業デザインの最前線―理論と実践をつなぐ知のコラボレーション．北大路出版．pp.1-16.

髙垣マユミ・中島朋紀（2004）理科授業の協同学習における発話事例の解釈的分析．教育心理学研究．52：472-484.

やまだようこ(2006)質的心理学とナラティヴ研究の基本概念．心理学評論．49(3)：436-463.

吉川正剛・三宮真智子（2007）生徒の学習意欲に及ぼす教師の言葉かけの影響．鳴門教育大学情報教育ジャーナル．4：19-27.

第4章

Adams, R. and Biddle, B.（1970）*The classroom scene. Realities of Teaching*. Holt,

Rinehart, & Winston, Inc.

浅田匡（1998）授業設計・運営における教室情報の活用に関する事例研究：経験教師と若手教師との比較．日本教育工学会論文誌．22(1)：57-69.

東洋（1984）子どもにものを教えること．岩波書店．

Flanders.N.A.（1970）*Analyzing Teaching Behavior.* Addison-Wesley

福島健介・谷川真一・Mohammad rasool sarrafi aghdam（2015）授業研究における非言語行動解析に関する手法．PCカンファレンス北海道．pp.37-40.

Gruschka,A.（2018）How we can and why we have to reconstruct teaching. *International Journal for Lesson and Learning Studies.* 7(2)：85-97.

Hochschild, A. R.（1983）*The Managed Heart: Commercialization of Human Feeling.* University of California Press.

家本芳郎（2011）新版楽しい「授業つくり」入門．高文研

稲垣恭子（1989）教師-生徒の相互行為と教室秩序の構成―「生徒コード」をてがかりとして―．教育社会学研究．45：123-135.

伊佐夏実（2009）教師ストラテジーとしての感情労働．教育社会学研究．84：125-144.

伊藤武（1980）教育実習生の授業分析―OSIAによる小学校理科授業の分析―．日本教科教育学会誌．5(2)：99-105.

Joonyoung Jung, Dongoh Kang, and Changseok Bae（2013）Distance Estimation of Smart Device using Bluetooth. *The Eighth International Conference on Systems and Networks Communications*：5.

川村光（2009）1970-80年代の学校の「荒れ」を経験した中学校教師のライフヒストリー 教師文化における権威性への注目．教育社会学研究．85：5-19.

杵淵信・安藤明伸・鳥居隆司・奥野亮輔（2001）コンピュータによる教授行動の空間分析．日本教科教育学会誌．23(4)：11-19.

岸俊行（2014）一斉授業における教師の教授行動の特徴とそれが授業雰囲気に及ぼす影響の検討．福井大学教育地域科学部紀要（教育科学）．5：197-211.

Knapp,M.L（1978）*Nonverbal Communication in Human Interaction, 2nd ed.* Holt. Rinehart & Winston

小金井正巳・井上光洋・児島邦宏・若林俊輔・横山節雄・日浦賢一（1977）教授行動の解析とカテゴリー・システムの開発（その1）：OSIAのサブ・カテゴリーの開発と授業分析．日本科学教育学会年会講演論文集：71-72.

河野義章（2009）空間行動の研究．河野義章（編）わかる授業の科学的探究 授業研究法入門．図書文化．pp.108-117.
松田伯彦（1973）授業過程の心理学的研究II―同一指導案による三教師の算数の授業―．教育心理学研究．21(3)：45-50.
松尾剛・丸野俊一（2009）教師のきく行為を支える授業過程：机間指導に注目して．日本教育心理学会第51回総会発表論文集：671.
宗内敦（2012）教師の権威と指導力．彩光文庫
Neil, S.（1989）The effects of facial expression and posture on children's reported responses to teacher nonverbal communication. *British Educational Research Journal.* 15：195-204.
野嶋栄一郎（2002）メディアと教育測定．野嶋栄一郎（編）教育実践を記述する 教えること・学ぶことの技法．金子書房．pp.49-76.
野中陽一朗（2011）授業中に小学校教師がとる姿勢の採取と分類に関する探索的検討．教育心理学研究．59：450-461.
大河原清（1983）教師の言語行動に伴う身体動作が児童・生徒の学習に及ぼす影響．日本教育工学雑誌．8：71-85.
大河原清（1987）教室における50のジェスチャー調査：文化遺産としての身体動作とその教育的機能．日本科学教育学会研究会研究報告．2(1)：37-39.
大西忠治（2010）授業つくり上達法．民衆社
Reid, D. J.（1980）Special involvement and teacher：pupil interaction patterns in school biology laboratories. *Educational Study.* 6：31-40.
坂本篤史・秋田喜代美（2012）教師．金井壽宏・楠見孝（編）実践知―エキスパートの知性―．有斐閣．pp.174-193.
Sakamoto, M.（2017）Lesson Analysis for Developing Teacher as Researcher and Designing Effective Learning Environment. *The 1st International Conference on Education, Science, Art and Technology.*
坂本將暢（2018）黒板前の左右の動きに焦点を当てた模擬授業後の指導の可能性．名古屋大学大学院教育発達科学研究科紀要（教育科学）．64(2)：83-91.
佐藤学・岩川直樹・秋田喜代美（1990）教師の実践的思考様式に関する研究（1）―熟練教師と初任教師のモニタリングの比較を中心に―．東京大学教育学部紀要．30：177-198.
柴田好章（2014）授業洞察力を高める校内授業研究のあり方．考える子ども．

355：18-22.

下地芳文・吉崎静夫（1990）授業過程における教師の生徒理解に関する研究．日本教育工学雑誌．14(1)：43-53.

Smith.H.A（1979）Nonverbal Communication in teaching. *Rev. Educ. Res.* 49(4)：631-672.

Tan, S. L., Fukaya, K. and Nozaki, S.（2018）Development of bansho（boardwriting）analysis as a research method to improve observation and analysis of instruction in lesson study. *International Journal for Lesson and Learning Studies.* 7(3)：230-247.

谷川真一（2016）iBeacon とスマートフォンを用いた授業動線分析システムの試作と評価．情報処理学会第 78 回全国大会論考集：509-510.

やまだようこ（2004）小津安二郎の映画『東京物語』にみる共存的ナラティブ‐並ぶ身体・かさねの語り．質的心理学研究．3：130-156.

油布佐和子（2010）教職の病理現象にどう向き合うか──教育労働論の構築に向けて──．教育社会学研究．86：23-38.

Wilkinson, L.C. and Calculator, S.（1982）Effective speakers：Students' use of language to request and obtain information and action in the classroom. L.C. Wilkinson（ed.）*Communicating in the classroom.* Academic Press.

第 5 章

有馬道久（2014）授業過程における教師の視線行動と反省的思考に関する研究．広島大学大学院教育学研究科紀要．第一部．63：9-17.

古田紫帆（2018）授業認知の即時的な共有に基づく授業の再設計の事例研究」『日本教育工学会論文誌．41(4)：439-448.

古田紫帆・古田壮宏・吉川裕之（2018）授業者視点の映像と授業認知の即時共有を用いた授業研究の試行．日本教育工学会研究報告集．18(2)：237-240.

姫野完治（2001）授業過程の分節化を活用した教師の授業認知の分析．日本教育工学雑誌．25(Suppl)：139-144.

姫野完治（2017a）教師の視線に焦点を当てた授業リフレクションの試行と評価．日本教育工学会論文誌．40(Suppl)：13-16.

姫野完治（2017b）Lesson Study と教育工学の接点．日本教育工学会（監修）．小柳和喜雄・柴田好章（編）Lesson Study．ミネルヴァ書房．pp.188-207.

平山勉・浦野弘（1995）教師と実習生による授業録画記録の分析を通した両者の授業観察視点の比較研究．教育メディア研究．2(1)：39-55．

樋浦春香（2010）授業中の子どもの学習意欲に対する教師の認知．秋田大学教育文化学部卒業論文（未公刊）

生田久美子（2011）「わざ」の伝承は何を目指すのか— Task か Achievement か．生田久美子・北村勝朗（編著）わざ言語—感覚の共有を通しての「学び」へ．慶応義塾大学出版会．pp.3-31．

生田孝至（1998）子どものわかりを予測する．浅田匡・生田孝至・藤岡完治（編）成長する教師—教師学への誘い．金子書房．pp.104-115．

生田孝至（2002）オン・ゴーイングによる授業過程の分析．野嶋栄一郎（編）教育実践を記述する—教えること・学ぶことの技法．金子書房．pp.155-174．

生田孝至（2012）教師の自己成長を促進する研究．日本教育工学会（監修）．西之園晴夫・生田孝至・小柳和喜雄（編）．教育工学における教育実践研究．ミネルヴァ書房．pp.121-140．

生田孝至・高橋健一（2004）オン・ゴーイングと対話リフレクションによる観察者の授業認知研究．新潟大学教育人間科学部紀要．人文・社会科学．6(2)：381-393．

乾敏郎（1995）認知心理学1 知覚と運動．東京大学出版会

近藤邦夫（1984）児童・生徒に対する教師の見方を捉える試み．千葉大学教育工学研究．5：3-21

三橋功一・神野藤均（2017）授業における授業者の観察注視．日本教育工学会研究報告集 JSET17-3：113-118

文部科学省（2017）学習指導要領（平成29年3月告示）．
http：//www.mext.go.jp/a_menu/shotou/new-cs/1384661.htm（2018年7月参照）

岡根裕之・吉崎静夫（1992）授業設計・実施過程における教師の意思決定に関する研究——即時的意思決定カテゴリーと背景カテゴリーの観点から．日本教育工学雑誌．16（3）：171-184

斎藤喜博（1969）教育学のすすめ．筑摩書房

佐藤学・岩川直樹・秋田喜代美（1990）教師の実践的思考様式に関する研究（1）——熟練教師と初任教師のモニタリングの比較を中心に——．東京大学教育学部紀要．30：177-198．

澤本和子・授業リフレクション研究会（2016）国語科授業研究の展開—教師と子

どもの協同的授業リフレクション研究—．東洋館出版

Schön.D（1983）*The Reflective Practitioner -How Professionals Think in Action*. Basic Books.（訳）佐藤学・秋田喜代美（2001）専門家の知恵　反省的実践家は行為しながら考える．ゆみる出版

Shavelson. R.J.（1973）The basic teaching skill：Decision making. *Research and Development Memorandum*. 104. Stanford Center for Research and Development in teaching.

関口貴裕（2009）視線の研究．河野義章（編）授業研究入門．図書文化．pp.118-128.

下地芳文・吉崎静夫（1990）授業過程における教師の生徒理解に関する研究．日本教育工学雑誌．14(1)：43-53.

梅澤実（2006）教育実習生における授業観察視点の変容．鳴門教育大学学校教育研究紀要．21：171-181.

脇本健弘・堀田龍也（2016）タブレット端末付属のカメラ機能を活用した教師の「セルフリフレクション」に関する調査—撮影対象とその効果に関する分析—．日本教育工学会論文誌．39(Suppl)：117-120.

吉崎静夫（1983）授業実施過程における教師の意思決定．日本教育工学雑誌．8(2)：61-70.

吉崎静夫（1988）授業における教師の意思決定モデルの開発．日本教育工学雑誌．12(2)：51-59.

吉崎静夫（2016）わが国で開発された授業研究法の特徴と意義．日本女子大学教職教育開発センター年報．2：7-15.

第6章

Clark. C.. and Peterson. P.L.（1984）Teachers' Thought Process. *Occasional Paper No.72*.　Michigan State University.　ERIC Number：ED251449（https：//eric.ed.gov/?id=ED251449．アクセス日：2018年10月20日）

古村澄一・宮園三善（1978）新しい教材基準—その解説と運用—．ぎょうせい

畑村洋太郎（2002）実際の設計第4巻こうして決めた．日刊工業新聞社

波多野完治（1964）授業の科学（第三巻）教材研究の科学Ⅰ．国土社

細川大輔（2013）国語科教師の学び合いによる実践的力量形成の研究．ひつじ書房．pp.22-26．p.71.

生田久美子（2007）「わざ」から知る．東京大学出版会

伊藤裕啓（2009）高等学校教師の学習者理解と教材解釈に基づく授業設計に関する研究―国語科における文学作品の授業を題材とした分析―．岐阜大学大学院教育学研究科修士論文（未公刊）

岩永正史（1996）認知科学の二つの流れと国語科教育研究．国語教育の再生と創造．教育出版．pp.34-35.

甲斐利恵子（2012）大村はま国語教室とともに．国語科教育．71：80-84.

川上綾子・木下光二・森康彦・益子典文（2017）授業の熟達化における『視点』の役割．鳴門教育大学研究紀要．32：176-187.

川上敬吾（2004）中学校社会科における「社会的思考・判断」評価のためのルーブリックの開発―公民的分野における生徒のパフォーマンスを引き出す評価基準の開発とその利用―．鳴門教育大学大学院学校教育研究科修士論文（未公刊）

川上敬吾・益子典文・川上綾子（2005）中学校社会科におけるルーブリックの開発方法論に関する研究―公民的分野における「社会的思考・判断」の評価基準の開発．岐阜大学カリキュラム開発研究．23(1)：27-34.

前田康裕・益子典文（2016）熊本市教師塾「きらり」における師範による指導授業とその授業研究会の効果．日本教育工学会論文誌．39(Suppl)：73-76.

益子典文（2005）授業設計プロセスにおける教師のリソース・マネジメントに関する一考察．岐阜大学教育学部研究報告（教育実践研究）．7：293-301.

益子典文（2014）現職教師の教材開発過程の事例分析―素材の教材化過程における教育的内容知識に関する基礎的研究．岐阜大学カリキュラム開発研究．31(1)：37-50.

益子典文（2016）教材をつくる．生田孝至・三橋功一・姫野完治（編）未来を拓く教師のわざ．一莖書房．pp.24-37.

宮崎清孝・上野直樹（1985）視点．東京大学出版会

茂呂雄二（1994）認知科学における文化的アプローチと言葉の教育．国語科教育．41：9.

中内敏夫（1978）教材と教具の理論．有斐閣

西川栄展（2008）小学校社会科における社会認識形成を促す思考支援に関する研究―自己の学習過程を外化することに焦点を当てて―．鳴門教育大学大学院学校教育研究科修士論文（未公刊）

西之園晴夫（1981）教育学大全集30 授業の過程．第一法規

大浦容子（2000）創造的技能領域における熟達化の認知心理学的研究．風間書房
大浦容子（2002）熟達化の社会・文化的基盤．認知過程研究―知識の獲得とその利用―．放送大学教育振興会
斎藤喜博（1969）教育学のすすめ．筑摩書房
斎藤喜博（1976）授業の可能性．一莖書房
Schön.D（1983）*The Reflective Practitioner -How Professionals Think in Action*. Basic Books.（訳）佐藤学・秋田喜代美（2001）専門家の知恵 反省的実践家は行為しながら考える．ゆみる出版
Shulman. L.S.（1986）Those Who Understand：Knowledge Growth in Teaching. *Educational Researcher*. 15(2)：4-14.
Shulman. L.S.（1987）Knowledge and Teaching：Foundations of the New Reform. *Harvard Educational Review*. Vol.57(1)：1-22.
武田常夫（1978）文学の授業．明治図書出版
武田常夫（1979）文学の授業でなにを教えるか．明治図書出版
竹中輝夫（1967）講座授業分析の科学 3 教材研究の基礎．明治図書
梅澤実（1992）「実習生の「児童の読み」の意識から「教え込み」授業への過程―6年ファンタジィ ―教材「きつねの窓」の授業を通して―．東京学芸大学教育実習研究指導センター研究紀要．16：54-68.
梅澤実（1993）児童の「情景」読みの発達―文学作品における視点認知―．読書科学．145：102-109.
梅澤実（1998a）総合学習「わたしと環境の開発」―総合学習単元設計過程と子どもの学びの姿―．日本学術会議（編）第16期日本学術会議教科教育学研究連絡委員会研究年報 教育課程改革への理論と実践．pp.165-180.
梅澤実(1998b)総合学習開発実践を通して教師の学力観・授業観の変革―単元設計・実践過程における教師の意思決定分析を通して―．東京学芸大学教育学部附属教育実践総合センター研究紀要．22：1-16.
梅澤実（1998c）小学4年生は説明文をどう読むか―説明文読解過程における既有知識と説明文スキーマの働き．読書科学．42(3)：98-105.
梅澤実（1999）小学校 環境・人間の視野からの総合的な学習の実践―繭から糸を取らねばならない葛藤を経て―．「総合的な学習」実践研究会（編）総合的な学習の実践事例と解説．第一法規．pp.251-263.
若木常佳（2017）国語科教師の「思考様式の形成史」への着目―「ゲシュタルト

形成に関わる成　長史」の段階を取り上げて—．国語科教育．81：32-40
渡邉公規（2005）小学校理科における「授業展開融合型教材」の開発とその効果
　—学習者の探究活動を促進する教材開発の方法—．鳴門教育大学大学院学校教
　育研究科修士論文（未公刊）
吉崎静夫（1991）教師の意思決定と授業研究．ぎょうせい

第 7 章

浅田匡 2002 教授学習過程における「時間」の意味を考える．野嶋栄一郎（編）．
　教育実践を記述する．金子書房．pp.135-154.
岐阜大学附属カリキュラム開発センター（1996）木田宏教育資料 1 —昭和 20 年代
　初期
畑村洋太郎（2006）組織を強くする技術の伝え方．講談社
姫野完治（2017）教師の視線に焦点を当てた授業リフレクションの試行と評価．
　日本教育工学会論文誌．40(Suppl)：13-16.
生田久美子（2011）「わざ」の伝承は何を目指すのか— Task か Achievement か．
　生田久美子・北村勝朗（編）わざ言語—感覚の共有を通しての「学び」へ．慶
　応義塾大学出版会．pp.3-31.
生田久美子・北村勝朗（2011）わざ言語．慶応義塾大学出版会
生田孝至（2002）オン・ゴーイングによる授業過程の分析．野嶋栄一郎（編）教
　育実践を記述する—教えること・学ぶことの技法—．金子書房．pp.155-174.
生田孝至・後藤康志（2017）参観者は春の授業のわざがどうみえたのか：オン・
　ゴーイングで法による事例—．日本教育実践学会研究大会論文集．pp122-123.
生田孝至・内山渉（2017）全天球カメラを授業研究で活用する技法．視聴覚教育．
　71(10)：12-15.
生田孝至・内山渉（2018a）360°カメラによる授業記録と活用の意義．岐阜女子
　大学デジタルアーカイブ研究所テクニカルレポト．3(2)：29-34.
生田孝至・内山渉（2018b）VR 授業によるオン・ゴーイング認知の検討．日本教
　育工学会第 34 回全国大会講演論文集：737-738.
井上光洋（1988）コミュニケーションスキル．東洋・中島章夫（監修）．井上光洋・
　小島邦宏・西之園晴夫・八田昭平・藤岡完治（編）授業技術講座 3 教師の実践
　的能力と授業技術．ぎょうせい．pp.43-73.
石井英真（2013）教師の専門職像をどう構想するか：技術的熟達者と省察的実践

家の二項対立図式を超えて．教育方法の探究．16：9-16.

岩川直樹（1994）教職におけるメンタリング．稲垣忠彦・久冨善之（編）日本の教師文化．東京大学出版会．pp.97-107.

金井壽宏・楠見孝（2012）実践知—エキスパートの知性—．有斐閣

金子明友（2002）わざの伝承．明和出版

川島浩・斎藤喜博（1986）写真集—未来誕生．一莖書房

川嶋環（2016）創造する授業Ⅱ 島小を離れて．一莖書房

小金井正巳（1988）教師と子どものコミュニケーションを分析する．東洋・中島章夫（監修），井上光洋・小島邦宏・西之園晴夫・八田昭平・藤岡完治（編）授業技術講座2 授業を改善する—授業の分析と評価．ぎょうせい．pp.124-149.

丸野俊一・松尾剛（2008）対話を通した教師の対話と学習．秋田喜代美・キャサリン・ルイス（編）．授業の研究 教師の学習—レッスンスタディへのいざない．明石書店．pp.68-97.

文部科学省（2017）学校教員統計調査—平成28年度（確定値）結果の概要—（www.mext.go.jp/b_menu/toukei/chousa01/kyouin/kekka/k_detail/1395309.htm.）

村川雅弘（2005）授業にいかす教師がいきる ワークショップ型研修のすすめ．ぎょうせい

小川修史・小川弘・掛川淳一・石田翼・森広浩一郎（2012）動画アノテーションシステムVISCOを用いた協調的授業改善のケーススタディ．日本教育工学会論文誌．35(4)：321-329.

斎藤喜博（1975）授業叢書8 介入授業の記録（中）．一莖書房

斎藤喜博（1979）教師の仕事と技術．国土社

斎藤喜博・林竹二（1978）対話 子どもの事実—教育の意味—．ちくまぶっくす

坂本篤史（2012）授業研究の事後協議会を通した小学校教師の談話と教職経験—教職経験年数と学校在籍年数の比較から．発達心理学研究．23(1)：44-54.

Sakamoto.T（1980）Development and use of desk top teaching simulation game． Race. P. & Brook. D（Eds.）*Perspective on Academic Gaming & Simulation* 5. Kogan Page. pp.150-160.

佐久間大・長谷川勝久・室田真男・中川正宣（2015a）児童生徒の実態イメージカードを用いた模擬授業デザインの有効性の検討．日本教育工学会研究報告集JSET15-5：1-4.

佐久間大・高石哲巳・今井智貴・長谷川勝久・室田真男・中川正宣（2015b）児童

生徒の実態イメージカードを用いた模擬授業デザイン．日本教育工学会第 31 回全国大会講演論文誌：841-842．
土田佳子（2007）校内授業研究会における新任教師の学習過程─「認知的徒弟制」の概念を手がかりに．教育方法学研究．33：37-48．
横浜市教育委員会（2011）「教師力」向上の鍵─「メンターチーム」が教師を育てる、学校を変える！．時事通信社
吉田章宏（1982）「みる」と「みえる」の創造．教授学研究の会（編）第Ⅱ期教授学研究 2　斎藤喜博と授業の創造．国土社．pp.21-42．

第 8 章

Aristotelēs　（訳）高田三郎（1971）ニコマコス倫理学（上）岩波書店
Aristotelēs　（訳）高田三郎（1973）ニコマコス倫理学（下）岩波書店
Bate, W.J.（1939）*Negative Capability: The Intuitive Approach in Keats*. Cambridge Harvard University Press.
Bion, W.R.（2001（1970））*Attention and Interpretation: A Scientific Approach to Insight in Psycho-Analysis and Groups*, Routledge London. H.karnac（Books）Ltd.（訳）松木邦裕・祖父江典人（2016）[新装版] ビオンの臨床セミナー．金剛出版
Bion, W.R.（1994）*Clinical Seminars and other works*. H.karnac（Books）Ltd.（訳）祖父江典人（2016）[新装版] ビオンとの対話　そして最後の四つの論文．金剛出版
Bourdieu.P. and Passeron. J.C.（1964）*Les Heritiers - Les étudiants et la culture*.（監訳）石井洋二郎（1997）遺産相続者たち　学生と文化．藤原書店
Dewey, J.（1944）*Democracy and Education*. The Free Press.（訳）松野安男（1987）民主主義と教育．岩波書店
Dewey, J.（1958）*Art as Experience*. Capricorn Books.（訳）河村望（2003）経験としての芸術．人間の科学新社
土居健郎（2005）新訂 方法としての面接．医学書院
藤本周一（2005）John Keats："Negative Capability" の「訳語」をめぐる概念の検証．大阪経大論集．55(6)：5-27．
帚木蓬生（2017）ネガティブ・ケイパビリティ：答えの出ない事態に耐える力．朝日新聞出版
橋本健二（2018）新・日本の階級社会．講談社

波多野完治(1990)心理学認識と感情.小学館
波多野完治(1955)認識過程と教育過程.波多野完治(1991)波多野完治全集8:映像と教育.小学館所収
Howard, V.A. (1982) *Artistry: The Work of Artists.* Hackett Publishing Company
Husserl.E.(訳)浜過振二・山口一郎(2012)間主観性の現象学 その方法.筑摩書房
生田久美子(1987・2011)「わざ」から知る.東京大学出版会
生田久美子(2003)職人の「わざ」の伝承過程における「教える」と「学ぶ」.茂呂雄二(編)実践のエスノグラフィー.金子書房.pp.230-245.
生田久美子(2004)「知識」と「わざ」の教師学.教師学研究.5・6:24-34.
生田久美子(2006)〈再考〉教育における「技能」概念―「傾向性(disposition)」としての「わざ」概念に注目して.田中克佳(編)教育を問う教育学.慶應義塾大学出版会.pp.11-31.
生田久美子(2011)「わざ」の伝承は何を目指すのか - Task か Achievement か.生田久美子・北村勝朗(編)わざ言語―感覚の共有を通しての「学び」へ.慶應義塾大学出版会.pp.3-31.
生田久美子(2015)福岡県立大学大学院 FD セミナー資料
生田孝至(2012)教師の自己成長を促す研究.西之園晴夫・生田孝至・小柳和喜雄(編)教育工学における教育実践研究.ミネルヴァ書房.pp.121-140.
生田孝至・内山渉(2018)360°カメラによる授業記録と活用の意義.岐阜女子大学デジタルアーカイブ研究所テクニカルレポート.3(2):29-34.
海後勝雄(1947)教育技術の理論.誠文堂新光社
金子章予(2012)「学士」という学位をもつことの意味 (米国の「学士力」からの示唆).リメディアル教育研究.7(1):68-84.
Kant.I.(訳)篠田英雄(1964)判断力批判(上下)カント全集.岩波書店
葛西康徳・鈴木佳秀(2008)これからの教養教育―「カタ」の効用.東信堂
加藤尚武(2003)ハイデガーの技術論.理想社
Keats, J.(訳)田村英之助(1977)詩人の手紙.冨山房百科文庫
城戸播太郎(1939)生活技術と教育文化.賢文館
Li,Ou. (2009) *Keats and Negative Capability.* Continuum International publishing Group.
三木清(1967)三木清全集7 技術哲学.岩波書店

宮崎雄行（2016）対訳 キーツ詩集―イギリス詩人選．岩波書店
村上陽一郎（1986）技術とは何か．日本放送出版協会
村上陽一郎（1979）新しい科学論．講談社
村田純一（2014）技術の哲学．岩波書店
中谷宇吉郎（1958）科学の方法．岩波書店
西平直（2009）世阿弥の稽古哲学．東京大学出版会
西之園晴夫（1968）フランスの教育改革が技術教育に及ぼした影響．京都大学工業教員養成所研究報告．4：1-9．
西之園晴夫（1981）教育学大全集30巻 授業の過程．第一法規
西岡常一（1986）木のこころ 仏のこころ．春秋社
大橋良枝（2018）愛着障害児に対応する特別支援教師のNegative Capability支援の重要性と自我心理学的視点の有用性の検討．聖学院大学総合研究所 News Letter．27(2)：17-22．
Poincare.J.（訳）吉田洋一（1953）科学と方法．岩波書店
Rogers.E.M.(1962)*Diffusion of Innovations*. The Free Press, Collier-Macmillan.（訳）藤竹暁（1966）技術革新の普及過程．培風館
Ryle,G.（1949）．*The Concept of Mind*. Hutchinson．（訳）坂本百大・井上治子・服部裕幸（1987）心の概念．みすず書房
三枝博音（2005）技術の哲学．岩波書店
斎藤喜博（1979）教師の仕事と技術．国土社
Schön.D（1983）*The Reflective Practitioner -How Professionals Think in Action*. Basic Books.（訳）佐藤学・秋田喜代美（2001）専門家の知恵 反省的実践家は行為しながら考える．ゆみる出版
鈴木忠（2009）自己を超える／現実を超える：アイデンティティー概念再考．生涯発達心理学研究．1：19-30．
髙橋正泰（1998）組織シンボリズム メタファーの組織論．同文館
世阿弥（訳）水野聡（2005）風姿花伝．PHP
世阿弥（訳）小西甚一（2004）世阿弥能楽論集．たちばな社出版

索　引

【A〜Z】

Achievement　13, 178, 186, 247
Aristtelès（アリストテレス）　47, 220
Bellack（ベラック）　28, 51, 54
Berlo.B.K（バーロ）　48
Bourdieu.P.（ブルデュー）　231
Clandinin.S.J（クランディニン）　58
Dewey.J.（デューイ）　248
Drayfus.D（ドレイファス）　10
Flanders.M.A（フランダース）　28, 51, 76, 89
ICT　78, 143, 202, 220
I-R-E 構造　31
Kant.I.（カント）　221
Keats.J.（キーツ）　250
Knowing that　246
　――　how　246
　――　in action　249
Lesson Study　26, 128, 181
Mehan（メーハン）　31
Negative Capability　250
Polanyi（ポラニー）　8, 13
RCRT　102
Reflection（リフレクション）
　――　in action　108, 110, 121, 206, 214, 249
　――　on action　110, 249
Ryle.G.（ライル）　246
Schön.D（ショーン）　9, 103, 108, 154, 226, 249

SD 法　49
Shulman（ショーマン）　170
Task　247
VR（バーチャルリアリティ）　199, 203, 224

【あ】

生田久美子　13, 178, 186, 209, 222, 247
意思決定　11, 17, 19, 119, 159, 209
エピソード記述　60
オン・ゴーイング　105, 110, 203, 216

【か】

カード構造化法　60, 110
解釈学　234
概念地図　148
学習　11, 223
　――意欲　34, 100
　――過程　148
　――指導案　141
　――指導要領　129, 159, 172
　――成果　51, 242
　――目標　129, 145
仮説　110, 141, 144, 165, 228
型　13, 157, 218, 222
語り　26, 36, 57
カテゴリー分析　29, 54, 89
カメラ　106, 198
　ウェアラブル――　106, 111, 120, 134, 191

273

360° —— 199, 224
　主観 —— 110
　ビデオ —— 45, 71, 88, 105, 183, 199
勘　14
観　98, 100, 161
　価値 —— 7, 154, 199, 228
　教材 —— 16, 109, 143, 174
　子ども —— 16, 59, 99, 128
　指導 —— 16, 109, 174
関与観察　60
間主観　226, 235
感情労働　75
机間指導（観察、巡視）　69, 77, 88, 107, 112
技術　12, 16, 177, 188, 196, 218, 232, 245
　——的熟達者　9, 190
　——論　12, 218
技能　12, 245
技法　225, 246
客観　199, 234
教育技術　1, 7, 16, 219, 227
教育工学　47, 71, 179, 228
教育の方法及び技術　7
教員育成指標　1, 7, 185
教員養成　7, 178, 188, 232
教室談話　32, 38, 51
教授行動（スキル）　18, 96, 141, 179
教材　16, 141, 144
　——化　165
　——開発　131, 165, 169, 172
　——研究　24, 150, 175
教師　5, 16

熟達 —— 8, 20, 76, 104, 106, 122, 177, 181, 188
初任 —— 8, 61, 76, 104, 106, 179, 185
中堅 —— 20
ベテラン —— 86, 172, 177
経験　6, 9, 11, 48, 60, 69, 232, 235
傾向性　246
権威　74
現象学　208, 228
構造　8, 9, 31, 60, 81, 99, 148, 206
コーディング　38, 78, 93
黒板　71, 81, 88
コミュニケーション　27, 47, 49, 53, 227
　——分析　51
　——モデル　25, 48
　非言語 —— 72

【さ】
再生産　231
斎藤喜博　110, 156, 207
ジェスチャー　72
思考過程　38, 99, 101, 121, 159
資質能力　5, 6, 177
島小学校　156, 168, 181, 198, 207, 211
システム　71, 98, 138, 228, 236
　教室用動線分析 —— 79
　動画アノテーション —— 184
視線　22, 106, 109, 122, 134, 200
質的研究　38, 66
主観　199, 202, 230, 234
熟達　8, 9

274

――化　9, 152
　　――の５段階モデル　11
　　技術的――者　9, 190
　　適応的――者　10
　　手際のよい――者　10
授業　7, 16, 25, 67, 98, 141
　　――改善　23, 29, 78, 82, 129
　　――過程　40, 51, 105, 200
　　――観察　103, 109, 129
　　――記録　138, 157, 198, 241
　　――研究　9, 16, 59, 77, 109, 121, 181, 190, 198, 200
　　――デザイン　16
　　――認知　109, 130, 203
　　――リフレクション　22, 107, 110, 121
　　――ルーチン　20, 32
　　模擬――　90, 180
守破離　11, 222
省察　9, 108, 155, 196, 248
　　――的実践家　190
初任者研修　62, 85, 128, 185
スキル　8, 14
　　コンセプチュアル――　192
　　テクニカル――　192
　　ヒューマン――　192
　　メタ認知――　192
スタンダード　7, 184
ストーリーテリング　60
ズレ　17, 101, 119, 196
世阿弥　222
成長　155, 172, 190, 237
　　教師の――　9, 155, 183, 200, 225, 233

　　子どもの――　225
　　相互作用　25, 30, 39, 51, 67, 77, 99
　　――分析　28, 53
創造　14, 50, 156, 207, 226
素材　161, 165, 198

【た】
立ち位置　67, 71, 88, 109, 195
知　8, 14, 220
　　暗黙――　8, 12, 185, 221, 249
　　科学――　155
　　経験――　172, 228, 232
　　形式――　8, 14
　　自己存在――　237, 243
　　実践――　8, 14, 103, 110, 155, 185, 192
　　身体――　13
　　創造――　220
　　日常――　8, 14
　　判断――　220
　　明示――　8, 14
知覚　30, 60, 99, 109, 229
知識　8, 16, 120, 170, 237, 246
ディスコース　26, 38
哲学　60, 218, 220, 232
伝承　12, 45, 178, 196, 211, 222
伝統芸能　11, 13, 178, 186, 222
動線　77, 195
徒弟　14, 69, 177, 232

【な】
ナラティヴ　26, 35, 57
西之園晴夫　8, 15, 29, 141, 231

索引　275

【は】
場　225
発問　18, 31, 40
　　ゆさぶり——　215
パフォーマンス課題　145, 195
板書　88
非言語行動　72, 87
非同期　200, 202
表象　158
開いた系　221
ふるまい　67
フレーム分析　154
文化　45, 48, 57, 159, 219, 227

【ま】
マイクロティーチング　179
「みえ」　51, 98, 100, 120, 129, 151, 188, 199, 214, 225
「みえる」　51, 98, 99, 128, 158, 207, 224
メタ認知　13, 192, 214
メッセージ　48, 72
メディア　48, 112, 179, 198
メンタリング　185
物語　26, 36, 58
モデル　152, 172, 183, 234, 239
　　意思決定——　19, 119
　　熟達の5段階——　11
　　MACITO——　241
　　——化　8, 34, 120

【ら】
ライフヒストリー　61
理論と実践　37, 207, 220

【る】
ルーブリック　145
リヴォイシング　31
ルール　32, 39

【わ】
わざ　1, 5, 16, 25, 67, 98, 141, 177, 218, 228, 245
　　——言語　13, 186

おわりに

　三十年間続いた「平成」という時代が終わろうとしている今、少子化による人口減少や、団塊の世代の大量退職に伴う世代交代が加速するなど、あらゆる分野において、いかにして持続可能な社会を作り上げるかが大きな課題となっている。学校においても、ベテラン教師のもっているわざや知恵を若手に伝えようと、様々な取り組みを進めている。
　ベテランのわざや知恵をいかに伝承するかは、研究の世界にも共通する課題である。私が専門とする教育工学という学問領域は、1970年代に誕生して40年あまりの歴史を有しているが、創成期に若手だった諸先輩が退職期を迎え、世代交代が一気に進みつつある。まだまだ若手と自負していた私も、いつの間にか中堅となり、若手を率いて研究プロジェクトをリードしたり、学会を運営したりする役回りも増え始めている。しかしながら、次の世代を創造していなければならない私たち中堅、そして若手は、諸先輩のわざや知恵をどれほど受け継ぐことができているのかと問い直すと、けして持続可能な状況ではないと感じる。
　多様な立ち位置の研究者が、種々のアプローチで教師のわざを対象化することを通して、教師のわざを解明するとともに、研究者としてのわざの伝承にも寄与したい。このような課題意識のもと、2015年4月から現在までの三年間にわたり、日本学術振興会から研究助成を受け、「教育実践研究の伝承と創造を支援する授業研究プラットフォームの構築」（基盤研究（B）研究代表者：姫野完治、研究分担者：生田孝至、後藤康志、坂本將暢、古田紫帆、細川和仁、益子典文、三橋功一、吉崎静夫、課題番号：16H03071）に取り組んできた。本書は、その成果を土台として、生田久美子氏、梅澤実氏、川上綾子氏、河野麻沙美氏、神野藤均氏、小泉匡弘氏、西之園晴夫氏、福島健介氏の協力を得て、総勢17名によって『教師のわざを科学する』という難題に挑んだものである。

『教師のわざを科学する』という書名を決め、執筆作業に入ったものの、発刊までの道のりは想像以上に苦悩の連続であった。そもそも教師のわざとは何か、教師のわざを科学することが可能なのか、調査研究によって可視化されたことが教師のわざと言えるのかなど、教育研究者としての哲学と向き合わざるを得ない場面が数多くあった。また、教師のわざを、ふるまい、みえ、授業づくり、わざの伝承という5つの側面から対象化したことは、本書ならではの特徴と考えるが、教師のわざ研究を先導してきた生田孝至氏、西之園晴夫氏、生田久美子氏からの提言（第8章）を拝読すると、未だ道半ばであることを痛感する。若手、中堅、ベテラン17人の研究者のわざと知恵を結集して、本書にまとめられたことを感謝するとともに、今後の研究につなげていきたい。

　最後に、『未来を拓く教師のわざ』に続き、出版をこころよくお引き受けいただいた一莖書房と、全体の構成から細部の表現に至るまで、多くのお力添えをいただいた一莖書房の斎藤草子さんに感謝いたします。

　2019年早春

　　　　　　　　　　　　　　　　　　編者を代表して　　姫野完治

〈執筆者〉
五十音順　2019年2月現在

生田　久美子　田園調布学園大学教授　8章3節
生田　孝至　岐阜女子大学大学院教授　編著者　3章4節、7章4～5節、8章1節
梅澤　実　埼玉学園大学教授　6章3節
川上　綾子　鳴門教育大学大学院教授　6章2節
河野　麻沙美　上越教育大学大学院准教授　3章3節
神野藤　均　北海道教育大学附属函館小学校教諭　5章3節
小泉　匡弘　北海道教育大学旭川校准教授　7章3節
後藤　康志　新潟大学准教授　7章5節
坂本　將暢　名古屋大学大学院准教授　4章1～2節、4節
西之園晴夫　特定非営利活動法人学習開発研究所理事　8章2節
姫野　完治　北海道教育大学大学院准教授　編著者　1章1～3節、3章1～2節、5節、5章1～2節、4節、7章1～2節
福島　健介　帝京大学教授　4章3節
古田　紫帆　大手前大学准教授　5章5節
細川　和仁　秋田大学准教授　5章4節
益子　典文　岐阜大学教授　6章1、4節
三橋　功一　函館短期大学教授　5章3節
吉崎　静夫　日本女子大学教授　2章1～2節

〈編著者紹介〉

姫野完治（ひめの かんじ）
1976年北海道札幌市生まれ。大阪大学大学院人間科学研究科博士後期課程修了。秋田大学教育文化学部講師、准教授、北海道大学教育学部准教授を経て、現在、北海道教育大学大学院准教授。

　著書に『学び続ける教師の養成』（大阪大学出版会）、『未来を拓く教師のわざ』（編著：一莖書房）、『秋田発!!学校ボランティアによる新しい学び』（編著：無明社出版）、『Lesson Study』（分担：ミネルヴァ書房）、『教育の方法と技術』（分担：ミネルヴァ書房）などがある。

生田孝至（いくた たかし）
1943年新潟県佐渡生まれ。国際基督教大学大学院博士課程修了。新潟大学教育人間科学部教授、学部長、理事を経て、現在、岐阜女子大学教授・新潟大学名誉教授。

　著書に『未来を拓く教師のわざ』（編著：一莖書房）、『成長する教師』（編著：金子書房）、『教育工学における教育実践研究』（編著：ミネルヴァ書房）、『これからの情報とメディアの教育』（編著：図書文化）、『子どもに向き合う授業づくり』（編著：図書文化）などがある。

教師のわざを科学する

2019年2月25日　初版第一刷発行

編著者　姫　野　完　治
　　　　生　田　孝　至
発行者　斎　藤　草　子
発行所　一　莖　書　房
〒173-0001　東京都板橋区本町37-1
　　　　　　電話 03-3962-1354
　　　　　　FAX 03-3962-4310

組版／四月社　印刷・製本／日本ハイコム
ISBN978-4-87074-219-2　C0037